# Digital Leadership

Utho Creusen · Birte Gall · Oliver Hackl

# Digital Leadership

Führung in Zeiten
des digitalen Wandels

Utho Creusen
Ingolstadt, Deutschland

Birte Gall
Berlin, Deutschland

Oliver Hackl
Technische Hochschule Ingolstadt
Business School
Ingolstadt, Deutschland

ISBN 978-3-658-17811-6          ISBN 978-3-658-17812-3    (eBook)
DOI 10.1007/978-3-658-17812-3

Die Deutsche Nationalbibliothek verzeichnet diese Publikation in der Deutschen Nationalbibliografie; detaillierte bibliografische Daten sind im Internet über http://dnb.d-nb.de abrufbar.

Springer Gabler
© Springer Fachmedien Wiesbaden GmbH 2017

Gedruckt auf säurefreiem und chlorfrei gebleichtem Papier

Springer Gabler ist Teil von Springer Nature
Die eingetragene Gesellschaft ist Springer Fachmedien Wiesbaden GmbH
Die Anschrift der Gesellschaft ist: Abraham-Lincoln-Str. 46, 65189 Wiesbaden, Germany

# Vorwort

So stark wie nie zuvor verändern sich unsere Wirtschaft und unsere Gesellschaft im Zeichen der Digitalisierung. Einige Autoren sprechen gar von einer Vierten Industriellen Revolution. Zur Digitalisierung finden sich derzeit in vielen Medien wissenschaftlich fundierte oder populärwissenschaftliche Beiträge zu den massiven gegenwärtigen und zukünftigen Veränderungen. Digitale Innovationen der Informationstechnologie sind Auslöser dafür.

Die schier unaufhaltsame Entwicklung ist in den beschriebenen Szenarien fast durchgängig zu lesen: Digitale Trends werden unser privates und berufliches Leben in einem noch nie da gewesenen Tempo und Ausmaß verändern. Alles, was sinnvollerweise digitalisiert werden kann, wird auch digitalisiert werden. Und nicht zuletzt wird dies alle Protagonisten vor immer wieder neue Herausforderungen im beruflichen und privaten Alltag stellen.

Beim Lesen dieser Veröffentlichungen entsteht der Eindruck, dass Organisationen und Unternehmen sowie deren Umfeld sich zwangsläufig verändern müssen, weil wir in einer digitalen Welt leben. Von einem enormen Veränderungsdruck bei allen Beteiligten ist die Rede.

Aber kann die Digitalisierung Organisationen tatsächlich in einem solchen Ausmaß beeinflussen? Oder sind es nicht vielmehr die Menschen, die ihre Organisationen an neueste technische Möglichkeiten anpassen? Wird der digitale Wandel tatsächlich dazu führen, dass wir Wissenssilos und Hierarchien auflösen und Organisationsstrukturen flacher machen? Ist dies das Ende von Organisationsstrukturen in vielen Bereichen? Und der Beginn offener, agiler Netzwerke, die Strukturen ersetzen? Oder wird der Mensch nach wie vor in individuellen Rationalitäten denken – also eher eigensinnig handeln und sein Wissen nicht freiwillig und uneingeschränkt mit anderen teilen?

Dieses Buch nähert sich dem Thema Digitalisierung mit einer weniger hysterischen und möglichst realistischen Sichtweise. Dem liegt die Annahme zugrunde,

dass Menschen in Organisationen die neuen Möglichkeiten der digitalen Wissensarbeit erkennen und nutzen, sich ihnen aber nicht unterwerfen sondern in ihrem
Sinne gestalten werden. Die Autoren skizzieren den aktuellen Stand der digitalen,
organisational relevanten Informationstechnologien sowie die entsprechenden
Möglichkeiten im Management von Organisationen und Unternehmen. Außerdem beschreiben sie mögliche und sinnvolle Veränderungen in der Kultur von
Organisationen. Das Buch liefert konkrete Hinweise darauf, wie Führungskräfte
diese neuen Möglichkeiten für ihre tägliche Arbeit nutzen können. Ein Schwerpunkt der Betrachtung liegt auf einem veränderten Führungsleitbild und neuen
Treibern für die Motivation von Mitarbeitern in Zeiten des digitalen Wandels.

Das Modell des Digital Leadership soll Führungskräfte anregen, zeitgemäß
zu entscheiden und ihre Teams anzuleiten. Anhand prominenter Praxisbeispiele
aus der Digital Economy machen die Autoren Vorschläge für Veränderungen im
beruflichen Alltag. Wir wünschen dem Leser bzw. der Leserin in diesem Sinne
viel Inspiration beim Leben ihrer neuen Führungsrolle.

Prof. Dr. Utho Creusen
Dr. Birte Gall
Prof. Dr. Oliver Hackl

# Inhaltsverzeichnis

Wer eine ungefähre Vorstellung davon hat, wie viel ein Unternehmen heute für Systeme aufwendet, um seine Abläufe zu steuern, den mag folgende Information verblüffen: Mit einer weniger als 200 Megabyte großen und außerdem kostenlosen App lassen sich Menschen bewegen, Meinungen prägen, Politik gestalten und ganze Branchen verändern.

Twitter ist nur ein Beispiel dafür, wie sich die Errungenschaften des digitalen Wandels für Führungsaufgaben aller Art nutzen lassen und wie sich Führung im Zuge des digitalen Wandels verändert. Die weltweite Nachrichten-Plattform hatte Anfang 2017 mehr als 300 Mio. User. Den Microblogging-Dienst mit 140 Zeichen pro Nachricht nutzen Persönlichkeiten wie Papst Franziskus (um positive, einende Botschaften in die Welt zu senden) und notorisch Sendungsbewusste wie US-Präsident Donald Trump (wohl um ihrer dünnhäutigen Psyche Linderung zu verschaffen). Dass Menschen Twitter auch nutzen, um Widerstand zu organisieren, wissen wir seit den Aufständen am Gezi-Park in Istanbul und in Syrien. Dass Führungspersönlichkeiten Twitter als produktiven und unmittelbaren Lernkanal nutzen, hat Elon Musk im Dezember 2016 gezeigt. Er reagierte auf den Tweet eines Tesla-Kunden, in dem sich dieser darüber beschwerte, dass andere Kunden ihre Elektroautos nach dem Aufladen häufig lange an den Supercharger-Stationen stehen ließen und diese so für andere Nutzer blockierten. Musk antwortete am selben Tag auf den Tweet und hatte sechs Tage später eine Lösung parat: Eine Smartphone-Message informiert den Fahrer, sobald sein Auto aufgeladen ist. Nimmt er seinen Wagen nicht fünf Minuten später von der Ladestation, fallen $ 0,40 Strafgebühren pro Minute an. Die Anekdote illustriert, wie man mit digitalen Tools souverän seine Produkte weiterentwickelt und ein Unternehmen führt.

Dieses Kapitel beleuchtet drei Aspekte:

© Springer Fachmedien Wiesbaden GmbH 2017
U. Creusen et al., *Digital Leadership,*
DOI 10.1007/978-3-658-17812-3_1

- Welche Technologien in absehbarer Zeit den Unternehmen zur Verfügung stehen.
- Welche gesellschaftlichen Veränderungen der digitale Wandel mit sich bringt.
- Und wie sich in diesem Kontext Geschäftsmodelle verändern.

Die Digitalisierung verändert auch die Anforderungen an Führung, vor allem an die Führung von Wissensarbeitern. Dieses Thema findet in der zweiten Phase der Digitalisierung zunehmend mehr Aufmerksamkeit in Unternehmen. In der ersten Phase hatten viele Unternehmenslenker erkannt, dass sich Technologien, interne Prozesse, Kundenansprache, Vertriebskanäle und Geschäftsmodelle zum Teil grundlegend verändern. In der zweiten Phase wird ihnen klar, dass sich mit dem digitalen Wandel auch Kommunikation und Zusammenarbeit erneuern. Es bedarf eines neuen Mindsets und eines neuen Führungsverhaltens, um auf die wachsende Entwicklungs- und Veränderungsgeschwindigkeit des Marktes zu reagieren.

In den 1980er Jahren begann die flächendeckende Einführung von Computern in Büros, Prozesse wurden automatisiert. Die Globalisierung beschleunigte den Einzug des Digitalen. Heute benennen wir die Epoche, in der wir leben, danach: Computerzeitalter, zweites Maschinenzeitalter oder Anthropozän (das Zeitalter, in dem der Mensch den größten Einflussfaktor auf die Welt darstellt).

Doch welche Elemente prägen das digitale Zeitalter? Die Digitalisierung wandelt Informationen und Medien – Text, Ton, Bild, Video, Daten von Instrumenten und Sensoren – in Einsen und Nullen um. Damit braucht sich digitale Information nicht auf, was die Rivalität von Ressourcen aufhebt. Die Grenzkosten für die Vervielfältigung von Information sind vernachlässigbar (Brynjolfsson und McAfee 2015, S. 78), was bedeutet, dass nur geringe Zusatzkosten dadurch entstehen, ein- und dieselbe Information mehreren Empfängern zuzustellen. Die Infrastruktur lässt es zu: Über das Internet lässt sich von fast jedem Punkt der Erde auf jede digitale Information zugreifen.

Der digitale Wandel im zweiten Maschinenzeitalter, das McAfee und Brynjolfsson in ihrem Buch „The Second Machine Age" beschreiben, beruht auf folgenden Elementen (nach Brynjolfsson und McAfee 2015, S. 112):

1. die exponentielle Weiterentwicklung der Computertechnik
2. die Verfügbarkeit von digitaler Information und die schiere Menge an Daten, von der gestalterische Kraft für Innovation ausgeht
3. die gestiegenen Möglichkeiten für Innovation durch Neukombination

Beschleunigend auf den digitalen Wandel wirken derzeit leistungsfähige künstliche Intelligenz, eine zunehmende digitale Vernetzung der Menschen (Brynjolfsson und McAfee 2015, S. 116) sowie die gute wirtschaftliche Lage in Kombination mit dem demografischen Wandel. Die hohe Beschäftigungsquote macht es Unternehmen heute zunehmend schwer, ihre offenen Stellen zu besetzen. So automatisieren sie auch die Wissensarbeit.

Die diesem Buch zugrunde liegende Definition der digitalen Transformation in Unternehmen umfasst den zielgerichteten Einsatz digitaler Technologien, die Einführung neuer Arbeitsmethoden sowie die Veränderung von Organisationsstrukturen und Geschäftsmodellen. Indem Unternehmen ihre Wertschöpfungsprozesse umgestalten, erschließen sie Entwicklungspotenziale in Zukunftsmärkten.

Die skizzierten Entwicklungen lassen sich als zwei übergreifende Metatrends beschreiben.

**Metatrend 1: Von der Prognose- zur Adaptionslogik**
Mit der Digitalisierung zeichnet sich das Ende der reinen Prognoselogik ab. „Wir befinden uns auf dem zweiten Teil des Schachbretts", sagt Andrew McAfee, Ko-Direktor der MIT-Initiative on the Digital Economy. In den vergangenen Jahrzehnten vollzog sich die Digitalisierung in kleinen Schritten auf der sehr langen, fast horizontal verlaufenden typischen Anstiegsstrecke einer exponentiellen Wachstumskurve. Durch rasant gestiegene Rechnerkapazitäten (ein einzelnes Smartphone hat heute mehr Rechenleistung als den Alliierten zum Ende des Zweiten Weltkrieges zur Verfügung stand) werden Softwareprogramme immer schneller und besser und haben nun die Stufe erreicht, in der sie selbst lernen. Künstliche Intelligenz wird in kürzester Zeit bisher unvorstellbare Entwicklungen ermöglichen. Wir befinden uns, laut McAfee, aktuell in der steil nach oben führenden Phase des exponentiellen Wachstumspfads. Unternehmen müssen sich sowohl auf die steigende Anzahl der Neuentwicklungen vorbereiten als auch auf die Geschwindigkeit, mit der diese auf den Markt kommen.

Waren früher einerseits Prognosen und Planungen und andererseits das effektive und effiziente Umsetzen dieser Pläne wichtig, so müssen Unternehmen künftig vor allem schnell neue Entwicklungen adaptieren. Sie müssen sich so aufstellen, dass sie viel schneller und flexibler auf Neues reagieren als bisher. In der Fachliteratur werden solche Organisationen als *fluid, adaptive* oder *responsive* bezeichnet. Sie zeichnen sich durch eine starke gemeinschaftliche Bewegung und konstantes Lernen dank offener Informationsflüsse aus. Adaptive Organisationen fördern das Experimentieren, bauen schnelle Lernzyklen ein und organisieren offene Netzwerke von Mitarbeitern, Kunden und Partnern, die gemeinsam über Weiterentwicklungen nachdenken. Adaptiv wird eine Organisation jedoch nur, wenn sie das Mindset ihrer Mitarbeiter verändert und ihre Strukturen sowie die gesamte Unternehmenslogik anpasst.

**Metatrend 2: Von der Maschine zu Netzwerken**
Anders als der Handwerksbetrieb kennzeichnet sich die industrielle Fertigung durch ein hohes Maß an Arbeitsteilung. Produktionsprozesse wurden in einzelne Teilaufgaben zerteilt, für die Menschen Maschinen bedienten. Kreativität und Effizienz waren dabei deutlich voneinander getrennt. Bis zur Einführung von Computern und Robotern waren von Menschen durchgeführte, effizienzoptimierte Routineaufgaben weit verbreitet. Bis dahin war der Mensch Teil der Maschinerie und dazu gezwungen, den Blick nur auf den reibungslosen Ablauf seines Tätigkeitsabschnitts zu richten. Der Einzelne verlor dabei häufig den Blick für die Zusammenhänge und seinen Beitrag zum großen Ganzen.

Mitarbeiter aus den Generationen Y und Z haben heute andere Erwartungen, genährt durch die Neuerungen des digitalen Zeitalters. Seit Einführung der Smartphones Ende der 1990er Jahre ist deutlich geworden, dass sich auch die Kundenerwartungen grundlegend verändert haben. Immer mehr Unternehmen passen ihre Organisationsstrukturen diesen neuen Anforderungen von innen und außen an. Das beschreibt die dritte Stufe der Unternehmensentwicklung: die Vernetzung von Unternehmen und Produkten. Wer seine Produkte und Dienstleistungen mit dem mobilen Internet und einer Daten-Cloud kombiniert, kann seine Wertschöpfung weit über das physische Produkt hinaus ausdehnen. So liefern Sensoren, die in Heizgeräten, Autos, Waschmaschinen und Fensterrahmen eingebaut und mit dem Internet verbunden sind, Informationen für Produzenten, Kunden und Drittanbieter. Im Idealfall entstehen Anwendungen, die dem Kunden mithilfe dieser Daten das Leben einfacher machen, dem Produzenten seine Kundenkommunikation und -bindung erleichtern und Drittanbietern neue Wertschöpfungspotenziale eröffnen.

Dieser Schritt auf die nächste Entwicklungsstufe bedeutet den Abschied von unternehmerischer Autarkie und Abschottung der Produkte und den Startschuss für integrierte Systeme, die komplementäre Anbieter und sogar Wettbewerber einschließen. Ein bekanntes Beispiel unter den Digitalunternehmen ist die Online-Handelsplattform Amazon. Sie bietet auch Wettbewerbern den Verkauf von Produkten an. Völlig neue Geschäftsmodelle entstehen, wenn ein Unternehmen andere Herangehensweisen zulässt und einen hohen Grad an Vernetzung erreicht.

Was sind die Komponenten einer *vernetzten Organisation?* Greg Satell nennt die beiden grundlegenden Merkmale in einem Artikel für die Harvard Business Review im Juni 2015 „What makes an Organization ‚Networked'": Cluster und kurze Wege. Mit Clustern sind eng verknüpfte Gruppen innerhalb des Netzwerks gemeint, die sich meist fachlich oder räumlich ergeben. Kurze Wege liegen vor, wenn die durchschnittliche Anzahl von Verbindungen zwischen zwei Knotenpunkten in einem Netzwerk möglichst niedrig ist. Satell tritt nicht dafür ein, Silos in Netzwerkorganisationen abzubauen. Stattdessen spricht er sich dafür aus, die Verbindungen zwischen den Silos auszubauen und zu verstärken. Silos als fachliche oder organisatorische Cluster seien wichtig. Mitarbeiter in Clustern müssen eng zusammenarbeiten, um effektiv zu sein. Sind jedoch die Pfade zwischen einzelnen Knotenpunkten zu lang, fließen Informationen zu langsam und außerdem stark konzentriert. Informations- und Entscheidungswege zu verkürzen bedeutet, die fachlichen Silos untereinander stärker zu verknüpfen. Dies ist eine der größten Herausforderungen und stellt eine elementare Grundlage für ein ideenoffenes, schnell agierendes Unternehmen dar.

Unter einer vernetzten Organisation verstehen wir nicht nur ein Unternehmen für sich genommen, sondern auch, wie offen es gegenüber anderen Marktteilnehmern ist. Sich als Teil eines Netzwerks zu begreifen, heißt die Ich-Haltung in eine Wir-Haltung umzuformen. Ziel ist dabei, gemeinsam mit anderen Unternehmen interessante Angebote für Kunden zu entwickeln. Softwareseitig bedeutet dies, Schnittstellen (APIs) einzubauen, sodass ergänzende Anwendungen leicht von anderen Anbietern entwickelt werden können. Dies lässt sich am Beispiel Salesforce darstellen. Salesforce ist heute eine der am weitesten verbreiteten Customer Relations Management Softwares. Ihr Anbieter fokussiert sich darauf, das Programm konstant weiter zu entwickeln. Gleichzeitig weiß er, dass er alle Kundenbedürfnisse nach ergänzendem Mehrwert weder kennen noch erfüllen kann. Daher bietet er anderen Unternehmen und Programmierern an, diese ergänzenden Dienste zu entwickeln und über seinen App-Shop den Kunden anzubieten. Kunden können diese je nach Bedarf in ihr Salesforce anbinden. Ein ähnlicher Trend ist derzeit im Bankensektor zu sehen, wo dank offener Banking-Plattformen auch Dienste von Drittanbietern in das Bankangebot integriert werden.

Was seinen Anfang mit vernetzten Menschen in Social-Media-Kanälen nahm, setzt sich über Clouds und das mobile Internet in einer vernetzten Produkt- und Dienstleistungswelt fort. Die Vernetzung der Gegenstände untereinander, das *Internet of Things,* erlaubt es den Firmen, neue Produkte und Dienstleistungsangebote für ihre Kunden zu kreieren. Vorausgesetzt, die Mitarbeiter entwickeln Verständnis und Offenheit für eine neue kundenzentrierte, über das eigene Produktpotenzial hinausgehende Denkweise. Organisationen, die sich von einer Maschinenstruktur hin zu einer Netzwerkstruktur bewegen, können mit ihren Wissensarbeitern die Wachstumspotenziale der Digitalisierung nutzen.

Wie die wichtigsten technologischen und gesellschaftlichen Entwicklungen im Einzelnen aussehen und zu welchen Veränderungen sie bei Unternehmen führen, erläutern die nächsten drei Abschnitte.

## 1.1 Technologische Entwicklungen

### 1.1.1 Mobile

Im Jahr 2015 haben die Verkaufszahlen für Mobilgeräte diejenigen von Desktoprechnern überschritten. Smartphones, Tablets und Laptops ermöglichen es uns, digitale Information, Produkte und Dienstleistungen von fast jedem Ort der Welt abzurufen. Gleichzeitig übernimmt vor allem das Smartphone zunehmend selbstständig Aufgaben, beispielsweise uns an etwas zu erinnern oder Informationen zu beschaffen. Es dient als Zahlungsmittel und vereint viele weitere Funktionen, die das Alltagsleben leichter machen. Für Unternehmen bedeutet der Mobile-Trend, dass sie Daten und Geotracking kombinieren und so neue, personalisierte Angebote an die Mobilgerätebesitzer ausspielen können. Dadurch verändern sich das Generieren von Produkten und der Vertrieb in manchen Bereichen grundlegend. So haben etwa die Carsharing-Angebote von car2go und DriveNow dank der höheren Nutzer-Flexibilität einen viel größeren Kundenkreis erschlossen als vorherige nicht Smartphone-basierte Angebote wie von Cambio und anderen.

Im April 1973 fand in den Bell Labs das erste Telefonat von Mobil- zu Mobiltelefon statt. Gut drei Jahrzehnte später haben sich Mobiltelefone zu Smartphones entwickelt, bei denen Telefonie eine der vielen, mittlerweile fast untergeordneten Funktionen ist. Die Angebote auf unseren Smartphones sind so gut geworden, dass die Nutzung internetbasierter Dienste auf mobilen Endgeräten die Nutzung auf Desktops im Jahr 2015 überholt hat. Seit der ersten Generation des Apple iPhone 2007 sind große Marken dazu übergegangen, ihre digitalen Angebote nach dem *Mobile first*-Ansatz zu entwickeln. Für Information, Kommunikation, Buchung, Self-Tracking und Ticketdisplay sind mobile Geräte nicht mehr aus unserem Leben wegzudenken. Geofencing und damit verbundene individualisierte Angebote sowie (asynchrone) Kommunikations- und Vernetzungsmöglichkeiten machen das Mobilgerät zu einem unverzichtbaren persönlichen Assistenten. Der Vormarsch von Sprachassistenten wie Siri, Google Now, Alexa, Cortana und anderen verstärkt dies. Mobile Angebote werden so wichtig, dass Google zukünftig mobiloptimierten Angeboten Priorität bei seinen Suchergebnissen einräumt.

Das mobile Endgerät kommuniziert über GPS- und NFC-Technologie (near field communication) automatisch mit dem lokalen Umfeld und wird so zum Schlüssel für Haustüren, Autos, Briefkästen. Es ermöglicht uns in Kombination mit Sensoren den Zugang zu Dienstleistungen wie Carsharing, Schließfächern und Lieferrobotern, wie sie zum Beispiel die Metro Group derzeit testet. Das Mobilgerät spielt im *Internet of Things* eine bedeutende Rolle. Durch die Sensoren löst es ohne unser Zutun Prozesse aus. Ein Zukunfts-Beispiel ist die Diabetes-Linse, die den Blutzuckerspiegel überwacht und konstant Signale an das Mobilgerät sendet. Dieses registriert, falls der Diabetespatient Medikamente benötigt und bestellt in diesem Fall Nachschub. Mit dem Mobilgerät steuern und überwachen wir in Zukunft Glühbirnen, Spielzeug, Haushaltsgeräte, Sportgeräte, medizinische Geräte und vieles mehr. Sie alle werden Teil des *Internet of Things* beziehungsweise der *Machine to Machine Communication* und damit Mittelpunkt der individuellen, privaten Vernetzung zwischen Mensch und Maschine.

Das Mobilgerät wird über *Augmented Reality*-Programme unsere Umgebung mit bildlichen und schriftlichen Informationen ergänzen und anreichern. Es ist zu erwarten, dass mit dem Markteintritt von Pokémon Go im Juli 2016 die *Augmented Reality*-Angebote der breiten Masse stärker bekannt sind und dies zu veränderten Nutzeransprüchen führt. Wir könnten auf diese Weise bald in Läden, Museen oder bei Veranstaltungen *Augmented Reality* erleben und nutzen.

Es gibt drei Treiber für den Einsatz von Mobilgeräten im Unternehmenskontext:

- erweiterter Funktionsumfang der Mobilgeräte
- erweiterter Umfang an Angeboten und Dienstleistungen
- zunehmende Personalisierung

Der Mobile-Trend wird dazu führen, dass viel mehr geschäftliche Aufgaben über vernetzte, mobile Endgeräte erledigt werden und Prozesse schneller und effizienter ablaufen. Dies stellt ein Unternehmen vor die Herausforderung, das systematische Enterprise Mobile Management (EMM) einzuführen, das sich um den Betrieb und die Sicherung der Geräte kümmert.

Firmen nutzen in Zukunft verstärkt das Geo- und Nutzungstracking sowie die Daten aus den Mobilgeräten. In Zeiten von *Pull-Economy* finden Inhalte, Produkte und Dienstleistungen den Kunden dank seiner Präferenzen und Aufenthaltsorte. In der früheren Push-Economy musste der Kunde das ausgesendete Angebot durchsuchen. Bislang versuchte die Wirtschaft, die Kundenbedürfnisse zu antizipieren und daraus generische oder standardisierte Produkte zu entwickeln und in großer Zahl in den Markt zu drücken. Die neue Pull-Economy lässt eine One-on-one Beziehung mit dem Kunden entstehen und gestaltet ihm On Demand einen personalisierten Erfahrungsraum mit stark maßgeschneiderten Produkten und Dienstleistungen. Denkbar ist, dass ein Unterkunftsanbieter automatisch ein Zimmerangebot sendet, wenn der persönliche, virtuelle Assistent erkennt, dass der Kunde einen Flug verpasst hat. Firmen müssen sich viel stärker bewusst machen, dass ihr mobiler Auftritt in Zukunft ihre Visitenkarte und *First Point of Contact* ist.

**Auswirkungen auf die Führung**
Für die Rolle der Führungskraft wirkt sich die hohe Verbreitung der mobilen Geräte und Angebote sowohl auf die digitale Produktentwicklung aus als auch auf die Gestaltung von Arbeitsprozessen, die Kommunikation und die Zusammenarbeit mit den Mitarbeitern. In Zeiten zunehmender Mobilität sowie zeitunabhängiger Arbeit müssen Führungskräfte die Möglichkeiten vereinfachter (repetitiver) Prozessabläufe genauso kennen wie die Möglichkeiten neuer Formen der Kommunikation und Zusammenarbeit im Team. Das heißt auch, dass sie offen sein sollten für neue Formen der Arbeitsorganisation ihrer Mitarbeiter und ihnen Freiheiten der Arbeitsgestaltung gewähren sollten, die mobile Geräte erlauben. Konsequenterweise bedeutet dies, mit anderen *Key Performance Indicators* (KPIs) als früher zu führen.

## 1.1.2  Cloud

Die Cloud ist da – online basierte Rechner- und Speicherdienste für Jedermann. Sie erlaubt den nahtlos Geräte übergreifenden und ortsunabhängigen Zugriff auf persönliche Daten und Projektdaten sowie Medien aller Art. Die betriebliche Frage ist nicht mehr „Nutzen wir die Cloud?", sondern „Wie nutzen wir die Cloud so, dass sie Mitarbeitern und Kunden dient?". Die Cloud fördert die Mobilität von Kunden und Mitarbeitern, indem sie Produkte, Dienstleistungen und Arbeitseinheiten ubiquitär, das heißt jederzeit und überall, verfügbar macht. Die Cloud reduziert Kosten der IT-Infrastruktur und erhöht die Flexibilität. Ihre Nutzung kann je nach tatsächlicher Verwendung abgerechnet werden, so wie wir es von der Nutzung des Strom- und Wassernetzes kennen (in diesem Fall üblicherweise nach dem gehosteten Datenvolumen). Mit der Verlagerung von Datenbeständen auf Drittserver verändern sich die Anforderungen an Datennutzung und Datenschutz.

Die Cloud unterstützt den Trend weg von bürobasierten Arbeitsplätzen und hin zum mobilen Arbeiten. Im Jahr 2015 wurden rund 270 Mio. Desktop- und

Laptop-Computer verkauft – gleichzeitig 325 Mio. Tablets und annähernd 2 Mrd. Smartphones. Die Cloud reduziert Kosten und optimiert Ressourcen, denn es werden jeweils nur die nötigen Speicherkapazitäten reserviert und bezahlt. Gleichzeitig entsteht kein Wartungs- und Verwaltungsaufwand. Im Unternehmen kann die Cloud folgende Prozesse unterstützen:

1. Bei **Infrastructure as a Service (IaaS)** werden physikalische oder virtuelle Server angeboten. Der Cloud-Anbieter verwaltet diese Server und gewährleistet ihre Konnektivität.

2. Bei **Platform as a Service (PaaS)** sind Funktionalitäten für den Betrieb von kundenspezifischen Anwendungen verfügbar, wie zum Beispiel Dienste, mit denen Kunden eigene Webseiten betreiben können. Diese Plattform für Webseiten wird angeboten, ohne dass die Nutzer des Dienstes sich mit der Verwaltung von Servern beschäftigen müssen. Solch höherwertige Dienste können zum Beispiel auch ganze Datenbanken, Process Engines oder Web Services umfassen. Allgemein zählt zu dieser Dienstklasse Anwendungsfunktionalität, die nicht direkt von Menschen genutzt, sondern in andere Anwendungen integriert wird.

3. **Software as a Service (SaaS)** bezeichnet das Angebot von kompletten, anpassbaren Software-Anwendungen. Nutzer greifen auf diese Anwendungen über ein Netzwerk zu und teilen sich dabei Hardware- und Plattform-IT-Ressourcen mit anderen Nutzern, jedoch ohne dies zu bemerken oder sich gegenseitig zu beeinflussen. Viele Geschäftsbereiche, zum Beispiel Customer Relationship Management (CRM) oder Enterprise Ressource Planning (ERP), können durch solche Cloud-Dienste unterstützt werden.

4. **Business Process as a Service (BPaaS)** erlaubt es Kunden, komplette Geschäftsprozesse zu einem Cloud-Anbieter auszulagern und durch den Einsatz von Geschäftsprozesstechnologien umzusetzen. In diesem Fall bietet der Anbieter alle IT-Ressourcen und nicht IT-basierte Dienstleistungen an, die ein Kunde für die Unterstützung seiner Geschäftsprozesse benötigt. BPaaS abstrahiert somit stärker von IT-Ressourcen und fokussiert sich auf die Geschäftsprozesse des Kunden. Für diese Prozesse stellt der Anbieter Ressourcen wie IT und Personal zur Verfügung und führt die Prozesse für den Kunden aus.

Cloud Computing kann folgende Wirkung in Unternehmen entfalten:

**Agilität**
Cloud Computing versetzt Unternehmen in die Lage, flexibler und effizienter auf die zunehmenden Ansprüche an Qualität, Service und Verfügbarkeit zu reagieren.

**Infrastrukturen**

In Kombination mit *Big Data* und *Mobility* leisten Cloud-basierte Lösungen signifikante Beiträge zur Unterstützung großer Infrastrukturen (Energie, Gesundheit, Bildung, Verkehr, Verwaltung). Das stärkt die globale Wettbewerbsfähigkeit der deutschen Wirtschaft und hilft außerdem dabei, zentrale gesellschaftliche Aufgaben zu bewältigen.

**Industrie 4.0**

Initiativen für offene, föderative und zugleich hochsichere ITK-Infrastruktur-Plattformen werden auch diejenigen Unternehmen für den Einsatz von Cloud Computing mobilisieren, die der zentralen Datenhaltung außer Haus bisher skeptisch gegenüberstanden. Das gilt insbesondere für kleine und mittelständische Unternehmen aus dem Maschinen- und Anlagenbau. Industrie 4.0 und Cloud Computing sind zwei Seiten einer Medaille, denn ohne Cloud Computing wird es keine Industrie 4.0-Anwendungen geben, die beispielsweise ein Produktionsnetzwerk rund um den Globus synchronisieren, einschließlich der Warenströme aller Lieferanten.

**Wertschöpfungsketten**

Cloud Computing erleichtert das effiziente Abbilden von firmenübergreifenden Prozessketten. So entstehen Lösungen, die von den beteiligten Unternehmen allein nicht oder nur schwer umsetzbar wären.

**Neues Geschäft**

Cloud Computing unterstützt Anwender nicht selten dabei, Geschäftsprozessinnovationen umzusetzen. Einige Fallbeispiele zeigen, dass Unternehmen auf Cloud Computing setzen, um völlig neue Services anzubieten und neue Märkte zu adressieren.

**Datenschutz und IT-Sicherheit**

Es liegen Lösungen vor, die für Kunden die Vorteile des Cloud Computings erschließen, ohne Abstriche bei den Datenschutz-Anforderungen beziehungsweise bei der IT-Sicherheit zuzulassen. Viele Anwender setzen Cloud Computing ein, um Fortschritte in den Bereichen Datenschutz und IT-Sicherheit zu erzielen.

**Support-Prozesse**

Auf den Feldern IT-Sicherheit, Risiko-Management, Governance und Compliance sind Beispiele für die stiefmütterliche Behandlung nicht-wertschöpfender Support-Prozesse in vielen Unternehmen zu finden. Cloud-Angebote, die den

Qualitätsanforderungen der Unternehmen entsprechen und sich in deren Prozesse integrieren, sind eine Möglichkeit, ungeliebte, wenn auch notwendige Aufgaben an Spezialisten und vertrauenswürdige Partner zu übertragen.

**Synergie**

Aus der Verbindung von Cloud Computing mit Innovationen bei den Mobiltechnologien erwachsen viele Impulse für neue Geschäftsmodelle bei den Anwendern.

**Ökosysteme**

Ökosysteme spielen eine bedeutende Rolle, Impulse für neue Geschäftsmodelle gleich an alle beteiligten Anwender und Anbieter von Cloud Computing zu vermitteln. Hier spielen Community Clouds ihre Vorzüge aus.

**Auswirkungen auf die Führung**

Für die Führungskraft stellt sich die Aufgabe, den Cloud-Anbieter ebenso eingehend zu prüfen wie einen künftigen Mitarbeiter. Erfüllt der Anbieter alle Ansprüche an Datenschutz, Sicherheit und Service Levels? Und vor allem: Garantiert er die Einhaltung aller Compliance-Vorgaben? Dazu lassen sich Führungskräfte regelmäßig vom Cloud-Anbieter über den Status quo und das Umsetzen neuer rechtlicher Vorgaben berichten. Ferner sollte dem Auftraggeber stets bekannt sein, wo seine Daten gespeichert werden – vorzugsweise im Land des Unternehmens, um höchste Sicherheit und Compliance zu gewährleisten. Führungskräfte sollten Cloud-Dienste überall dort in ihrem Unternehmen einsetzen, wo sich damit Prozesse vereinfachen und Kosten reduzieren lassen.

## 1.1.3  Internet of Things

Beim *Internet of Things* oder der Industrie 4.0 geht es um digitale Vernetzung von Geräten untereinander. Geprägt hat den Begriff des Internets der Dinge Kevin Ashton im Jahr 1999. Während wir im Web 2.0 mithilfe von Social Media unser Leben ins Netz stellen, verlagern wir im *Internet of Things* (IoT) das Internet in die reale Welt. Wo früher Computer, Smartphones oder Tablets die Schnittstellen im globalen Netz darstellten, sind es Objekte, die intelligente Sensoren *(Smart Objects)*, Cloud-Strukturen und Big Data zu smarten Datenquellen transformieren. Mit dem neuen IPv6-Protokoll steigt die Anzahl der verfügbaren IP-Adressen von derzeit rund 4 Mrd. auf 340 Sextillionen. Übersetzt bedeutet dies, dass auf der Welt pro Quadratmeter 1500 IP-Adressen vergeben werden könnten. So wird es theoretisch möglich, jedem Gegenstand auf der Erde eine eigene IP-Adresse zu geben. Marktforscher erwarten, dass bereits im Jahr 2020 mehr als 20 Mrd. Dinge mit einem Internetzugang ausgestattet sind.

Beispiele von IoT-Anwendungen sind die Diabetes-Linse, die selbstständig die Bestellung des Diabetes-Medikaments auslöst, oder der Bewegungsmelder, der mit Smart Home-Geräten gekoppelt ist. Ein weiteres Beispiel für ein integriertes Zusammenspiel des Internets der Dinge als intelligentes, miteinander verbundenes Netzwerk bilden die sogenannten Smart Cities. Die Stadt der Zukunft baut auf Echtzeit-Lösungen für reibungsloses Verkehrsmanagement, hocheffiziente Strom- und Wärmeerzeugung und elektronisch überwachte Umweltzustände. IoT-Anwendungen gelten deshalb als großer Hoffnungsträger, um die Herausforderungen des Urbanisierungstrends zu lösen. Darüber hinaus gibt es viele weitere Anwendungsbereiche einer verstärkten Kombination aus physischen Produkten und digitalen Services:

- Paketverfolgung im Netz
- Fitnessarmbänder, die Trainingsdaten, Bio-Daten und Ernährungs-Tipps bündeln
- vernetzte Haushalte, in denen Temperatur, Licht und Sicherheitsanwendungen je nach An- oder Abwesenheit der Bewohner geregelt werden
- schlaue Autos, die selbst einen Reparaturtermin mir der Werkstatt vereinbaren
- Logistikanwendungen, die beim Versand von Gütern Vibrationen, Behälteröffnungen und Wartungen aus Versicherungsgründen überwachen
- Sensoren an Pflanzen, die Gieß- und Düngeprozesse auslösen.
- Navigationsgeräte, die Meldungen über Verkehrsereignisse aus der Ferne beziehen und die für die Sprachausgabe mit dem Autoradio kooperieren
- Fotokameras, die sich mit Netbooks in der Nähe verbinden und Bilder übertragen
- Reifendrucksensoren, die ihre Werte an das Armaturenbrett schicken
- elektronische Bilderrahmen, die mit dem smarten Haushaltsstromzähler kommunizieren und neben Familienfotos auch die Strombilanz der Solaranlage darstellen
- ein virtuelles Fundbüro, bei dem „Hilferufe" verloren gegangener Dinge von einer mobilen Infrastruktur wahrgenommen werden
- Sachversicherungen, die das Risiko besser abschätzen (und eventuell sogar vermindern) können, weil die versicherte Sache „smart" ist
- eine dynamische Autohaftpflichtversicherung, die ihre Prämie nicht nur von der Kilometerleistung *(pay as you drive),* sondern vom individuellen Risiko abhängig macht – somit könnten sich überhöhte Geschwindigkeit, gewagte

Überholmanöver oder ein Ausflug bei unsicheren Straßenverhältnissen direkt in den Versicherungskosten niederschlagen.

- Autos, die untereinander kommunizieren und so die Verkehrssicherheit steigern
- Haushaltsgeräte, die unmittelbar Auskunft über ihre Stromkosten geben und so neue Möglichkeiten zur rationelleren Verwendung von Energie im Haus schaffen

Ein weiterer Treiber für das Internet der Dinge stellt die *Real world awareness* von Informationssystemen dar: Indem sie auf relevante physische Ereignisse zeitnah reagieren, können Unternehmen ihre Prozesse optimieren – mittlerweile bereits klassisch ist in diesem Sinne die Verwendung der RFID-Technik im Logistikbereich. Anders ausgedrückt: Je mehr wir unsere Informationssysteme mit „Sinnen" ausstatten, desto besser können wir betriebliche Vorgänge beherrschen und damit typischerweise die Effizienz steigern und die Kosten reduzieren. Ziel der zunehmenden Vernetzung und der Maschinen-zu-Maschinen-Kommunikation ist es, Prozesse unabhängig vom Menschen laufen zu lassen. Konkret bedeutet dies:

- die Lücke zwischen der realen und virtuellen Informationswelt zu minimieren. Diese Informationslücke existiert, weil in der realen Welt Dinge einen bestimmten Zustand haben, welcher in der digitalen Welt nicht bekannt ist.
- allen Dingen, die bisher auf die Steuerung durch ihre menschlichen Besitzer angewiesen sind, mithilfe des Internets eine Art Eigenleben einzuhauchen. Von *Enchanted objects* spricht David Rose, Unternehmer und Forscher am Medialab des Massachusetts Institute of Technology (MIT) – „verzauberte Dinge", die vernetzt über ihren alltäglichen Gebrauchswert hinauswachsen.
- eine Verknüpfung von vormals unabhängigen, nicht zusammenhängenden Abläufen
- Ressourcen zu schonen und Individualisierung mehr Raum zu geben

Derzeit sind die Standards und zukünftigen Gatekeeper noch nicht klar. Es scheint sicher, dass es zur weiteren und tieferen Automatisierung von Prozessen kommt, was zu einer Veränderung der Arbeit führen wird (Steinbrecher und Schumann 2015). Es erfolgt darüber hinaus ein *Upgrading* von Tätigkeiten und Qualifikationen. Viele Jobs mit einfachen Tätigkeiten fallen wegen neuer Technologien weg.

*Big Data* beschreibt die zunehmenden Datenmengen, die wir mithilfe von Algorithmen auswerten und nutzen können. Das weiter oben beschriebene

Beispiel einer dynamischen Kfz-Versicherung mit Echtzeit-Berechnung basiert auf den Wetter- und Straßenbedingungen sowie der aktuellen Fahrtüchtigkeit eines Autofahrers. *Big Data* ist der Rohstoff, den es aufzubereiten gilt, um ihn zu *Smart Data* zu veredeln, damit er sein gesamtes wirtschaftliches Potenzial entfaltet. Das ist die Grundlage für neue (und Effizienz-Turbo für bestehende) Geschäftsmodelle. *Smart Data* ist dabei kein Selbstzweck, sondern Voraussetzung für die Lösung gesellschaftlicher und wirtschaftlicher Herausforderungen, wie eines modernen Energiemanagements, Industrie 4.0 oder eines zukunftsfähigen Gesundheitswesens.

Folgende Auswirkungen auf die Arbeit der Zukunft und damit die Führungsaufgabe werden sich durch das IoT ergeben:

- Maschinen übernehmen in zunehmendem Maße Routineaufgaben.
- Die digitale Verknüpfung und die Personalisierung von Angeboten in Kombination mit IoT machen Prozesse bewusst instabil und damit flexibel.
- Damit lässt sich automatisiert und zugleich individualisiert auf Kundenwünsche reagieren (Gartner 2014).
- Firmen und ihre Mitarbeiter müssen auf diese Flexibilität vorbereitet sein.
- Neue Geschäftsmodelle entstehen.
- Der Wandel der Unternehmen weg vom reaktiven Herstellen meist physischer Produkte hin zur proaktiven Entwicklung integrierter Lösungen wird sich verstärken.
- Intelligente Produkte stellen in Zukunft ein wichtiges Unterscheidungsmerkmal gegenüber Mitbewerbern dar. Diese Produkte gilt es zu entwickeln und in Geschäftsmodelle zu integrieren, die den Kundennutzen optimieren und Gewinn erwirtschaften.
- Geschäftsmodelle wandeln sich von Einmalkauf- zu Abonnement-Modellen.

**Auswirkungen auf die Führung**

Für die Führungsaufgabe ergeben sich folgende Fragestellungen:

- Welche Prozesse kann/muss ich automatisieren?
- Wo und wie setze ich die Mitarbeiter ein?
- Wie präge ich ihre Mentalität? Wenn tatsächlich, wie von Gartner Technology Research in ihren Strategic Predictions für 2015 vorausgesagt, Prozesse bewusst instabil gehalten werden, müssen Mitarbeiter dieselbe Flexibilität in ihrer Arbeitshaltung und ihren Denkabläufen widerspiegeln. Dies bedeutet nicht nur einen Fokus auf Effizienz, sondern auch auf Effektivität.

- Welche neuen Datenmengen bekomme ich?
- Wie kann ich meine Wertschöpfungskette dank der neuen Technologie erweitern?

## 1.1.4 3-D-Druck/Generative Fertigungsverfahren

Der 3-D-Druck ist auf dem Vormarsch. Nicht nur Haushaltsgegenstände und Ersatzteile kommen aus dem Drucker, sondern bereits Autos und ganze Häuser. Letztere sind in Dubai und China zu bewundern. Diese Technologie wird die Wertschöpfungskette für einige Unternehmen deutlich verändern. Ähnlich wie beim Übergang von der Musik-CD auf Musikstreaming-Dienste zerstört der 3-D-Druck Hersteller- und Händlerstrukturen. Neue Produkte entstehen, und der Vertrieb verändert sich grundlegend. Darüber hinaus gewinnt der Prosumenten-Ansatz an Bedeutung, der den Kunden in der Produktentwicklung einbezieht.

Im 3-D-Druck verschmelzen Kunststoff-, Keramik- oder Metallpulver mithilfe von Lasern Schicht für Schicht, bis die gewünschte Form entsteht. Das Verfahren ermöglicht völlig neue, Gewicht sparende Strukturen, die mit herkömmlichen Techniken gar nicht möglich wären. Unternehmen können dank dieser Technologie kostengünstig Prototypen und kleine Stückzahlen herstellen und neue Materialien verwenden.

37 % der befragten deutschen Unternehmen nutzen den 3-D-Druck bereits. In der Medizin erhält die Technik besondere Aufmerksamkeit (Grönesweg 2016). Forscher haben erste Erfolge im Druck von Prothesen und organischem Knorpel erzielt. Am meisten verbreitet ist der 3-D-Druck derzeit in der Kunststoffindustrie, im Maschinen- und Anlagenbau sowie im Automotive- und Aerospace-Sektor. Ein Anwendungsfall ist die Automarke Opel, die beim Modell Adam teilweise auf 3-D-Druck setzt. So konnte Opel bis zu 90 % der Produktionskosten für Hilfswerkzeuge dank dieser Fertigungstechnik einsparen. Die damit hergestellten Instrumente unterstützen zum Beispiel das Ein- und Anpassen von Spoilern, Schriftzügen aus Kunststoff und Glasdächern.

Was verändert sich durch den 3-D-Druck? Produkte können überall, schnell und in großer Materialvielfalt gedruckt werden. Durch immer günstigere Geräte hält der 3-D-Druck auch Einzug in Privathaushalte. Einige Zukunftsszenarien sehen voraus, dass bald jeder einen 3-D-Drucker besitzt. Der Kunde mit seinen individuellen Wünschen rückt weiter in den Mittelpunkt. Mit dem 3-D-Druck könnten Produkte für die individuellen Bedürfnisse des Kunden maßgeschneidert werden. Außerdem werden neue Formen möglich, die in herkömmlichen Produktionsverfahren nicht oder nur sehr aufwendig hergestellt werden können. Prozesse entlang der gesamten Wertschöpfungskette verändern sich radikal, von Forschung und Entwicklung über Produktion und Vertrieb bis hin zu Dienstleistungen rund um die Nutzung eines Produkts. Derzeit wird darüber hinaus an 3-D-Druckern gearbeitet, die Nahrungsmittel drucken können. Das Drucken von Eis ist bereits gelungen, organisches Gewebe als Druckprodukt befindet sich noch im frühen Forschungsstadium.

**Auswirkungen auf die Führung**
Für die Führung ändern sich neben der Wertschöpfungskette, der Herstellung und dem Vertrieb auch intern die Arbeitsprozesse. So besteht die Möglichkeit, Produkte dezentral herzustellen, und in diesen Produktionsprozess können auch unternehmensexterne und geografisch nicht vor Ort arbeitende Experten leichter einbezogen werden. Auch Konsumenten können sich an Entwicklungs- und Produktionsprozessen beteiligen, sodass die Prosumenten-Entwicklung weiter zunimmt. Insgesamt beschleunigt diese Technologie Innovationsprozesse deutlich, da Prototypen schnell und unkompliziert angefertigt werden können. Gleichzeitig kommt das Prinzip der *Instant gratification* zum Zuge, bei dem sich der Kunde seinen Wunsch sofort erfüllt. Beim 3-D-Druck gibt es keine Lieferzeiten und damit keine Wartezeiten auf Bestellungen. Öffnungszeiten des Handels sind dabei obsolet. Herausforderungen können künftig schneller gelöst werden. Doch wälzt der Hersteller weitere Abläufe auf den Kunden ab, ähnlich wie im digitalen Buchungs- und Check-in Prozess bei Flugreisen. Als Risiken sind zunehmende Produktpiraterie, Urheberrechtsverletzungen und ein weiterer Niedergang mancher Industriezweige zu nennen.

### 1.1.5  Virtual/Augmented Reality

*Augmented Reality*-Anwendungen werden Anwendern und Kunden den Alltag weiter vereinfachen, indem sie die reale Umgebung mit ergänzenden Informationen anreichern. So können Smartphones in Kombination mit ihren Kameras Gegenstände erkennen und Informationen dazu automatisch aus dem Netz ziehen und einblenden. Gleichzeitig können uns *Augmented Reality*-Anwendungen beim Erledigen von Aktivitäten wie Reparaturen behilflich sein. So nutzen die Reparaturdienste des Aufzugherstellers Schindler sowie Mechaniker der Deutschen Bahn *Augmented Reality*-Anwendungen, um Reparaturen durchzuführen. Ans Netz angeschlossene mobile Geräte mit Kameras und Sensoren erschließen zahlreichen Unternehmen neue Produkt- und Dienstleistungsmöglichkeiten mit erweiterten Geschäftsmodellen.

Auswirkung auf den Arbeitsplatz der Zukunft wird die *Augmented Reality* haben, indem digitale Informationen in die reale Umwelt eingebunden werden, anstatt den Nutzer in einer rein virtuellen Umgebung von der Außenwelt abzuschirmen. Das wird Arbeitsplätze sowohl am Fließband als auch am Schreibtisch deutlich verändern. Künftig wird es selbstverständlich sein, dass Mitarbeiter beispielsweise bei der Wartung von Maschinen durch *Smart Glasses* unterstützt werden; das sind Brillen, die Bedienungsanleitungen anzeigen. Dadurch können Fachkräfte schnell eingearbeitet werden und selbst weniger erfahrene Kollegen anspruchsvolle Aufgaben übernehmen. *Virtual-Reality-* beziehungsweise *Mixed-Reality*-Anwendungen versprechen dabei Produktivzuwächse und Kosteneinsparungen.

**Auswirkungen auf die Führung**

*Augmented Reality* beeinflusst den Arbeitsalltag in Produktion und Büro, das Training für die Mitarbeiter, Entwicklung und Visualisierung, Wartung, Brand Communication, Vertrieb und Handel. Führungskräfte können *Augmented* und *Virtual Reality* für das Erlernen von sogenanntem prozeduralem Wissen als kostengünstige Alternative einsetzen, wenn zum Beispiel die nachgebildete Umgebung sehr teuer, schwer verfügbar oder gefährlich ist – etwa ein Airbus-Cockpit oder eine Bohrplattform. Dabei liegt ein besonderes Augenmerk auf den *Mixed-Reality*-Brillen. Es werden neue Berufe entstehen, die nicht für sondern in der *Virtual Reality* Wertschöpfung betreiben, zum Beispiel durch visuelle Werkerassistenz und optische Montageprüfung.

## 1.1.6 Blockchain-Technologie

Eine *Blockchain* ist eine dezentralisierte Datenbank, deren Datensätze gegen Manipulation gesichert sind. Die Sicherung erfolgt über die Speicherung des sogenannten Hashwertes (digitaler Fingerabdruck) des vorangegangenen Datensatzes im nachfolgenden. Es ist ein organisatorisch dezentralisierter Vorgang, der logisch zentralisiert ist (vgl. Wenger 2014). *Blockchain* ist damit ein dezentrales Protokoll für Transaktionen zwischen Parteien, das jede Veränderung transparent erfasst (Klotz 2016).

Eine Transaktion kann dabei jede Art von Informationsgenerierung sein. Sie ist nicht auf denfinanziellen Bereich beschränkt. Eine einmal erzeugte Transaktion kann niemals geändert und von jedem jederzeit nachvollzogen werden (vgl. Klotz 2016). Eine Transaktion wird dabei zwischen Parteien beziehungsweise Teilnehmern getätigt, ohne jeden Intermediär. Die Information wird in Blöcken abgelegt. Der Block wird durch *Miner* oder das *Mining* verifiziert und versiegelt. *Miner* sind Privatpersonen oder Institutionen, die eigene Computer für eine *Blockchain* arbeiten lassen. Sie überprüfen die Rechtmäßigkeit der Transaktion. Erst wenn alle *Miner* ihr Einverständnis geben, wird die Transaktion in die *Blockchain* gespeichert. Ein Block besteht dabei aus der Transaktion und der Transaktionshistorie. Um aneiner Transaktion teilzunehmen, benötigen die Teilnehmer zwei Schlüssel: einen öffentlich sichtbaren, der auch in der Transaktion veröffentlicht wird, und einen privaten, nicht sichtbaren Schlüssel, der eine Art Passwort darstellt. Jede Transaktion wird mit dem privaten Schlüssel signiert.

Es entsteht somit ein transparenter, vernetzter Kontoauszug für Transaktionen zwischen Rechnern. Dieser Kontoauszug beziehungsweise dieses Journal gehört jedoch niemandem beziehungsweise allen. Anders als sonstige Online-Transaktionen wie das Versenden von Videos oder Dokumenten können die im *Blockchain*-Verfahren generierten Transaktionen nicht dupliziert werden. Das Verfahren verbessert die Sicherheit digitaler Transaktionen. Es ist die Grundlage für die Kryptowährung *Bitcoin* und wird in zunehmendem Maße auch bei Verträgen eingesetzt. Perspektivisch kann es etwa Grundbuchämter, die Verwaltung von Urheberrechten, Wahlsysteme, die Musikbranche und das Bankensystem verändern.

Bei Verträgen ist es denkbar, dass zum Beispiel nach dem Raten-Kauf eines Autos die Nutzung an die regelmäßige Ratenzahlung gebunden ist. Überweist der Kunde die Rate nicht, bestätigt die *Blockchain* die Transaktion nicht und das Auto lässt sich nicht fahren. Ein weiteres Anwendungsbeispiel: Honduras plante alle Grundbucheinträge in die *Blockchain* zu transferieren. Damit wären Grundstücksverkäufe transparent und nachvollziehbar geworden (Klotz 2016). Aus politischen Gründen ist das Projekt verzögert worden.

**Auswirkungen auf die Führung**

Die *Blockchain*-Technologie ist Teil der *Peer-to-Peer-Economy,* die im Prinzip ohne Mittler wie etwa Banken oder den Handel auskommt. Bisher ist schwer prognostizierbar, in welchen Bereichen die *Blockchain* Anwendung finden wird. Sicher ist nur, dass ihre Bedeutung und Anwendungsbreite deutlich steigen und unser Leben ähnlich wie das Internet verändern wird. Hier müssen Führungskräfte prüfen, welche Bedeutung die Blockchain für ihr zukünftiges Aufgabengebiet haben kann und sie müssen im Falle der Anwendbarkeit auf ihren Business Case frühzeitig damit beginnen, die dafür notwendige Kompetenz im Team aufzubauen.

### 1.1.7 Selbstlernende Software, Künstliche Intelligenz, Robotics und Singularity

Die Entwicklungen der vergangenen Jahre zeigen einen enormen Sprung in neuronalen Netzwerken und *Cognitive Analytics*. Es entstehen Software und Systeme, die in der Muster-Erkennung, Analyse und Kombinatorik den Menschen in bestimmten Bereichen gleichkommen oder sogar überlegen sind. Aus Erfahrungen lernen und selbst Entscheidungen treffen zu können, ist eine neue Dimension in der Entwicklung der Rechnerkapazitäten. Die ersten Einsatzmöglichkeiten sehen wir bei selbstlernender Software wie zum Beispiel bei Google Now. Immer mehr kognitive Aufgaben können wir an unsere Rechner abgeben beziehungsweise sie in Zusammenarbeit mit Computern lösen. Auf diese Weise können wir uns auf die Aufgaben fokussieren, die uns Rechner (noch) nicht abnehmen können: Kreativität inklusive der Fähigkeit, die richtigen Fragen zu stellen, Empathiefähigkeit und Konfliktlösungskompetenz.

**Self-Learning Software**
Fortschritte in der Softwareprogrammierung führen zu mehr Autonomie der Algorithmen. Selbstlernende Software findet Eingang in unser Leben. Texterkennungsprogramme und Sprachassistenten wie Siri, Cortana und anderen sind uns schon seit Längerem bekannt. Nun kommt mit neuen Entwicklungen im Bereich der neuronalen Netze weitere Autonomie hinzu. Google Now ist eines der massentauglichen Beispiele. Es zieht Informationen aus dem persönlichen Kalender, unseren E-Mails, Buchungen sowie Verkehrs- und Wetterinformationen und macht Vorschläge für die Organisation des Transportweges. Selbstlernende Softwareprogramme nehmen uns im Hintergrund immer mehr Aufgaben ab. Untersuchungen zeigen, dass die Kombination von Mensch und Maschine nicht nur in der Produktion, sondern in zunehmendem Maße auch in der Wissensarbeit bessere Ergebnisse erzeugt als rein maschinell oder rein menschlich entwickelte Lösungen. In Unternehmen nimmt selbstlernende Software die Rolle eines digitalen Teammitglieds ein.

Selbstlernende Software kann in Arbeitsprozessen eine Vorselektion basierend auf früheren Entscheidungen oder ähnlichen Szenarien vornehmen. So wird die Interaktion mit der Software minimiert und der Mitarbeiter nur einbezogen, wenn menschliche Intelligenz und Erfahrung entscheidend für das Auflösen eines Konfliktes werden könnten oder der Mensch Geschäftsprozesse in bestimmte Richtungen lenken soll. Wird ein Benutzereingriff erforderlich, bereitet das System die Eingabeaufforderung so intelligent auf, dass der Anwender sich auf die zentralen

Punkte konzentrieren kann. Das senkt den Umfang manueller Eingaben und vermeidet Fehler, sodass sich der Mitarbeiter auf wirklich Mehrwert schaffende Aufgaben fokussiert. Maschinen übernehmen nicht nur automatisierbare, sich stetig wiederholende Aufgaben, sondern lösen auch komplexere Aufgaben. Durch Mustererkennung und statistische Analyse kann die Software typische Benutzeraktionen in bestimmten Situationen „erlernen" und vergleichbare Aktionen in Zukunft selbst ausführen.

Vor allem in der medizinischen Diagnostik, in Call- und Servicecentern, bei Investitions- und Kreditvergabe-Entscheidungen oder in der Politik bei der Folgenabschätzung von Gesetzen kommt Maschinenintelligenz zum Einsatz. Es gibt Tumor-Erkennungsprogramme, die Ärzten die Auswertung von Röntgen- und CRT-Bildern abnehmen. Der sogenannte Quakebot verfasst für die New York Times selbstständig Nachrichten über Erdbeben, indem er auf im Netz verfügbare Daten zugreift. Wirtschafts-Nachrichtenagenturen wie Associated Press analysieren Börsenkurse und Pressemitteilungen börsennotierter Unternehmen mit dem Programm Wordsmith und lassen daraus automatisiert Hunderte von Online-Quartalsanalysen erstellen. Somit finden in Arztpraxen und Redaktionen die ersten „digitalen Teammitglieder" bereits ihren Weg in den beruflichen Alltag. Damit verändern sich die Bedarfe auf dem Arbeitsmarkt. Für das Weiterentwickeln der Algorithmen werden wir in Zukunft eine steigende Zahl von Datenwissenschaftlern und Big Data Scientists sowie von User Experience und User Interface Designern (UX/UI Designer) benötigen.

**Auswirkungen auf die Führung**
Für Führungskräfte bedeutet dies den Beginn gemischter Teams aus Menschen, Softwareprogrammen und Robotern. Letztere übernehmen Aufgaben im kognitiven Bereich, die bisher lediglich Menschen erledigen konnten. Führungskräfte müssen dabei auf dem Laufenden sein, welche selbstlernenden Programme für ihren Arbeitsbereich auf den Markt kommen und wie man sie einsetzt, um Mitarbeiter von Aufgaben zu entlasten, die nun Maschinen übernehmen können. Dadurch kann die Manpower auf die Spezialgebiete des Menschen fokussieren.

**Künstliche Intelligenz**
Der nächste Schritt in der Weiterentwicklung selbstlernender Software ist Künstliche Intelligenz (KI) oder Artificial Intelligence (AI). Computer gehen mit der Leistungsfähigkeit von Erwachsenen an das Lösen von Mathematikaufgaben heran, sie bewältigen Intelligenztests oder spielen Schach. Es ist hingegen immer noch schwer bis unmöglich, einen Roboter in Hinblick auf Wahrnehmung und

Bewegung mit den Fertigkeiten eines einjährigen Kindes auszustatten (Moravec's Paradox, in: Brynjolfsson und McAfee 2015, S. 40).

Der Kognitionswissenschaftler Steven Pinker konstatiert dazu, dass die Forschung über Künstliche Intelligenz gezeigt hat, dass die schwierigen Probleme meist einfach zu lösen sind und die einfachen dagegen sehr schwer. Daher liefen Aktienanalysten, Ingenieure und andere systematisch-analytischen Wissensarbeiter eher Gefahr, durch Maschinen ersetzt zu werden als Gärtner, Empfangsdamen und Kellner. Denn bisher ist die sensomotorische Arbeit weiterhin eine große Herausforderung in der Robotik. So braucht ein Roboter Millisekunden, um komplexe Rechenaufgaben zu lösen, jedoch rund 25 min, um ein Handtuch zu fassen und zusammenzulegen (Brynjolfsson und McAfee 2015, S. 243).

Gleichzeitig prophezeien Zukunftsvisionäre wie Ray Kurzweil die Singularität für das Jahr 2045. Mit Singularität benennt er den Zustand, in dem Maschinen ein eigenes Bewusstsein entwickeln und Menschen und Computer nahtlos miteinander verschmelzen können. Ab diesem Moment überholen Algorithmen die menschliche Intelligenz. Die Weiterentwicklung der Menschheit sei ab diesem Zeitpunkt nicht mehr vorhersagbar (Kurzweil 2015).

Heutzutage ist noch sehr umstritten, ob es sich bei den derzeitigen Entwicklungen bereits um Künstliche Intelligenz handelt. Vielmehr wird argumentiert, es handele sich um computergesteuerte Automatisierungen. Tatsächlich ist es so, dass Computersysteme wie AlphaGo sehr komplexe Rechenaufgaben übernehmen können, aber bisher eben auch nur fokussiert auf eine Aufgabe. Doch die Systeme lernen schnell hinzu. Und im Gegensatz zum menschlichen Lernen, das zu einem großen Teil auf eigenen Erfahrungen basiert, können vernetzte Systeme theoretisch unmittelbar weltweit ihren Erkenntniszuwachs austauschen. Dies erklärt die exponentiell wachsende Geschwindigkeit, mit der Künstliche Intelligenz sich weiterentwickelt.

Die Entwicklungen im Bereich der Künstlichen Intelligenz werden einerseits, wie bisher alle technologischen Fortschritte, Arbeitsprofile verändern und neue Arbeitsplätze schaffen. Gleichzeitig wird der zunehmende Einsatz von selbstlernenden Technologien die Anzahl von Mitarbeitern und damit die Größe von Unternehmen beeinflussen. Viele Unternehmen haben heute viele Mitarbeiter, weil sie Tätigkeiten ausüben, die nur durch weitere Mitarbeiter skaliert werden können, sei es auf horizontaler Ebene über geografische Zonen hinweg oder auf vertikaler Ebene durch Managementhierarchien. Je mehr Funktionen durch Softwareprogramme mit Künstlicher Intelligenz übernommen werden, desto weniger muss die Skalierung des eigenen Angebots mit einer wachsenden Organisation verbunden sein.

In welchen Arbeitsbereichen werden wir den Einsatz von Künstlicher Intelligenz als erstes spüren? Das Verkehrswesen wird laut den befassten Forschern der erste Bereich sein, in der Menschen der Sicherheit und Zuverlässigkeit eines KI-Systems vertrauen werden (müssen). Schon jetzt gibt es große Fortschritte auf dem Weg zu selbstfahrenden Autos. 2004 gab es den ersten Wettbewerb der Forschungsbehörde des US-Verteidigungsministeriums (DARPA) für selbstfahrende Autos in einer Wüste. Keiner der Wagen schaffte die Aufgabe. Ein Jahr später bewältigte Informatikprofessor Sebastian Thrun, Robotik-Spezialist bei Google, mit seinen Studenten aus Stanford die Herausforderung. Sein selbstfahrendes Auto bewältigte die Strecke von 132 Meilen. Heute haben selbstfahrende Autos von Google oder Audi mehrere Millionen an Kilometern unfallfrei auf Verkehrsstraßen zurückgelegt. 2017 kommt mit dem Audi A8 das erste Serien-Automobil auf den Markt, das dem Fahrer erstmals offiziell eine Nebenbeschäftigung hinter dem Steuer erlaubt, während das Auto (zunächst nur auf der Autobahn und nur bis 60 km/h) das Lenken, Beschleunigen, Bremsen und Überholen völlig selbstständig übernimmt. Bereits in den 2020er Jahren soll es Serienautos ohne Lenkrad und Pedale geben. Navigationsgeräten vertrauen wir eineinhalb Jahrzehnte nach ihrer Markteinführung geradezu blind und es gibt Autofahrer, die keinen Kilometer mehr ohne aktivierten Bremsassistenten unterwegs sind. Daran lässt sich leicht erkennen, dass es nicht mehr außerhalb der Möglichkeiten liegt, dass wir bald in selbstfahrenden Autos sitzen und die Fahrtzeit für produktivere Dinge als das Steuern einsetzen werden.

Im privaten Bereich werden günstige Sensoren, neue Methoden des maschinellen Lernens und Fortschritte in der Spracherkennung dafür sorgen, dass Roboter Pakete ausliefern, Büros putzen oder für Sicherheit sorgen. Im Gesundheitswesen sehen wir bereits den Einsatz von Computerprogrammen zur Diagnose von Krankheiten und der Überwachung von Heilungsprozessen. So werden Ärzte zukünftig nicht mehr selbst diagnostizieren, sondern vielmehr ihre automatisierten Helfer bei der Diagnose überwachen und ihre eigene Erfahrung und Intuition einbringen. In der öffentlichen Sicherheit werden sich Menschen in zunehmendem Maße auf Maschinen verlassen, auf verbesserte Kameras und Drohnen zur Überwachung, auf Algorithmen, die Finanzbetrug aufdecken, und auf Predictive-Policing-Programme, die anhand verschiedener Daten die Wahrscheinlichkeit für Straftaten in bestimmten Gegenden voraussagen.

In naher Zukunft wird KI wohl eher ausgewählte Aufgaben übernehmen und nicht sofort ganze Berufe ersetzen. Dabei werden die unterschiedlichsten Berufszweige betroffen sein, von Lkw-Fahrern über Radiologen bis hin zu Rechtsanwälten. Wegfallen werden vor allem diejenigen Sachbearbeiterjobs, die automatisierbar sind. Dabei wird mit zunehmender Entwicklung im Bereich der

Künstlichen Intelligenz die Anzahl der Aufgaben steigen, die als Routineaufgaben eingestuft und über Algorithmen gelöst werden können. So wird sich die
künstliche Intelligenz in zunehmendem Maße auch in Bereiche einschleichen, die
Experten bislang als nicht von Maschinen erledigbar eingeschätzt haben.

Neben der Automatisierung von Tätigkeiten und damit der Abschaffung einiger Jobs, die bisher von Menschen erledigt wurden, kommen neue Jobs hinzu.
Künstliche Intelligenz wird gleichzeitig bestimmte Tätigkeiten aufwerten. Kreativität wird für Menschen wichtiger werden als Effizienz. Kommunikation, Inspiration, Neukombination und Zusammenarbeit sind alles Bereiche, die in Zukunft im
menschlichen Kompetenzportfolio deutlich wichtiger und auch weit mehr Zeit in
Anspruch nehmen werden als in der Vergangenheit.

**Auswirkungen auf die Führung**
Für Menschen mit Führungsaufgabe ist es in dieser Phase wichtig zu analysieren,
welche Aufgaben an selbstlernende Software, Künstliche Intelligenz oder Roboter übergeben werden können, um die Mitarbeiter von Last zu befreien und sie
für wichtigere Aufgaben einzusetzen. Dabei ist es auch wesentlich, Mitarbeiter in
menscheneigenen, relevanten Kompetenzen wie Kreativität oder Kommunikation
zu schulen und so diese Ressourcen zu stärken.

## 1.2    Gesellschaftliche Entwicklungen

Derzeit treffen folgende vier Entwicklungen aufeinander, die auf ein Unternehmen einwirken und den Druck zur Veränderung erhöhen:

- der zunehmende demokratische Reifegrad unserer Gesellschaft, in der sich die
  Haltung zu Autorität, Transparenz von Information und Entscheidungsprozes-
  sen, Wahl- und Mitbestimmungsmöglichkeiten sowie zur individualisierten
  Lebensgestaltung seit den 1990er Jahren nochmals deutlich verändert hat
- das starke Wirtschaftswachstum in Deutschland mit einer entsprechend niedrigen Arbeitslosenquote
- die in Abschn. 1.1 skizzierte sprunghafte technologische Entwicklung seit der
  Jahrtausendwende
- der demografische Wandel, der neben einer niedrigen Arbeitslosenquote den
  Bewerbungsprozess für neue Mitarbeiter heutzutage in fast allen Bereichen
  umdreht: Nicht die Interessenten bewerben sich bei den Firmen, sondern die
  Firmen sprechen aktiv passende Bewerber an und werben um diese.

Diese Entwicklungen führen zu einer veränderten Anspruchshaltung an den Arbeitgeber und das Arbeitsumfeld. Im Folgenden sehen wir uns ausgewählte Entwicklungen und deren Bedeutung für die Führung in Unternehmen an.

## 1.2.1    Shadow Tasking

*Shadow Tasking* bedeutet die Vermischung von Arbeits- und Privatleben, die als Folge des umfassenden Einsatzes von Smartphones und Tablets entsteht. Ebenfalls etabliert hat sich der Begriff des *Work-Life-Blend*. Mitarbeiter erledigen während der Arbeitszeit persönliche Angelegenheiten und erfüllen umgekehrt berufliche Aufgaben in der eigentlich arbeitsfreien Zeit. So erwarten Unternehmen heute durchaus, dass Mitarbeiter zeitlich entgrenzt arbeiten. Konzepte, Präsentationen, Telefonkonferenzen und E-Mails abends oder am Wochenende zu erledigen, gehört für viele Mitarbeiter zur Berufsrealität, die sie als neue Normalität akzeptieren. Der gegensätzliche Effekt – Mitarbeiter erledigten Privates während der Arbeitszeit – wird dagegen noch weit weniger von den Unternehmen akzeptiert. Erledigen Mitarbeiter und Führungskräfte persönliche Dinge am Arbeitsplatz wie private Telefonate, checken sie Social-Media-Kanäle oder reservieren sie Kino- oder Theaterkarten, führt dies häufig zu moralischem Unbehagen. Besonders herausfordernd wird eine Trennung zwischen Beruflichem und Privatem, wenn der Mitarbeiter am Arbeitsplatz mit seinen eigenen Geräten arbeitet (bei Unternehmen mit *Bring your own device-Policy* (BYOD)). Häufig führt sogar das Befüllen von unternehmensinternen, digitalen Collaboration-Tools oder Wikis zu misstrauischen Fragen seitens der Führungskräfte, ob der Mitarbeiter denn nichts „zu tun" habe. Faire Spielregeln sehen anders aus.

Besonders Generation Y und Generation Z sind es gewohnt, überall und zu jeder Zeit online zu sein, Arbeit und Privates zeitlich flexibel zu gestalten und zur Erledigung der Arbeit nicht zwingend vor Ort im Büro zu sein. Sie haben eine enge Verbindung zu ihren Smartphones, sodass BYOD-Policies in Unternehmen eine hohe Attraktivität für sie besitzen. Eine Untersuchung des Softwareanbieters MobileIron hat ergeben, dass 84 % der Generation Y ihre Mobilgeräte zur Erledigung von Arbeitsaufträgen in ihrer Freizeit benutzen (MobileIron 2015). Die junge Generation ist es auch stärker gewohnt, Multitasking zu betreiben – Musikhören während der Arbeit und dabei noch mit Kollegen und Freunden chatten sind Alltag. Sie sind dabei ständig erreichbar, auch für ihre Arbeitgeber. Hier liegt aber auch eine Gefahr: Fokus und Konzentration auf eine Sache muss dieser Generation häufig wieder näher gebracht werden. In den sogenannten *Flow*-Arbeitsmodus zu kommen ist das Ziel der vollen Konzentration. Begriffe wie *Deep Work* (Cal Newport) etablieren sich und *Productivity-Hack*-Methoden machen die Runde, mit denen man effektiv und konzentriert an Aufgaben arbeitet. Insgesamt vermischt die Generation Mobile, oder „Gen M", wie sie MobileIron nennt, (Personen, die Mitte der 2010er Jahre zwischen 18–34 Jahren waren) im Alltag berufliche und private Aktivitäten weit mehr als der Rest der Bevölkerung. Dabei geben 58 % der befragten Arbeitnehmer mit Smartphone oder Tablet als zentralen Arbeitsgeräten an, dass sie bei der Vermischung von Beruflichem und Privatem ein schlechtes Gewissen haben. Die Gen M erledigt mehr als ein Viertel ihrer Arbeit (26 %) auf Smartphones oder Tablets, verglichen mit 17 % bei Nicht-Gen-M-Fachkräften. 82 % der Gen M führen während der Arbeitszeit mindestens eine private Tätigkeit auf mobilen Geräten durch (vs. 72 % der Nicht-Gen-M-Fachkräfte). Gleichzeitig führen 64 % der Gen M während der arbeitsfreien Zeit mindestens eine arbeitsbezogene Tätigkeit auf mobilen Geräten durch (vs. 54 % der Nicht-Gen-M-Fachkräfte). Die Möglichkeit, Arbeits- und Privattätigkeiten zu mischen, ist für deutsche Gen-M-Fachkräfte wichtig: 59 % von ihnen würden ihren Arbeitsplatz wechseln, wenn der Arbeitgeber Telearbeit verbietet oder ihre Möglichkeit einschränkt, persönliche Aufgaben am Arbeitsplatz zu erledigen (weltweit sind es 60 % der Gen-M-Fachkräfte (MobileIron 2015)).

Besonders Mobilgeräte tragen dazu bei, dass Arbeits- und Privatleben zunehmend verschwimmen. Die Gen M als neue Mitarbeitergruppierung, muss hierfür besonders sensibilisiert werden – in beide Richtungen ist Lernen angesagt:

- Mitarbeiter sind auch einmal offline, um zu regenerieren und neue Ideen zuzulassen.
- Mitarbeiter sollten einen bestimmten Umfang an privaten Angelegenheiten während der Anwesenheit im Büro nicht überschreiten, weil sie ihre Zeit im Büro zum Austausch mit Kollegen nutzen sollten.
- Unternehmensvertreter sollten überlegen, wie sie ihren Mitarbeitern die Verbindung von privaten und beruflichen Aktivitäten möglichst leicht machen
- Es darf kein schlechtes Gewissen geben, solange die Arbeitsleistung gleich hoch bleibt und höchste Datensicherheit gewährleistet ist.

Funktionieren kann das nur, wenn über Themen wie *Shadow Tasking* ein offener Dialog geführt wird. Dazu gehört, den veränderten Arbeitsstil zu akzeptieren, die Firmenkultur zu überprüfen und den sicheren Umgang mit Daten zu gewährleisten. Für Führungskräfte bedeutet dies, im gleichen Maße private Tätigkeiten während der Arbeitszeit zuzulassen, wie sie erwarten, dass Arbeit auch außerhalb der dafür vorgesehenen Arbeitszeit erledigt wird. Und sie müssen mit gutem Beispiel voran gehen und zumindest unternehmensinterne Wikis, Kommunikations- und Kollaborations-Tools selbst aktiv nutzen und befüllen.

## 1.2.2  I want it now!

Die sogenannte *Instant Gratification Society* wächst immer stärker. Sie verlangt die sofortige Befriedigung von Wünschen und Bedürfnissen, häufig durch den Kauf eines Produkts oder einer Dienstleistung. Vernetzung und Digitalisierung erleichtern eine Sofortbelohnung. Die Lieferzeit für Produkte wird in Zukunft durch Streamingdienste, 3-D-Druck und Drohnen/Roboterauslieferung voraussichtlich nur noch einige Minuten dauern. Für Unternehmen bedeutet dies, sich auf dieses Bedürfnis ihrer Kunden einzustellen und zugleich intern gegenüber den Mitarbeitern schnellere Reaktionszeiten zu gewährleisten. Schnelleres Feedback auf die Arbeitsleistung und vermehrte Umfragen zur Arbeitszufriedenheit sind Bestandteile einer Kultur der *Instant gratification.*

Heute wächst eine Generation heran, der die Erfahrung des Wartenmüssens weitgehend fehlt. Ob beim Computerspiel, der Online-Bestellung, der Kommunikation oder der Lustbefriedigung: Alles geschieht in Echtzeit. *Instant gratification* nennen Psychologen dieses Phänomen, das im Gegensatz zu einem weiteren wichtigen Element der Persönlichkeitsentwicklung alter Prägung steht, dem sogenannten Belohnungsaufschub, auch „Impulskontrolle" genannt. Dieser beschreibt die Fähigkeit, auf eine unmittelbare Belohnung zugunsten einer Belohnung in der Zukunft zu verzichten. Das trainiert Geduld – ein Charaktermerkmal, das heute vom Aussterben bedroht scheint.

Seit einigen Jahren ist *Realtime* einer der Treiber des Internets. Die wirtschaftliche und gesellschaftliche Zugkraft der Echtzeit ist noch längst nicht ausgereizt und zeigt sich besonders dort, wo auch die größten Wachstumsraten im Netz sind: bei der Interaktion zwischen Menschen. Echtzeit, die technologische Konsequenz der Ungeduld, ist auch für die intensiven Reaktionen in Social Media verantwortlich, denn Nutzerkommentare werden mittlerweile sofort eingeblendet, ohne dass man Seiten neu laden muss. Es ergibt sich eine chatähnliche Situation selbst in asynchronen Kommunikationsformen. So entsteht ein digitales Gespräch in Echtzeit, das faszinierende Gefühl, live dort dabei zu sein, wo genau jetzt etwas im Netz passiert. Ungeschmeidige, langsam funktionierende Kommentarsysteme meidet der Nutzer.

Sofortbelohnung erwarten wir durch unsere ständige Konnektivität mit Mobilgeräten mittlerweile auch in vielen unterschiedlichen Kontexten. Wir erhalten sofortiges Feedback von unseren Geräten, da wir ständig angeschlossen sind.

Soziale Medien erlauben es uns, Kommentare, Videos, Fotos und Status-Updates jederzeit hochzuladen und unmittelbare Reaktionen unserer Freunde und Follower zu erhalten. Wir kommunizieren über Messenger-Dienste, Kommunikationstools wie Twitter und Slack (ein Messenger-Dienst für Arbeitsgruppen) und erwarten, dass Rückmeldungen eingehen, ohne dass wir lange darauf warten müssen.

Was hat die *Instant Gratification* für Auswirkungen auf uns Menschen? Es entsteht eine Art „Kultur der Ungeduld", die sich auch auf andere Lebensbereiche auswirkt. Laut Peter Weibel sind „die Leute in der technischen Welt ein extrem kurzes Reiz-Reaktions-Verhältnis zwischen ihren Wünschen und der Umwelt gewohnt. Die Erfahrung des Bürgers ist, dass er in allen Bereichen des Lebens auf einen Knopf drückt, eine Reaktion kommt und sich etwas verändert [...]." So wird die Ungeduld als Erwartungshaltung auch in den nichtdigitalen Bereich übertragen. Amazon baut aus diesem Grund zum Beispiel derzeit Lieferzentren in Ballungsgebieten auf, um ihr Warenangebot dort noch am selben Tag ausliefern zu können. Dazu antizipieren sie die Kundennachfrage für bestimmte Produkte in bestimmten Regionen auf Basis von Algorithmen zu Websuchanfragen lange vor der eigentlichen Bestellung.

Wie gehen Unternehmen damit um? An vielen Stellen der digitalen Sphäre wirkt Ungeduld explizit positiv, weil sie ein Korrektiv darstellt. Feedback-Plattformen wie getsatisfaction.com organisieren für Internetfirmen den Beschwerdestrom ungeduldiger Nutzer und zeigen anhand von Statistiken, wo dringender Handlungsbedarf besteht. Ein Netzunternehmen mit geduldigen Nutzern würde von seinem Optimierungspotenzial vermutlich erst erfahren, wenn es zu spät ist.

Auf der Personalseite führt die Sofortbelohnungskultur dazu, dass junge Mitarbeiter von ihrer Firma das Gleiche wie von einem Sozialnetzwerk oder einem Onlinegame erwarten. Die Millennials tasten sich dabei via Feedback voran: Dinge ausprobieren, Fehler machen und sich in den jeweiligen Communitys darüber austauschen, ganz nach dem Build-Measure-Learn-Zyklus des weiter unten eingehender beschriebenen *Lean-Start-up*-Ansatzes, nach dem man Projekte mit kleinen Iterationsschritten testet und Fehler schnell erkennt. Hier beginnt für Unternehmen die „Aus-Fehlern-lernen-Kultur", auch als *Failure Management* bekannt. Gute Führungskräfte nutzen den Trend der *Instant Gratification* und gewöhnen sich an, ihren Mitarbeitern zeitnah Feedback zu ihren Leistungen zu geben. Dabei nutzen sie das Prinzip des *Positive reinforcement,* die Ermutigung, positives Verhalten zu wiederholen, was der „Bestrafung" für negatives Verhalten bei weitem überlegen ist.

### 1.2.3  Lifelogging

IT- und Gesundheits-Sektor haben das Erheben von Nutzungsdaten seit ein paar Jahren auch auf die eigenen biologischen Daten der Nutzer ausgeweitet. *Self Tracking* oder *Quantified Self* soll die Selbstkenntnis durch Zahlen verbessern. Jeder Mensch produziert täglich Unmengen an messbaren Informationen (Pulsschlag, Blutdruck, Blutzuckerwerte, Höhe des Cholesterinspiegels oder Hirnströme, gejoggte Kilometer, gerauchte Zigaretten etc.). Die Auswertung der Daten ermöglicht es, Gewohnheiten oder bisher unbeachtete Zusammenhänge zu erkennen. Dahinter steht der Wunsch, die eigene Leistungsfähigkeit zu verbessern, gesund zu leben sowie fit und leistungsfähig zu sein. Der Journalist Gary Wolf fasste bereits 2010 in einem TED-Talk zusammen: „The self is just our operation center, our consciousness, our moral compass. So, if we want to act more effectively in the world, we have to get to know ourselves better" (Wolf 2010).

Für Unternehmen aller Art ist es heute immer wichtiger, ihre Kunden genau zu kennen. Das betrifft nicht nur Interessen, Vorlieben und Bedürfnisse, sondern auch deren Verhaltensmuster. Das gilt für alle Branchen und Unternehmensbereiche. Durch *Self Tracking* und *Mobile Analytics* eröffnen sich für Unternehmen neue Möglichkeiten, äußerst detaillierte Informationen über ihre Kunden zu gewinnen. Sie nutzen diese, um ihre Geschäftsstrategien neu auszurichten und die Kundenzufriedenheit zu erhöhen. Auch für den Bereich Betrugserkennung und -bekämpfung bringen Trends wie *Quantified Self* neue Erkenntnisse. Sofern der Kunde einwilligt, können zusätzliche und noch präzisere Daten über den Kunden gesammelt werden, um passgenauere Angebote zu machen beziehungsweise die Sicherheit zu erhöhen. Ein Beispiel: Die Kreditkarte des Kunden wird in Deutschland benutzt, sein Smartphone wurde aber fünf Minuten zuvor in den USA getrackt. Entsprechende Software erkennt, dass hier möglicherweise etwas nicht stimmt. Die Bank kann den Kunden kontaktieren und unverzüglich die richtigen Maßnahmen einleiten.

Führungskräfte müssen diesen Trend der Datenüberwachung im biologischen Bereich im Blick behalten und möglichst selbst testen, um zu sehen, welche Möglichkeiten sich in Zukunft für die Führung daraus ziehen lassen. So könnte es möglich werden, dass Erkältungswellen in Unternehmen und damit verbundene Ausfallzeiten von Mitarbeitern besser vorhersehbar werden und sich in relevanten Fällen frühzeitig Alternativen im Dienstplan organisieren lassen.

## 1.2.4  Open Innovation

*Open Innovation* bezeichnet einerseits die Öffnung des Innovationsprozesses durch Unternehmen, andererseits das zunehmende Interesse von Kunden, einen – häufig kostenlosen – Beitrag zur Entwicklung von Produkten und Prozessen zu leisten. Es geht um die Integration externer Partner in das Generieren neuartiger Produkte und Dienstleistungen. Der Innovationsprozess wird dabei als interaktives, verteiltes und offenes Innovationssystem begriffen. Dabei fließen interne und externe Ideen gleichermaßen in neue Produkte, Dienstleistungen und Geschäftsmodelle ein. Wissensaustausch und Vernetzung von Know-how und damit schnellere und umfassendere Innovationsprozesse sind das Ziel. Grundvoraussetzung für das Umsetzen und Nutzen von *Open Innovation* ist die Bereitschaft, offen für die Ideen anderer zu sein und Wissen mit anderen zu teilen.

Das traditionelle Modell der *Closed Innovation* berücksichtigt nicht, dass Kunden eine wichtige Wissensressource für innovative Ideen darstellen, die über einfache Produktverbesserungen hinausgehen. Die Innovationskraft des Kunden bleibt somit in traditionellen Entwicklungsansätzen ungenutzt. *Open Innovation* beschreibt dagegen Ansätze, die Unternehmensgrenzen für die kooperative Entwicklung von Innovationen mit externen Akteuren öffnen – mit Kunden und anderen Experten gleichermaßen. Henry Chesbrough beschrieb *Open Innovation* 2003 als neues Innovationsparadigma: „Open Innovation is a paradigm that assumes that firms can and should use external ideas as well as internal ideas, and internal and external paths to market, as the firms look to advance their technology" (Chesbrough 2003).

Dabei sind folgende Formen von *Open Innovation* zu unterscheiden:

- *kooperativ:* gemeinsam Ideen entwickeln und durch Zusammenarbeit Prozesse optimieren, beispielsweise zwischen Hersteller und Lieferanten
- *outside-in:* Ideen von außen im Unternehmen für Innovationen nutzen, beispielsweise nach Zahlung von Lizenzgebühren
- *inside-out:* neue Prozesse oder Ideen aus dem Unternehmen durch Gründung eines Start-ups ausgliedern
- *User Innovation:* Nutzer entweder autonom Innovationen genieren oder sie an der Produktentwicklung mitwirken lassen. Viele Innovationen haben mittlerweile ihren Ursprung nicht in einem bestimmten Herstellerunternehmen, sondern sind Ergebnis eines interaktiven Prozesses zwischen Hersteller und Markt. Bei einer herstellerinitiierten *User Innovation* stellt ein Hersteller bestimmte Kapazitäten bereit, damit die Kunden einfacher innovativ tätig

werden beziehungsweise ihre Ideen aktiv an den Hersteller herantragen. Initiativen und Infrastrukturen im Bereich *User Innovation* haben beispielsweise Audi, Adidas, BMW, Huber Group, Eli Lilly oder Procter&Gamble aufgebaut.

- *Open-Source:* Nutzer und Experten konzipieren nicht nur das System in „Communities" im Internet, sondern schaffen sich auch eine eigene Entwicklungsumgebung inklusive Organisationsregeln und eigener „Gesetze". Auf diese Weise sind Produkte wie *Linux* oder der *Appache Web Server* entstanden, die inzwischen Massenprodukte sind. In diesen Fällen setzten Kunden und Nutzer nicht nur ihr Produkt-Know-how, sondern auch ihr Organisations- und Führungs-Know-how für den Entwicklungsprozess ein.
- *Crowdsourcing* ist eine weitere Form der *Open Innovation:* Der Begriff setzt sich aus der Kombination von *crowd* (breite Masse) und *outsourcing* (Auslagerung) zusammen. Der Ansatz wird eingesetzt für Ideenfindung, Problemlösung, Produktentwicklung, Design oder Marketing. Dabei versprechen sich Unternehmen einen wirtschaftlichen Nutzen, Unternehmensexterne motivieren sich intrinsisch oder extrinsisch für eine Mitarbeit.

Der wichtigste Vorteil von *Open Innovation* ist die größere Ideenbasis. Unternehmen können ihre Entwicklungsprozesse dadurch schneller und kostengünstiger durchführen, denn Kunden veröffentlichen ihre Ideen häufig ohne Gegenleistung und sind somit eine wertvolle Ressource für Innovationsprozesse. Von der größeren Ideenbasis haben etwa IBM mit seinen *Innovation Slams* oder Tchibo mit seiner Plattform *Tchibo ideas* profitiert. Insbesondere virtuelle Umgebungen ermöglichen eine schnelle, flexible und anhaltende Interaktion zwischen Unternehmen und Kunden, die von beiden Seiten geringen physischen und kognitiven Aufwand erfordert. Kundenbedürfnisse und Technologietrends lassen sich besser berücksichtigen. Und die Kundenbindung wird erhöht, da Nutzer im *Open-Innovation*-Prozess eine aktive Rolle einnehmen. Sie entwickeln nur solche Produkte und Dienstleistungen mit, die sie tatsächlich auch selbst benötigen.

In den Unternehmen herrscht bei der *Open Innovation* oft Angst vor hohen Risiken, etwa

- Angst, eigenes Know-how preiszugeben,
- Angst vor dem *Not-invented-here*-Syndrom einer internen Abstoßungs-Reaktion,
- Angst davor, den Aufwand der Ideenumsetzung im Unternehmen zu unterschätzen,
- Angst vor der Regelung von Eigentumsrechten an den Ideen
- Angst vor der unberechenbaren Dynamik der *Crowd.*

Die Herausforderung für Führungskräfte besteht deshalb darin, den Nutzen und die Bedeutung für das Unternehmen unter den Mitarbeitern aktiv zu kommunizieren und die Vorteile herauszuarbeiten. Auch muss der Innovationsprozess zwar für Partner transparent gestaltet, die wichtigsten Bestandteile davon jedoch gleichzeitig vor dem Wettbewerb abgesichert werden. Die eventuell überflüssige Vielfalt an Ideen, die durch den offenen Prozess entsteht, muss gemanagt werden. Viele Unternehmen haben nicht die Kapazitäten, aus dem Prozess die passenden Ideen herauszufiltern, geschweige denn, diese weiter zu entwickeln und umzusetzen.

Beispiele aus der Praxis für *Open Innovation* im Automobilbereich sind Tesla Motors und Local Motors. Der Milliardär Elon Musk hat Tesla 2003 mit dem Ziel gegründet, die Einführung nachhaltiger Transportmittel zu beschleunigen. Um sich vor der Konkurrenz größerer Firmen zu schützen, ließ Tesla Motors seine Technologien zunächst patentieren. Doch die Konkurrenz blieb aus: Bei den größten Automobilherstellern betrug die Produktion umweltschonender Elektroautos auch nach mehr als zehn Jahren noch immer weniger als 1 %. Tesla Motors erkannte die Öffnung seiner Patente als die effizienteste Möglichkeit, Innovationen für Elektroautomobile anzukurbeln. So gab das Unternehmen 2014 bekannt, dass alle seine Patente für jegliche Zwecke genutzt werden können. Der Elektroautomobilhersteller sei davon überzeugt, dass eine gemeinsame, sich schnell entwickelnde Technologieplattform nicht nur allen Herstellerfirmen Vorteile bringe, sondern auch zur Ankurbelung der Produktion umweltschonender Automobile beitragen könne. Local Motors unterdessen verlagert die Entwicklung von Automobilen komplett in die *Crowd*. Das Unternehmen fertigt diese Autos anschließend in großen Lagerhallen mithilfe von 3-D-Druckern und kauft Motor und andere Komponenten extern ein, bevor die Montage startet.

Zieht ein Unternehmen Schlüsse aus *Open Innovation* und erkennt darin Potenziale, gilt es die Bereiche mit Entwicklungs- und Wachstumschancen daraufhin zu untersuchen. Führungskräfte ordnen dafür ein, wie sie die Expertise ihrer Teams sinnvoll um externe Fachkompetenz ergänzen. Eine der Führungsaufgaben ist es dabei, die Teams dafür zu öffnen, externe Ideen zuzulassen und einzubinden, und den Prozess zu koordinieren und zu moderieren. Hilfreich ist es, wenn Führungskräfte in *Open-Innovation*-Prozessen selbst als Experten in externen Gremien mitarbeiten und somit als Vorbild agieren.

## 1.2.5  Sharing Economy – Zugangsökonomie

Der ursprüngliche Begriff der *Sharing Economy* (auch *Shared Economy*) meint das systematische Ausleihen von Gegenständen und das gegenseitige Bereitstellen von Räumen und Flächen, insbesondere durch Privatpersonen und Interessengruppen (Definition Gabler Wirtschaftslexikon). Voraussetzung dafür ist, dass der Gegenstand im Eigentum eines Anbieters ist, der es zur Nutzung zur Verfügung stellt *(Collaborative Consumption)*. Ziel ist es, ineffizient genutzte Ressourcen nutzbar zu machen:

- Autos stehen laut Mobilitätsforscher Weert Canzler im Schnitt 23 h des Tages ungenutzt herum (WZB o. J.);
- Bohrmaschinen werden nur wenige Male im Jahr genutzt;
- dringend von anderen benötigter Wohnraum ist häufig unbewohnt, etc..
- Ziel einer *Sharing Economy* ist darüber hinaus das Reduzieren von Fixkosten, ohne gänzlich auf die Nutzung bestimmter Gegenstände zu verzichten, beispielsweise durch gemeinsame Nutzung von Arbeitsraum, Maschinen oder Fahrzeugen.

Der Zugang zu den Angeboten erfolgt rein Internet- oder App-basiert. Durch die neuen Technologien sind die Transaktionskosten für die Vermittlung sehr gering – beschrieben als Phänomen der „Null-Grenzkosten-Gesellschaft" von Rifkin 2014, die hohe Skalenerträge und exponentielles Wachstum durch weltweites Ausrollen der Geschäftsmodelle ermöglicht. Transparenz und Zugänglichkeit der Angebote sind unterdessen online sehr hoch. Durch die im gleichen Zuge eingeführten Rating-Elemente sowohl von Anbietern wie auch von Nutzern lässt sich der Anonymität beider Seiten entgegenwirken und unlauteres Geschäftsgebaren identifizieren.

Die Digitalisierung hat durch ihre Vernetzungskraft eine ausgedehnte gemeinschaftliche Nutzung von Gegenständen über die örtliche Nachbarschaft hinaus möglich gemacht. Das Prinzip des Teilens macht diese Gegenstände weithin verfügbar, erhöht ihre Auslastung und senkt die Nutzungsgebühren für alle. So erschließen sich neue Nutzergruppen und neue Geschäftsmodelle lassen sich generieren. *Pure Digital Player* wie Airbnb und Uber haben sich hier im Markt positioniert. Aber auch Anbieter aus der sogenannten *Old Economy* wie Autohersteller denken verstärkt in Richtung *Sharing Economy*. Mit Carsharing-Angeboten wie car2go und DriveNow wandeln sie sich von ingenieurgetriebenen Hardwarefirmen zu Dienstleistern. Ihr ursprüngliches Produkt, das Automobil, bildet in diesem Szenario die Basis für ein umfassendes Dienstleistungs-Paket. In einer Zeit, in der der Einzelne in der Gesellschaft einerseits nach Individualisierung sucht und sich andererseits dem Ziel schonender Ressourcennutzung verschreibt, liegt die Aufgabe, neue Angebote zu schaffen und somit beides zu vereinbaren, bei den Unternehmen.

Beispiele für *Sharing-Economy*-Geschäftsmodelle:

- Wohnraum: Airbnb, Wimdu etc. stellen eine Plattform zur Verfügung, über die Privatpersonen Wohnungen oder ganze Häuser anbieten. Die Plattformbetreiber erhalten eine Vermittlungsprovision, ohne dass sie eigene Unterkünfte besitzen. Dieses Angebot wird der zunehmenden Mobilität der Menschen gerecht, weshalb der Besitz von (immobilem) Wohnungseigentum an Bedeutung verliert. Das Angebot reduziert Ineffizienz wie in diesem Fall leer stehenden Wohnraum.
- Carsharing: Tamyca oder Drivy sind Plattformen, über die Privatpersonen ihre Autos vermieten können. DriveNow und car2go sind Plattformen von Autoherstellern, die ihre Autos zur unkomplizierten Kurzzeitmiete anbieten. Aggregatoren wie Free2Move zeigen anbieterübergreifend alle Angebote in einer App. In den Nutzungsgebühren sind Wartung, Kraftstoff, Versicherung sowie Gebühren für kostenpflichtige Parkplätze enthalten. Für die Nutzer steht nicht der Besitz des Fahrzeugs im Vordergrund, sondern die flexible Mobilität. Auch in diesem Fall will das Geschäftsmodell Ineffizienzen – hier: Standzeiten – verringern. Ähnlich funktioniert ein Call-a-Bike-Angebot.
- Arbeitsraum: *Coworking Spaces* wie WeWork, mindspace, Betahaus etc. bieten Arbeitsplätze für Freelancer und Teams an. Dabei genießen Freiberufler, Kreativarbeiter, Start-ups und digitale Nomaden einen Vorteil, der weit über das gemeinsame Nutzen von Arbeitsraum hinausgeht: Sie teilen auch ihren Erfahrungsschatz. In der monatlichen oder stundenweisen Nutzungsgebühr ist die Büroinfrastruktur mit Arbeitsplatz, Internetanschluss, Konferenzräumen, Nebenkosten etc. enthalten.
- Arbeitskraft: Upwork, Clickworker usw. bieten als Plattformen die Möglichkeit, flexibel auf Arbeitsexpertise zurückzugreifen. Unternehmen können online Aufträge einstellen und Freelancer ihre Dienste anbieten. Bei Bedarf bedeutet dies für ein Unternehmen eine unmittelbare Verstärkung mit Expertise und Manpower ohne Anlaufzeit. Die Plattform verdient über eine Vermittlungsgebühr.
- Musik: SoundCloud und Spotify sind Plattformen, über die Nutzer Musik mit anderen teilen. Die Digitalisierung der Musik hat eine konkurrenzlose gleichzeitige Nutzung des Produkts ermöglicht. Anders als bei realen Gegenständen,

die zu einem Zeitpunkt in der Regel nur eine Partei nutzen kann, beispielsweise ein Auto, besteht diese Konkurrenzsituation bei digitalen Produkten
nicht. Mit einer Abogebühr erhält der Nutzer Zugang zu einem umfassenden
Angebot an Musik, die er sich „ausleiht". Sobald das Abo ausläuft, ist die weitere Nutzung gesperrt.

Typisch für die Digitalbranche gibt es sogenannte *Freemium*-Angebote (Kunstwort aus *free* und *premium*): Es gibt einerseits einen kostenlosen Dienst mit stark
eingeschränkter Auswahl und mit Werbung. Daneben gibt es einen Abo-Service,
der den werbungsfreien Premium-Zugang zu einem deutlich größeren Angebot
ermöglicht.

Die Geschäftsmodelle, die hinter den oben aufgeführten Angeboten stehen,
sind meistens App-basiert. Das sogenannte *Peer-to-peer*-Geschäftsmodell (P2P),
das zwischen Privatpersonen praktizierte *Sharing,* ist das eigentlich Neue der
*Sharing Economy.* Privatpersonen treten dabei entweder als Anbieter *(Peer pro-
vider)* oder als Nachfrager *(Peer consumer)* einer Ressource auf. *Peer-to-peer*-
Marktplätze werden häufig als Kern der neuen Sharing-Ökonomie betrachtet,
weil sie – anders als Sharing-Konzepte gewerblicher Anbieter – Märkte dort etablieren, wo bislang keine marktbezogenen Austauschbeziehungen existierten.

Geschäftsmodelle im *Business-to-consumer*-Bereich (B2C) etablieren
Geschäftsbeziehungen zwischen Unternehmen und Privatpersonen. Unternehmen stellen dabei ihre Produkte oder Dienstleistungen zur Verfügung, die Kunden setzen sie auf *Operating-hour*-Basis ein (bezahlt nach Nutzungsdauer oder
vergleichbaren Kriterien). B2C-Geschäftsmodelle betreiben beispielsweise die
kommerziellen Car-Sharing-Anbieter. Es haben sich bereits auch einige *Busi-
ness-to-business*-Geschäftsmodelle (B2B) in der *Sharing Economy* etabliert. Hier
bieten Unternehmen anderen Unternehmen die Nutzung eigener Ressourcen an,
wie beispielsweise bei LiquidSpace, einer Vermittlungsplattform für die geteilte
Nutzung von Büroraum, die einer der beiden Parteien gehört.

Für Führungskräfte und Unternehmen bedeutet die Entwicklung der *Sharing
Economy,* dass sich neue Wertschöpfungspotenziale auftun, die es zu nutzen
gilt. Für Führungskräfte stellt sich die Frage, ob sie beim Auf- oder Umbau ihrer
Teams auf Ressourcen über *Sharing Economy* Angebote zugreifen und diese nicht
als eigenen Headcount aufbauen oder ob sie auf den Erwerb materieller Gegenstände eher verzichten und diese *sharen.*

Eichhorst und Spermann weisen im IZA Research Report Nr. 69 von 2015
darauf hin, dass in der Diskussion rund um die *Sharing Economy* auch der Blick
auf die Verlagerung von Risiken der Arbeitgeber auf die Arbeitnehmer gelenkt
werden muss. Denn die Plattformen treten rein als Vermittler auf. In den Fällen,

in denen die Anbieter ihre Arbeitskraft zur Verfügung stellen, agieren diese als Selbstständige, die arbeitsrechtlich nur unzureichend geschützt sind. Daraus ergeben sich Herausforderungen für unsere Sozialsysteme.

## 1.2.6 Druck zur Internalisierung von Externalitäten

*Externalitäten* sind die direkten und indirekten Nebeneffekte, die sich aus Geschäftstätigkeiten ergeben und für die Unternehmen nicht direkt am Ausgleich beteiligt werden. Im positiven Sinne kann dies ein gesteigerter Bildungsgrad durch einen höheren wirtschaftlichen Entwicklungsstand sein. Im negativen Sinne sind dies Umweltzerstörung durch Abbau oder Herstellung von Rohstoffen. Durch zunehmende Transparenz und Bürgerbeteiligung werden negative *Externalitäten* immer häufiger angeprangert, was die Unternehmen zur Verantwortung zieht. Im Zeitalter der Digitalisierung können *Externalitäten* durch Datentracking, *Big-Data*-Analysen und computergesteuerte Mustererkennung oft noch einfacher erhoben und analysiert werden.

In ihrem Artikel „Leadership in the Age of Transparency" (HBR April 2010) zeigen die Autoren die Veränderung an zwei Beispielen auf. Während die Führungsetage von Philipp Morris in den 1980er Jahren die Erkenntnisse über den Zusammenhang zwischen Rauchen und Lungenkrebs zurückhielt, haben Nahrungsmittelhersteller wie Kraft, Nabisco und Nestlé in ihren Rezepten freiwillig weniger Arterien verstopfende Fette verwendet, um die gesundheitsgefährdenden Effekte zu mildern, noch bevor eine offizielle Regulierung sie dazu verdonnern würde. Verbraucher sind immer weniger bereit, *Externalitäten* zu tolerieren, die von Unternehmen verursacht werden. Denn Effekte, die die Öffentlichkeit früher nicht gesehen und erkannt hat, sind nun sicht- und messbar. Betroffene, die mit diesen Daten ausgestattet sind, fordern Entschädigungen für sich oder die Gesellschaft. Vor allem können Unternehmen die negativen Nebeneffekte ihres Handelns nicht mehr so einfach auf die Gesellschaft abwälzen und dieser die Kosten für eine Beseitigung überlassen. Dieser Entwicklung zu mehr Transparenz muss man als Manager heute Rechnung tragen.

Crowd-basiert kann ein Unternehmen kritische Entwicklungen nicht nur beobachten, sondern inzwischen auch prognostizieren. Allein durch die Häufigkeit, mit der Internetnutzer bestimmte Begriffe in Suchmaschinen eingeben (in bestimmten Regionen oder mit bestimmten demografischen Markmalen), lassen sich bedrohliche Entwicklungen oder Krisen deutlich besser vorhersagen und ihre Ausbreitung besser beobachten als mit traditionellen Methoden. Hier nennen die Autoren des genannten HBR-Artikels die Google Flu Trends über eine Analyse der Suchbegriffe zu Grippethemen. So kann eine Grippewelle in ihrer zeitlichen und geografischen Ausbreitung sehr genau erkannt und beobachtet werden. Diese Daten, die unsere Gesellschaft generiert, müssen Unternehmen in verantwortungsvoller Weise nutzen, mit der Chance, lindernde Maßnahmen zu ergreifen und neben dem eigenen Geschäftszeck auch dem Gemeinwohl zu dienen.

Dies führt zur Frage, wie ein verantwortungsvolles Unternehmen in einer Zeit erhöhter Sensoren und Sensibilitäten am besten handelt. Laut der HBR-Autoren will die Mehrheit der Führungskräfte, dass ihr Unternehmen sich in den Augen der Gesellschaft richtig verhält. Stakeholder empfinden ein Unternehmen als verantwortungsbewusst, wenn es Externalitäten stetig internalisiert, beispielsweise durch technische/digitale Messungen der Auswirkungen ihrer Aktivitäten auf die Gesellschaft und Umsetzung entsprechender Gegenmaßnahmen. Umgekehrt setzt die Öffentlichkeit durchaus Zwangsmaßnahmen in Gang, wenn sie nachweisen kann, dass ein Unternehmen die Verantwortung für erzeugte Externalitäten nicht ausreichend übernimmt. Der Druck auf Unternehmen, Verantwortung für ihre direkten und indirekten Nebeneffekte zu übernehmen, steigt im digitalen Zeitalter damit enorm. Der „Schutzraum" für ein Unternehmen reduziert sich dadurch im gleichen Maße wie sich die Transparenz seiner Aktivitäten Schritt für Schritt erhöht. Führungskräfte müssen stets einen Blick auf die Aktivitäten des Unternehmens haben und im Zweifelsfall schnell Gegenmaßnahmen ergreifen. Welche milliardenschweren Auswirkungen und Reputationseinbußen es mit sich bringen kann, wenn ein Unternehmen zu langsam und zu intransparent auf eine solche Krise reagiert, zeigt sich am Fall der Volkswagen-Abgasaffäre von 2015.

## 1.3    Entwicklungen auf Unternehmensebene

Der deutlichste Wandel, den die Digitalisierung einem Unternehmen beschert, ist eine völlig neue Art, Geschäfte zu machen. Wenn heute Unternehmen, Kunden und Gegenstände direkt und ohne Zeitverzögerung auf globaler Ebene miteinander kommunizieren können, erwartet der Kunde, dass sein Produkt und seine Dienstleistung das auch können. Somit zieht die Möglichkeit einer Vernetzung die unbedingte Notwendigkeit der Vernetzung nach sich. Unternehmen müssen in diesem neuen Kontext daher anders denken und anders handeln als bisher. In Zukunft werden diejenigen Unternehmen besonders erfolgreich sein, die sich ins Zentrum ihres digitalen Ökosystems stellen.

Die Wirtschaft steht vor der Aufgabe, die nächste Stufe der Digitalisierung zu stemmen, um weiteres Wachstumspotenzial auszuschöpfen. Digitalisierung

beschränkte sich bisher oft darauf, das Marketing auf digitale Kanäle umzu-
stellen, gewisse Prozesse zu digitalisieren und neue Geschäftsmodelle für den
Vertrieb im digitalen Bereich zu entwickeln. Nun kommt die vernetzte Datenerhebung als neue Aufgabe hinzu – verbunden mit der Frage, wie sich aus Daten
konsequent Mehrwert für den Kunden und damit neues Geschäftspotenzial generieren lassen. In diesem Zusammenhang müssen Unternehmen lernen, weit über
ihr Produkt- und Dienstleistungsangebot hinaus zu denken. Auch hier dienen uns
die Automobilhersteller wieder als Beispiel. Wer seinen Beitrag zur Mobilität
nicht nur im Angebot eines individuell erwerb- und nutzbaren Fahrzeugs sieht,
sondern in der Lösung des Mobilitätsanspruchs seiner Kunden, von A nach B zu
kommen, dem wird klar, dass die Lösung weit über das eigene, traditionelle Produkt hinausgeht. Ein solcher Autohersteller integriert Navigationskarten-Anbieter,
öffentliche Transportunternehmen, Fluggesellschaften, private Fahrdienste und
viele mehr in sein Angebot und sorgt vor allem für eines: dass seine Kunden über
die gesamte Wertschöpfungskette hinweg eine reibungslose, ja einzigartige *User
Experience* haben. Dahinter steht eine fundamental andere Denkweise und ein
fundamental anderes Geschäftsmodell als bislang.

Accenture bezeichnet diesen Wandlungsprozess in seiner Technology Vision
2015 Studie als Wandel von der *Me Economy* zur *We Economy*. Demnach reicht
es nicht mehr aus, die neuen, mit der Digitalisierung verbundenen Technologien
in das eigene Unternehmen zu bringen. In dieser nächsten Phase der Digitalisierung in Unternehmen geht es um die richtigen Partner. Es geht darum, die
digitalen Technologien so zu nutzen, dass Geschäftstätigkeit in das digitale Netz
gewoben werden kann, das Kunden, Mitarbeiter, Partner und andere Branchen
verbindet.

Während Unternehmen nach einer Antwort auf die Frage suchen, welche
Rolle sie selbst in der nächsten Digitalisierungsphase der *We Economy* spielen wollen, müssen viele von ihnen gleichzeitig die erste Digitalisierungsphase
abschließen. Die Unternehmensberatung Accenture fasst diese noch offenen Digi-
talisierungsaufgaben in ihrer Studie zusammen (Accenture 2015):

- Cloud-Technologien einführen und nutzen
- Software nicht nur nach Funktionalität, auch nach Analysefähigkeit konzipieren
- aus Transaktionen mit einem Kunden längerfristige Kundenbeziehungen formen
- die Produktivität der Mitarbeiter erhöhen, die Art ihrer Zusammenarbeit verändern

- integrierte Tools für die Kommunikation und Zusammenarbeit teilweise über mehrere Unternehmen hinweg ausrollen
- die Daten- und Cyber-Security der IT auf die nächste Sicherheitsstufe heben
- die Geschwindigkeit im Datenaustausch erhöhen, um die Erwartung der Kunden einer unmittelbaren Reaktion auf ihre Anliegen zu befriedigen
- IT-Netzwerke virtualisieren, um die technischen Grundlagen für ein dynamisches Unternehmen zu vervollständigen
- reale und digitale Welt besser miteinander verweben, um Mitarbeiter und Maschinen schneller und intelligenter auf Anfragen und Entwicklungen reagieren zu lassen
- die Belegschaft „entgrenzen" und diejenigen Kunden und andere Interessierte einbinden, die einen Beitrag zur Weiterentwicklung des Unternehmens leisten wollen
- Datenflüsse besser verfügbar machen und nutzen. Daten sind Teil der Zuliefererkette und sollten frei im Unternehmen und zwischen Partnern hin und her fließen.
- neben komplexen Enterprise-Software-Systemen kleine, modulare Apps zulassen, die eine höhere operative Agilität gewährleisten

Dies sind und bleiben die Herausforderungen der Digitalisierung. Darüber hinaus bilden sich laut Accenture fünf Trends ab, die künftig die Geschäftstätigkeit verändern werden (Accenture 2015). Hier handelt es sich um Fragestellungen, mit denen sich Unternehmen beschäftigen sollten. Wir beleuchten im Folgenden die Wirkung dieser Trends auf Führung.

### 1.3.1 Der Imperativ der Kundenzentrierung

Der Trend *Internet of Me* rückt laut Accenture (Accenture 2015) den Endnutzer ins Zentrum der digitalen Erfahrung. Die Attraktivität des Internets liegt neben der zeitlich und geografisch entgrenzten Verfügbarkeit in seinen Personalisierungs-Möglichkeiten. Jeder kann sich mittlerweile seine individuelle Musik-Playlist, seine persönliche Nachrichtenübersicht, die eigene Buch- oder öffentliche Geschenk-Wunschliste erstellen etc. Doch dies ist nur der Anfang. Da in immer mehr Geräten und Gegenständen Sensoren verarbeitet sind, werden bald noch wesentlich mehr Interaktionen personalisierbar. So können sich in Zukunft Autos auf ihren Fahrer einstellen (Sitze, Spiegel, Fahrmodus, Klimatisierung, Musik, Informationsangebot), sobald er sich dem Fahrzeug nähert. Lichter in und ums Haus können sich an die Wetterlage oder die Stimmung der Bewohner anpassen.

Dies und viel mehr ermöglichen der *Mobile Trend* und das *Always-on*-Kunden-verhalten.

Besonderes Augenmerk auf die Kundenerfahrung, die *User Experience,* legen derzeit *Mobile-only*-Firmen. Sie nennen sich *Mobile only,* denn sie bieten ihre (meist digitale) Dienstleistung ausschließlich digital über Mobilgeräte an wie beispielsweise Uber und Lyft. Da dies für sie die einzige Kundenkontaktstelle ist, ist es wettbewerbsentscheidend, die mobile Online-Erfahrung der Kunden einfach und angenehm zu gestalten.

Eine Studie der Acquity Group prognostiziert, dass sich 2019 zwei Drittel der Käufer von Haushaltsgeräten mindestens ein Gerät zugelegt haben werden, das mit dem Netz verbunden ist. *Smart-Home*-Geräte stellen ein weites Feld für Unternehmen dar, um in Kommunikation mit ihren Nutzern und Kunden zu treten. Und es entwickeln sich völlig neue Perspektiven: Wenn beispielsweise Samsung seine Haushaltsgeräte ins Netz bringt, welche Firmen werden Angebote dafür entwickeln? Wo werden API-unterstütze Schnittstellen entstehen? Was werden Software-Anbieter daraus machen? Welche Marke wird den IoT-Markt im Haushaltsbereich dominieren? Und wer wird die Standards setzen? Die Unternehmen, die schlüssige Lösungen entwickeln, werden die neuen Leitmarken in unseren Alltag sein. Dabei müssen sie sehr sorgsam mit dem Vertrauen umgehen, das die Kunden ihnen schenken, indem sie ihre Daten zur Verfügung stellen. Beim Anbieter einer *Smart-Home*-Lösung wird Kompetenz in den Bereichen Sicherheit und Datenschutz genauso erwartet wie Transparenz über den Umgang mit den gewonnenen Daten und ebenso über die nicht übertragenen Daten. Man denke nur an die auf *Smart TVs* angebrachten Kameras und Mikrofone. Eine Accenture-Studie aus dem Jahr 2015 hat ergeben, dass 67 % der Kunden bereit sind, ihre Daten mit Unternehmen zu teilen. Dieser Wert sinkt auf 27 % in Fällen, in denen Unternehmen die Daten ihrer Kunden mit Dritten teilen.

Grundlage für die Entwicklung von personalisierten Angeboten ist die ausschließliche Fokussierung auf den Kunden. Zunächst geht es um das Gewinnen der Aufmerksamkeit des Kunden und schließlich um den Versuch, Einfluss auf sein Verhalten zu nehmen. Unternehmen können dem Kunden neue Produkte und Dienstleistungen anbieten und gleichzeitig als Gatekeeper agieren, der ausgewählten Partnern Zugang zu seinen Kunden gewährt. Als Beispiele lassen sich Amazon, Facebook und Google anführen. Facebook hat es geschafft, dass 70 % der Smartphone-Nutzer die Facebook-App aufgespielt haben und diese App im Schnitt 14 Mal pro Tag öffnen. Über die von Facebook erstellten Kundenprofile erreichen andere Firmen wiederum potenzielle Kunden.

Der Wandel von mobil zu IoT erweitert nochmals deutlich die Zahl der Kommunikations-Kanäle. Dabei werden Intelligenz, Personalisierung und Anpassungsfähigkeit der digitalen Welt mit der interaktiven und immersiven Erfahrung der realen Welt zu neuen Erlebnissen verbunden. So könnte beispielsweise in Zukunft das Auto dem Fahrer anzeigen, wo in seinem Zielgebiet ein Parkplatz frei ist. Ermöglicht würde dies durch in den Boden eingelassene *Beacons* (Sender oder Empfänger, die nach dem *Bluetooth Low Energy* Standard übertragen, einer Funktechnologie mit bis zu 50 m Reichweite und besonders niedrigem Energiebedarf). Ein anderes Beispiel: Falls kein freies Auto in der Umgebung verfügbar ist, zeigt DriveNow seinen Kunden an, wann eines der derzeit in Nutzung befindlichen Autos voraussichtlich am gewünschten Ort verfügbar sein wird, und bietet dieses an.

Was kann ein Unternehmen tun, um neue Geschäftspotenziale im *Internet of Me* für sich zu identifizieren? Zunächst sollte es mehr rund um seine Kernnutzergruppe erfahren und dadurch besser verstehen, welche Aufgaben es mit dem Produkt oder der Dienstleistung konkret lösen soll. Welche Geräte nutzen diese Kunden und wie sehen die unterschiedlichen Anforderungen aus, vor denen sie stehen? Schließlich gilt es zu überprüfen, ob die Anforderungen der Kunden mit dem derzeitigen Angebot noch zu lösen sind und wie diese Lösungen in Zukunft aussehen könnten. Das Kundenerlebnis ist am besten mit einem crossfunktionalen Team unter Einbindung der Kunden nahtlos und entlang der neuesten Technologien zu verfeinern. Dazu passend sollte ein Kundenbindungsprozess entwickelt und mit geeigneten Technologien für den *Customer-Life-Cycle* verbunden werden. Das Unternehmen sollte überlegen, ob und mit welchen Partnern rund um das Produkt oder die Dienstleistung ein Ökosystem entstehen kann, oder man damit Teil eines bestehenden Ökosystems werden sollte.

Für die Führungskraft besteht hierbei die Aufgabe, im Ideenentwicklungsprozess einen unbeschränkten Lösungsraum zuzulassen und zu fördern. Den Teammitgliedern im Projekt muss die Unternehmensbrille abgenommen und die Kundenbrille aufgesetzt werden. Führungskräfte müssen für die Technologie-Expertise im Team sorgen. Denn nahtlose Kundenerlebnisse erlauben keine Technologiebrüche – wie Online-Anmeldungen, die per Brief bestätigt werden, wie derzeit bei der Eröffnung von Bankkonten noch vielfach üblich ist, um nur ein Beispiel zu nennen. Schnittstellen und Partnerschaften zu anderen Anbietern müssen von vornherein mitgedacht und dafür die wirtschaftlichen wie technischen Schnittstellen eingeplant werden. Einfache Beispiele für solche Schnittstellen sind Websites von Hotels, die Buchungsmöglichkeiten von Kultur- und Restaurantbesuchen einbinden und für die Zahlung dieser Tickets eine Reihe von Online-Bezahlmöglichkeiten anbieten.

Und schließlich muss die Führung in diesem Prozess dafür sorgen, dass Kompetenzübergänge beim Bestellen eines Produkts und Abrufen einer Dienstleistung nicht zulasten der Kundenerfahrung gehen. So darf es nicht sein, dass ein Kunde beim Buchen mehrerer Angebote unterschiedlicher Anbieter auf einer Website sich jeweils neu einloggen muss. Denn: Es quält sich immer einer – der Anbieter beim Erstellen eines reibungslosen Kundenerlebnisses oder der Kunde beim Nutzen eines nicht zu Ende gedachten Angebots. In einer digitalen Welt wird nur der Anbieter überleben, der das Kundenerlebnis einfach und bruchlos und dabei emotional ansprechend gestaltet, sodass der Kunde gerne wiederkehrt. Daher muss sich das Projektteam so lange quälen, bis der Weg zum Angebot so simpel und angenehm ist wie nur möglich.

## 1.3.2  Fokus auf Ergebnisse statt Produkte

Mit *Outcome Economy* bezeichnet Accenture (Accenture 2015) die Unternehmensentwicklung vom Produktanbieter zum Lösungsanbieter. Es geht dabei nicht hauptsächlich darum, mehr Produkte zu verkaufen, sondern relevantere Ergebnisse. Wichtig ist, was herauskommt. Dazu muss das Unternehmen radikal kundenzentriert denken und die Anforderungen der Kunden genau identifizieren. Ein Beispiel für diese Art von Perspektivwechsel ist die fast schon legendäre Frage des Bohrgeräteherstellers Black & Decker an seine Mitarbeiter, warum ihre Kunden Bohrmaschinen kaufen. Dabei kam die einfache und einleuchtende Erkenntnis heraus, dass es nicht primär darum geht, eine Bohrmaschine zu haben. Es geht offenbar vielmehr darum, ein Loch in die Wand bohren zu können, um ein Bild oder ähnliches aufzuhängen. Die Lösung für das Bild an der Wand sei das, was Black & Decker verkaufe. Ähnlich Wonderbra, die sich nicht primär als Anbieter von BHs oder Unterwäsche sehen, sondern als Anbieter von Selbstbewusstsein für ihre Trägerinnen. Und das Pendant für Männer: Harley Davidson sieht sich nicht primär als Verkäufer von Motorrädern, sondern von Freiheit für Männer im mittleren Alter.

All diese Beispiele zeigen die Lösungsperspektive, die Unternehmen gegenüber ihren Kunden einnehmen. Diese Perspektive eröffnet eine völlig neue Sichtweise auf Vermarktung, Vertrieb, Verkauf, ergänzendes Angebotsportfolio und das Ökosystem, in das dieses Produkt eingebunden werden kann. Durch technologische Entwicklungen und die Errungenschaften der Digitalisierung ergeben sich neue Möglichkeiten, das Produkt noch relevanter für den Kunden zu machen. So müssten Bombardier und Mercedes-Benz nicht mehr ihre Flugzeugmotoren beziehungsweise Autos als Hardware verkaufen, sondern die genutzten Betriebsstunden. Der Kunde zahlt nach diesem Modell nur für das gewünschte Ergebnis – er fährt von A nach B. Er zahlt nicht mehr für die Zeit des Parkens oder den exklusiven Besitz. Diese Angebote werden möglich, wenn die Hardware mit mittlerweile sehr kostengünstigen und energieeffizienten Sensoren ausgestattet ist. Außerdem müssen die Kosten für den automatisierten Informationsaustausch *Machine-to-Machine* (M2M) sinken, Kommunikationsstandards dafür reifen und die zunehmende Bandbreite muss schnellere und stabilere Datenverbindungen erlauben.

In der *Outcome Economy* steht am Anfang die Überlegung, wie vorhandene und künftige Kundendaten für attraktive Lösungen zum Einsatz kommen können. Der Aufbau des Internet of Things startet gerade erst. Der Kampf um die Hoheit über die Standards beginnt damit ebenfalls: Während vor 2014 nur ein großer Anbieter eines Softwareframeworks auf dem Markt war, ist seither die Anzahl der Player – Standardisierungsorganisationen, Zertifizierungsorgane und andere Industriegruppen – sprunghaft gestiegen. Wer die Gatekeeper sein werden, ist noch nicht absehbar. Unternehmen können jedoch nicht abwarten, bis sich ein Standard etabliert hat. Sie müssen den derzeit für sich und ihre Kunden passenden Rahmen aussuchen, *Open-Innovation-*Ansätze nutzen, API-Schnittstellen mit Partnern realisieren und gemeinsam mit Technologieplattformen Erfahrungen und Erkenntnisse in diesem Bereich sammeln.

Was sollten Firmen konkret tun, um zielorientiert zum Lösungsanbieter zu transformieren?

1. herausfinden, was das eigentliche Ziel ihrer Kunden ist, weswegen diese ihre Produkte kaufen oder Dienstleistungen nutzen. Hierbei helfen die bereits verfügbaren Kundendaten sowie mögliche neue Datenströme. Diese müssen identifiziert und über End-to-end-Feedbackschleifen der Informationsgewinnung implementiert werden.
2. Softwareschnittstellen schaffen, an die weitere Anbieter ihre Produkte anbinden und damit das Ökosystem mit zusätzlichem Kunden-Mehrwert anreichern können.
3. entscheiden, mit welchen IoT-Konsortien eine Zusammenarbeit aus Standardisierungsgründen sinnvoll ist.
4. den internen Bewusstseinswandel vom Produkt- zum Lösungsanbieter fördern.
5. Formate wie Innovations-Challenges starten. Ziel muss sein, Ideen für den Wandel der Produkte zu Dienstleistungen und von Dienstleistungen zu Ergebnissen zu generieren und dazugehörige Geschäftsmodelle zu entwickeln: Dabei sollten der Kunde und ergebnisbasierte Umsatzmodelle im Fokus stehen. Diese Innovations-Challenges sollten offen sein und damit unternehmensinterne als auch externe Teilnehmer einladen, um die Perspektive zu

weiten und gleichzeitig ein Netzwerk von Gleichgesinnten auf- beziehungsweise auszubauen.

6. dafür sorgen, dass sich die Mitarbeiter in Digitalunternehmen übliche agile
   Ideengenerierungs- und Testmethoden wie *Design Thinking, Business Model
   Innovation* sowie agile Projektmanagement-Methoden wie Scrum und Kanban
   aneignen und sie diese in den Projekten anwenden. Mitarbeiter müssen lernen,
   mit welchen Techniken sie Kundenwünsche identifizieren. Die Initiativen sollten interdisziplinär und damit silo- und hierarchieübergreifend sein, um möglichst viele Ideen und Sichtweisen einzubeziehen.

7. den Projektteams möglichst viel gedankliche Bewegungsfreiheit und maximale Entscheidungsfreiheit gewähren. Dabei sollten sich Führungskräfte die
   Haltung von Steve Jobs zu eigen machen: „It doesn't make sense to hire smart
   people and then tell them what to do; we hire smart people so they can tell
   us what to do." Dies erfordert von so mancher Führungskraft einen Haltungs-
   wechsel und vor allem die wichtigste Grundlage erfolgreicher Zusammenarbeit: Vertrauen.

## 1.3.3   Wettbewerbsvorteile durch Plattformmanagement

Die *Platform (R)evolution* bezeichnet bei Accenture den Trend, dass inzwischen
Plattformen als erste Wahl gelten, wenn es um das Vermarkten von Produkten,
Dienstleistungen und ganzen Ökosystemen in der physischen und digitalen Welt
geht (Accenture 2015). Unternehmen, die Plattformen beherrschen, realisieren im
Wettbewerbsvergleich die größten Potenziale für Wachstum und Profitabilität in
der Digitalökonomie. Daher ist das nächste große Ziel im Kampf um Marktan-
teile in der digitalen Wirtschaft das Managen von Plattformen.

Einige Unternehmen beschäftigen sich noch damit, Social Media, Analytics
sowie Mobil- und Cloud-Technologien zu ihrem Wettbewerbsvorteil zu nutzen.
Unterdessen entwickeln und beherrschen vorausschauende Unternehmen bereits
die großen digitalen Arenen, in denen Käufer, Verkäufer und Drittanbieter in
Echtzeit interagieren. Frühe Beispiele sind Mobilitätsanbieter, die auf ihrer Plattform ergänzende Angebote wie Flüge oder Mietautos, Hotels, Restaurantbuchun-
gen etc. anbieten. Derzeit versuchen die Automobilhersteller nachzuziehen, wie
beispielsweise die Marke Fiat mit ihrer Plattform Uconnect, auf der neben auto-
und routenrelevanten Informationen auch Musikstreaming und Social-Media-
Aktivitäten möglich sind.

Die technologischen und finanziellen Eintrittsbarrieren für den Aufbau einer
Plattform sinken, gleichzeitig geht der Wettbewerb um die Plattformhoheit derzeit

in eine aggressive Phase. Viele Firmen zielen darauf ab, das Amazon ihrer Branche zu werden. Mit APIs *(Application programming interfaces)* schaffen Unternehmen Schnittstellen und öffnen so ihre Plattformen für ergänzende Angebote anderer. Eine wesentliche Erkenntnis im Zeitalter *We Economy* ist dabei der Mentalitäts-Wandel von „Me" zu „We". Nicht Abgrenzung gegenüber dem Wettbewerber, sondern Zusammenarbeit mit ihm markiert den Weg zu einer attraktiven Plattform für die Kunden, gestaltet ganz nach dem Willen der Kunden. Der *Open-Innovation*-Ansatz, in dem sich die Plattformen über Schnittstellen Dritter öffnen, erhöht die Innovationsgeschwindigkeit aller Beteiligten. Zwei Beispiele sind hier der App-Store von Apple für iOS Apps und sein Pendant Google Play für Android-Anwendungen. Apple stützt sich vor allem auf die Vielzahl externer Entwickler, Apps für das iPhone zu entwickeln und profitiert davon bei jedem Verkauf mit 30 % der Einnahmen, während der App-Programmierer 70 % erhält. 2015 belief sich der Umsatz aus dem Mobile Game „Clash of Clans" auf US$ 1 Mio pro Tag, von dem Apple den genannten Provisionsanteil bekommt. Das sind $ 300.000, Tag für Tag. Plattform-Betreiber gewinnen an Macht, je mehr Nutzer sie haben. Deshalb diktieren sie die Margen und stellen weitere Bedingungen, etwa wann eine App zugelassen wird und wann nicht. Je größer die Plattform, desto weniger ist sie aus unserem Alltag überhaupt noch wegzudenken. So verbindet eine Plattform wie Facebook mittlerweile fast eine Milliarde Menschen.

Vor allem die digitalen Technologien haben in den vergangenen zehn Jahren dafür gesorgt, dass traditionelle Industrien unter Druck gerieten oder verschwanden. Die Hälfte der Fortune 500 Unternehmen aus dem Jahr 2000 existiert heute nicht mehr. Und in den nächsten fünf Jahren werden es die digitalen Plattformen sein, die für Disruption sorgen. Dies bedeutet auch, dass Mitarbeiter mit neuen Kompetenzen im Bereich *Mobile Platforms* sowie *Open-Source*-Entwickler und Spezialisten für ein *Real-time Computing Environment* an Bord geholt werden müssen. An erster Stelle steht wie immer die Frage, welche Anforderung der Kunde lösen will und in welchem Kontext seine Aktivität steht. Erst danach können Firmen sinnvoll entscheiden, wie eine eigene Plattform aussehen könnte beziehungsweise über welche Plattform sie ihre Dienste anbieten sollten. In diese Entscheidung müssen eine Marktbeobachtung über bestehende Plattformen und Wettbewerbs-Angebote einbezogen werden sowie eine detaillierte Strategie für Aufbau und Betrieb der geplanten Plattform und das dazugehörige Ökosystem.

Führungskräfte haben die neue Aufgabe, Angebote von Industrie-Plattformen als potenzielle Lösung eigener Herausforderungen in den Arbeitsalltag ihrer Mitarbeiter zu integrieren und umgekehrt eigene Angebote in das Ökosystem einer digitalen Plattform einzubringen. Dafür müssten – wie in allen anderen großen Digitalisierungsaktivitäten – der Vorstand und die nächste Führungsebene dem neuen Ansatz zustimmen. Andernfalls ist die Gefahr zu groß, dass die Digitalisierungsinitiative an hierarchischen Hürden scheitert. Die *Value Proposition* definiert für Nutzer und Partner den Mehrwert. Im Zuge der Koordination der technologischen Entwicklungsleistung müssen Experten eingesetzt werden, die die digitalen In- und Outputs der externen Partner überwachen. Als technische Partner kommen Cloud-Anbieter, externe Partner und Entwickler infrage, um gemeinsam einen ersten Piloten zu entwickeln. Zum Projektmanagement gehören

- der Auf- und Ausbau der technologischen Hardware- und Software-Anforderungen,
- der Aufbau des internen Teams, des externen Netzwerks und des Marketings
- sowie die Definition des Geschäftsmodells.

Als Beispiel für den Aufbau einer solchen Industrie-Plattform sei der Webshop des Stahlhändlers Klöckner & Co. genannt.

### 1.3.4   Operative Exzellenz durch Datennutzung

Ein intelligentes Unternehmen erreicht operative Exzellenz und neue, digitale Angebote, indem es große Datenmengen nutzt und Mensch und Maschine zu einem schlaueren System verknüpft (Accenture 2015). Dazu betten moderne Unternehmen intelligente Software in alle Geschäftsabläufe ein. Bisher haben die schlauer werdenden Systeme den Menschen geholfen, bessere Entscheidungen zu treffen. Nun helfen die schlaueren Systeme nicht mehr dem Menschen, sondern den Maschinen, mehr und bessere Entscheidungen zu treffen. Darin besteht die größte Veränderung, die das Innovationspotenzial unserer Industrie deutlich erhöhen wird. Die einen nennen das Ergebnis *Intelligent Enterprise,* die anderen *Industrie 4.0* oder *Smart Factory.*

Die Informationswirtschaft hat eine Komplexität erreicht, die nur mit Softwareintelligenz reduzierbar ist. Ein Datenvolumen nie da gewesenen Ausmaßes ermöglicht eine immer umfassendere Analyse von Verhaltensweisen als Grundlage für künftige Entwicklungen. Gleichzeitig sinken die Kosten der Datenspeicherung, während die verfügbaren Speicherkapazitäten steigen. Die enormen Fortschritte in *Deep-Learning-* und *Cognitive-Computing*-Technologien ermöglichen es Firmen, sogar unklare und undefinierte Fragen besser und schneller zu beantworten als je zuvor. Bisher konnten Maschinen entscheiden, eine Heizung basierend auf verfügbaren Daten etwa über die Außentemperatur höher zu stellen. Intelligente Software erkennt nun darüber hinaus Muster, die der Mensch vielleicht selbst nicht genau identifizieren würde. So kann Software laut der Accenture-Studie Technology Visions von 2015 künftig die Heizung automatisch absenken, nachdem der Hausbesitzer geduscht hat, weil die Software erkennt, dass er nach dem Duschen immer das Fenster öffnet. Die Maschine von morgen kann erfühlen, erkennen und handeln. Maschinen könnten sogar noch weiterreichende Aktionsketten in Bewegung setzen: Aus den *Quantified-Self*-Daten ihrer Hausbesitzerin erkennt die Software, dass die Frau Fieber hat. Die Raumtemperatur steigt automatisch, die Software analysiert die Krankheit und setzt sich mit einem Arzt oder einer Apotheke in Verbindung. Mit der zunehmenden Verfügbarkeit von Daten beginnen intelligente Softwaresysteme damit, systematisch zu lernen. Die viel zitierten 20 Mrd. Geräte, die bis 2020 übers Internet der Dinge verbunden sein sollen, generieren Sekunde für Sekunde Millionen von Daten. Diese Daten lassen sich für das Training von Maschinen nutzen.

Parallel dazu macht Spracherkennung enorme Fortschritte. Dies vereinfacht die menschliche Interaktion mit Softwareprogrammen und erleichtert die Nutzung und Analyse von Daten weiter, da nun auch das gesprochene Wort als Datenbasis dient. Ein weiteres Beispiel ist Shazam, eine Musik-Identifizierungssoftware. Sie ist nicht nur in der Lage, Musiktitel über das Mikrofon in Handys zu identifizieren, sondern kann für die gesuchten Lieder mit derzeit etwa einem Monat Vorlaufzeit prognostizieren, welche Musiktitel wohl in den Hits landen werden. Shazam stellt diese Daten nun Musiclabels und Konzertorganisatoren zur Verfügung, damit diese den Verkauf von Musik und von Konzertveranstaltungen besser planen können. *Predictive Analytics* erweisen sich für viele Industrien als Instrument mit großer Wirkung.

Was mit der Automatisierung von Prozessen begann, setzt sich über das Maschinenlernen fort und mündet in das *Cognitive Computing*. In dieser letzten Stufe sucht die Software selbstständig nach plausiblen Ergebnissen für eine Fragestellung. Ein Beispiel ist hier das Übersetzungsprogramm Google Translate. Bei Übersetzungen sind nicht die Wörter, sondern die grammatikalischen Zusammenhänge für Computerprogramme herausfordernd. Bei Google Translate greift das Programm auf bereits erstellte und im Netz verfügbare Übersetzungen als Entscheidungsgrundlage zurück und wählt die geeignete Übersetzung aus.

Unternehmen müssen sich einen Überblick verschaffen, welche Softwareintelligenz sie bereits verwenden und in welchen wichtigen Arbeits- und Entwicklungsprozessen viele manuelle Dateneingaben und Ausgaben erfolgen. An solchen Stellen kommt es infrage, intelligente Software einzusetzen und die Maschinenlernkompetenz bestimmter Fertigungsbereiche zu erhöhen. So entlastet das *Intelligent Enterprise* systematisch seine Mitarbeiter.

Die Führung muss die Interdisziplinarität der Teams für die digitale Transformation erhöhen und Spezialisten für Software und *Analytics* sowie *Data Scientists* und *Customer Experience* Experten einstellen. Datenspezialisten dürfen in diesem hochdynamischen Umfeld nicht auf ihrem Wissensstand stehen bleiben. Die Führungskraft sollte ihnen Gelegenheit geben, ihre *Deep-Learning*- und *Cognitive-Computing*-Kenntnisse laufend zu aktualisieren, mit diesen neuen Technologien zu experimentieren und immer wieder weiterführende Ideen zu entwickeln. Führungskräfte müssen gleichzeitig lernen, Vorschlägen und Entscheidungen, die intelligente Software treffen, denselben oder perspektivisch sogar einen höheren Stellenwert einzuräumen, wie von Menschen getroffenen Entscheidungen. Hiermit vollziehen sie den ersten Schritt hin zu einer gemischten Teamstruktur von Mensch und Maschine.

## 1.3.5  Zusammenarbeit zwischen Mensch und Maschine

Eine erweiterte Belegschaft besteht aus Maschinen und Menschen, die nicht nur in der Produktion zusammenarbeiten, wo wir diese Entwicklung seit fast zwei Jahrhunderten kennen, sondern in zunehmendem Maße auch im Bereich der Wissensarbeiter (Accenture 2015). Die Digitalisierung mit ihrer Vernetzung und Datenanalyse macht es möglich, schlaue Software und Maschinen immer umfassender mit Menschen zusammenarbeiten zu lassen. Intuitiv bedienbare, interaktive Oberflächen, *Wearables* wie intelligente Schuhe, Helmkameras, *Smart Watches* und allerlei Technologie zum Anziehen sowie viele neue schlaue Maschinen lassen künstliche Formen der Intelligenz als neue Mitglieder ins Team einschleichen. Tests haben ergeben, dass Entscheidungen und Arbeitsergebnisse beste Resultate erzeugen, wenn Menschen und Maschinen zusammenarbeiten und jeweils ihre Stärken in den Prozess einbringen. Zwar können Maschinen automatisierbare Routineaufgaben wie Buchungsvorgänge schneller und fehlerfrei durchführen, Menschen hingegen sind bisher noch besser darin, nicht automatisierbare, filigrane Bewegungen oder kreative, frage- statt antwortgetriebene Aufgaben zu übernehmen. Aktuelle Beispiele sind hier die technisch hochgerüsteten zum Teil mittlerweile selbstfahrenden Autos. Sie übernehmen das Fahren in ermüdenden Stop-and-Go-Situationen, senden Warnsignale, wenn es eisig wird auf den Straßen, bremsen automatisch ab, wenn wir dem Vordermann zu nahe kommen und zeigen uns die nächstgelegene Tankstelle an, sobald der Tank leer läuft.

Diese Entwicklungen werden durch verbesserte Sprach- und Bilderkennungsprogramme ermöglicht. Die Spracherkennung wird schon bald die schriftlichen

Eingaben in Softwareprogrammen ablösen. Verbesserte *Wearable*-Technologien – solche, die man am Körper trägt – und die zahlreichen *Augmented-Reality*-Programme ermöglichen darüber hinaus eine nahtlose Integration von Maschinenunterstützung in unsere Arbeitsprozesse. Dank *Deep Learning* und *Neuroscience* können Maschinen umfassendere und komplexere Aufgaben übernehmen. Beispiele gibt es mittlerweile viele, darunter der weiter oben erwähnte Quakebot der New York Times, der automatisch den ersten Artikelentwurf bei Erdbeben in den USA erstellt. Er zieht sich die Informationen aus geologischen Forschungsstationen, trägt die Informationen in eine Vorlage ein und schickt sie zur Freigabe an einen Journalisten. Dies hat den Prozess der Erkenntnis (es gab ein Erdbeben) über die Recherche (wie stark war das Erdbeben, was ist passiert) bis hin zur Publikation auf einen Bruchteil der früheren Arbeitszeit eines Journalisten gesenkt. Um den Wandel zu meistern, werden Unternehmen sowohl die Software als auch die Menschen für Arbeit dieser Art trainieren müssen.

Verbesserte Interfaces machen es dem Menschen sehr viel einfacher, mit Maschinen zusammenzuarbeiten. Dies verknüpft digitale und reale Welt miteinander. Maschinen übernehmen dabei die repetitiven, analytischen und komplexen Aufgaben, Menschen kommen immer dann ins Spiel, wenn es um Kreativität, Kontextbeurteilung und komplexe Bewegungen geht. Maschinen können zum Teil dadurch trainieren, dass sie menschliches Verhalten beobachten, analysieren und mit ihren Erkenntnissen die Handlungen der Menschen unterstützen. Vereinfachte Programmiersprachen machen es für Nicht-Spezialisten möglich, ihre eigenen Programme zu erstellen. Heute ist ein Wandel von menschengetriebenen und technologieunterstützen Prozessen hin zu einem digital getriebenen und vom Menschen unterstützten Modell zu beobachten.

Unternehmen sollten schnell damit anfangen, die Bereiche, für die es bereits unterstützende Software und Roboter gibt, damit auszustatten. Dazu sollten crossfunktionale Teams die Möglichkeiten identifizieren, die operative Effizienz der Mitarbeiter durch ergänzende Technologien zu vergrößern. Gleichzeitig müssen sie die Aktivitäten ihrer Wettbewerber in diesem Bereich im Blick haben. Darüber hinaus sollten sie jene Aufgaben identifizieren, die stärker auf Präzision, Konsistenz und Skalierung beruhen, und diese von den Aufgaben unterscheiden, bei denen es mehr auf Kreativität und kontextbasierte Entscheidungen ankommt. Ist diese Unterscheidung getroffen, kann über den sinnvollen Einsatz von Maschinen im Arbeitsprozess entschieden werden. Es sollten Use Cases für Bereiche entwickelt werden, in denen Mensch-Maschinen-Interaktionen zu besseren Abläufen und Dienstleistungen führen könnten.

Für Führung in der Transformation bedeutet dies, dass Führungskräfte gemeinsam mit ihren Mitarbeitern die Arbeitsabläufe auf den Prüfstand nehmen und der

Frage nachgehen, wo Prozesse und Entscheidungen von Maschinen unterstützt oder sogar komplett übernommen werden können. Die geeigneten Technologien sollten angeschafft sowie implementiert und die Prozessabläufe dazu neu gestaltet werden. In diesem Zusammenhang müssen neue Kompetenzmodelle für die Mitarbeiter entwickelt und die Mitarbeiter entsprechend trainiert werden.

# Managementmethoden im digitalen Wandel

Wie verändern die Digitalisierung, die oben genannten Technologien und der Wandel von der Industrie- zur Wissensgesellschaft die Anforderung an das Management? Und was sind Wissensarbeiter überhaupt? Das Fraunhofer-Institut für Arbeitswirtschaft und Organisation hat drei Kriterien für die Wissensarbeit aufgestellt:

- Neuartigkeit,
- Komplexität und
- Autonomie (Spath 2009).

Ein Wissensarbeiter schafft, verwaltet und verbreitet neues Wissen. Dieses entsteht auf Grundlage von vorhandenem Wissen und wird in Netzwerken durch den Austausch mit anderen generiert. Wissensarbeit ist weder standardisierbar noch automatisierbar. Wissensarbeiter brauchen daher neben den fachlichen Kompetenzen intellektuelle, soziale und kreative Fähigkeiten. Sie müssen sich als Experten positionieren, ein Netzwerk aufbauen und ausgeprägte Kommunikations- und Zusammenarbeitsfähigkeiten haben. Sie arbeiten autonom und brauchen daher besonderes Vertrauen, weshalb sie umgekehrt zu besonderer Verantwortung verpflichtet sind. Wissensarbeit als wertschöpfender Prozess im Unternehmen geschieht mit einem ökonomischen Ziel. Um ihr intellektuelles und kreatives Potenzial auszuschöpfen, müssen Wissensarbeiter ein hohes Maß an Selbstorganisation beherrschen und bereit sein, ständig und selbstgesteuert zu lernen. Sie brauchen für den kreativen Prozess den Austausch mit anderen (Inputphase) sowie im Anschluss eine Verarbeitungsphase (Reflexions- und Kreationsphasen), um schöpferisch tätig zu werden. Wenn ein wachsender Teil der erwerbstätigen Bevölkerung neues Wissen schafft und nicht mehr nur Aufgaben abarbeitet, wird

© Springer Fachmedien Wiesbaden GmbH 2017
U. Creusen et al., *Digital Leadership*,
DOI 10.1007/978-3-658-17812-3_2

klar, dass es für Wissensarbeiter neue Arbeits- und Managementformen braucht. Diese anstehenden Veränderungen lassen sich mit dem von Frithjof Bergmann geprägten Begriff *New Work* beschreiben.

Bei den zunehmenden Möglichkeiten, selbstständig zu arbeiten, stellt sich die Frage, welchen Mehrwert die Arbeit in einer Organisation neben dem regelmäßigen Erwerbseinkommen für Wissensarbeiter hat. Daniel Pink fragt in seinem Buch „Drive: was Sie wirklich motiviert" (Pink 2010) danach, welche Bedeutung die Arbeit der Mitarbeiter für Unternehmen habe. Die Mitarbeiter in Unternehmen erfinden ihm zufolge Dienstleistungen und Produkte und erstellen und organisieren diese. Sie seien für die Wertschöpfung des Unternehmens zuständig. Pink fragt, welche Bedeutung die Arbeit für den Mitarbeiter hat, und identifiziert drei Schlüsselmotive in der Forschungsliteratur:

- Perfektionierung,
- Selbstbestimmung und
- Sinnerfüllung (Pink 2010).

Optimal angeboten und organisiert, bringe Arbeit den Menschen Erfüllung, Zufriedenheit und Glück. In seinem Buch „Der Kampf um die Arbeitsplätze von morgen" ergänzt Gallup-Chef Jim Clifton „der Wunsch der Weltbevölkerung ist [heutzutage] an erster Stelle und vor allem anderen ein guter Arbeitsplatz. Dem ist alles Übrige nachgeordnet" (Clifton 2012).

Unternehmen und Mitarbeiter müssen nun die Ziele ihrer Arbeit wechselseitig in Übereinstimmung bringen. Am besten ziehen sie dabei in ihre Überlegungen drei weitere Entwicklungen neben den im ersten Kapitel skizzierten Veränderungen ein:

- Die demografische Entwicklung lässt die Zahl der Arbeitskräfte in Deutschland sinken. So wird die Zahl der 20- bis 64-Jährigen (2013: 49 Mio.) ab 2020 deutlich zurückgehen und 2060 je nach Stärke der Nettozuwanderung etwa 34 bis 38 Mio. betragen (dies bedeutet einen Rückgang zwischen 30 und 23 %). Der Anteil der 20- bis 64-Jährigen an der Gesamtbevölkerung sinkt voraussichtlich von 61 % im Jahr 2013 auf etwa 51 beziehungsweise 52 % im Jahr 2060. Dies bedeutet, dass Unternehmen noch viel mehr um die Gunst der Arbeitnehmer werben müssen. Der *War for Talent* wird weiter zunehmen. Unternehmen werden gezwungen sein, noch mehr Aufgaben zu automatisieren und sich genau zu überlegen, wofür sie die wertvollen und raren Arbeitskräfteressourcen einsetzen (Absolventa o. J.).

- Die Zahl der Personen, die kein festes Anstellungsverhältnis suchen, steigt. In Deutschland gibt es aktuell rund 4,9 Mio. Erwerbstätige, die als Freelancer eine unabhängige Beschäftigung ausüben, dies sind rund 10 % aller Beschäftigten (Edelman Berland 2014). Rund zwei Drittel der Freelancer (63 %) haben sich dabei nicht aus wirtschaftlichen Zwängen für eine Tätigkeit als Freelancer entschieden, sondern aus dem Wunsch heraus, selbstbestimmt zu arbeiten. Es wird für Unternehmen schwieriger, Wissensarbeiter für eine Festanstellung zu gewinnen (Edelman Berland 2014).

- Die skeptische Haltung der Unternehmen gegenüber digitalen Entwicklungen und die damit einhergehende fehlende Digitalkompetenz in den Unternehmen zwingen Deutschland zu einer beispiellosen Aufholjagd. Diese muss gelingen, wenn wir den Anschluss an die Entwicklung in den USA und in Asien (vor allem in China, Japan und Indien) nicht verlieren wollen. Vorstände und Aufsichtsräte sind immer noch zu sehr mit der kritischen Betrachtung der Entwicklungen beschäftigt und zu wenig mit den Chancen, die eine Digitalisierung für die Zukunftsfähigkeit ihrer Firmen bedeutet. Laut der Deutschlandstudie von etventure und der GfK zur Digitalisierung in Unternehmen ist lediglich bei 6 % der Unternehmen Digitalisierung das Top-Unternehmensthema (Etventure et. al 2016). Unternehmen müssen Digital-Expertise aufbauen, indem sie einschlägige Experten in die Teams holen und die bestehenden Mitarbeiter schulen.

Wie stellen sich Unternehmen in diesem Kontext am besten für die Zukunft auf? Wie bereiten sie ihre Mitarbeiter auf die veränderten Arbeitsbedingungen vor? Und wie beteiligen sie sie an der Weiterentwicklung des Unternehmens? Nachfolgend ein Einblick in ausgewählte Maßnahmen.

## 2.1 Agile Arbeitsmethoden

Durch die zunehmende Geschwindigkeit, mit der heutzutage Geschäftsideen vor allem im digitalen Bereich realisiert werden, gepaart mit der schnell voranschreitenden technischen Entwicklung, befinden sich Unternehmen heute zum Teil in unkartiertem Gelände. Damit sie während des Vortastens in das neue Gebiet schnell und flexibel agieren können, nutzen Digitalunternehmen die agilen Arbeitsmethoden in Verbindung mit digitaler Expertise. Bei einer agilen Arbeitsmethode geht man iterativ vor und denkt nicht ausschließlich vom Ende her, sondern schließt Veränderungen auf dem Weg als integrales Element ein. Ähnlich wie für einen Entdecker beim Vordringen auf neues Terrain, steht für den agilen Wissensarbeiter am Anfang eine Vision. Diese verfolgt er Schritt für Schritt. Dabei bezieht er stetig Erkenntnisse aus seinem Umfeld ein, das er täglich erkundet. Interdisziplinäre Teams bringen unternehmensintern eine möglichst breite Perspektive ein, außerdem beziehen sie Kunden und Stakeholder sehr früh ein und legen auch auf deren konstantes Feedback Wert. Eine ausreichende digitale Expertise ermöglicht es, digitale Tools zu nutzen und so Ideen schnell, kostengünstig und unkompliziert zu entwickeln und zu testen. Auf diese Weise erobert man schnellen Schrittes unbekanntes Terrain. Damit dies gelingt, bedarf es einer offenen Entdeckerhaltung, die mehr mit offenen Fragen als mit Antworten arbeitet. Das offene Mindset ist in diesem Ansatz die entscheidende Grundhaltung. Dazu gehören eine flexible Organisationsform, agile Arbeitsansätze, die eine hohe Experimentierfreudigkeit fördern, Transparenz in der Information und Kommunikation sowie eine Bereitschaft, ständig zu lernen. Im Ergebnis stehen sogenannte *agile* oder *responsive* Organisationen. In Kombination mit einem hohen Grad an Selbstmanagement der Mitarbeiter erreichen Organisationen mit wenig ausgeprägter Hierarchie das, was Frederik Laloux als *Teal Organization* bezeichnet (Laloux 2014).

## 2.1.1   Agile Entwicklungsmethoden

Vorstände und Führungskräfte müssen dafür sorgen, dass das Unternehmen die digitale Kompetenz stetig auf- und ausbaut, um neue Wachstumspotenziale zu entdecken und im Wettbewerb zu bestehen.

### 2.1.1.1 Aufbau von digitaler Expertise

Unterstützend entstehen dafür u. a. Positionen wie der *Chief Digital Officer,* der *Chief Innovation Officer* und ähnliche Funktionen. Für diese Positionen kommen meist ausgewiesene Digital-Experten infrage, die die Digitalisierung bei *Pure Digital Playern* vorangetrieben oder selbst Digitalunternehmen gegründet haben. Sie sollen die Voraussetzungen schaffen, damit ein Unternehmen im Digitalbereich wachsen kann. Sie brauchen dafür die starke Unterstützung des Vorstands und die Macht und den Rückhalt, Veränderungen durchzusetzen. Im Prozess dieser internen Unternehmensentwicklung werden digitale Vorreiter in die Teams geholt und neue *Digerati* eingestellt (ein Kunstwort, das die wissende Elite der Digitalisierung in Anlehnung an das Wort Literati beschreibt). Knowledge Center bilden sich.

In diesem Transformationsprozess müssen innerhalb des Unternehmens Vision, mittelfristige Ziele und die einzelnen Schritte dorthin klar kommuniziert werden. Die Herausforderung besteht darin, alle Stakeholder und Abteilungen einzubeziehen, die für die Veränderung nötig sind. Der digitale Wandel versetzt viele Mitarbeiter in Angst. Diese Angst liegt auch darin begründet, dass sich Mitarbeiter nicht ausreichend darüber informieren, welche Chancen der Wandel neben den viel diskutierten Herausforderungen für ihren Arbeitsplatz bedeutet. Hier muss der Arbeitgeber systematisch informieren und darüber aufklären, was sich verändern wird. Das baut vielleicht die Ängste nicht unmittelbar ab, erhöht jedoch das Verständnis deutlich und zeigt dem Einzelnen im optimalen Fall Entwicklungswege auf.

### 2.1.1.2 Wissensoffensive Digitalisierung

Unternehmen in Deutschland haben mehrheitlich noch keine systematische Weiterbildung, mit der sie ihre Mitarbeiter mit dem Wissen sowie den Methoden und Kompetenzen ausstatten, mit denen diese die digitale Transformation gestalten und vorantreiben können. Mitarbeiter müssen sowohl in ihrer Digitalkompetenz als auch in ihrer Methodenkompetenz geschult werden:

- Ich suche mir künftig selbst gesteuert die Informationen, die ich brauche.
- Ich motiviere mich selbst zu eigenständiger Weiterbildung.
- Ich nutze digitale Kommunikations- und Kollaborationstools.
- Ich entwickle ein Verständnis für digitale Geschäftsmodelle.
- Ich denke mich in die veränderte Anspruchshaltung der Kunden hinein.
- Ich nutze die Möglichkeiten des agilen Arbeitens voll und ganz.

Ein erster Schritt im Aufbau von Digitalkompetenz im Unternehmen bildet die Wissensoffensive Digitalisierung, mit der die Mitarbeiter ein gemeinsames Verständnis der digitalen Begriffe und Konzepte sowie der digitalen Produktangebote und Geschäftsmodelle erhalten. Dies kann in einem ersten Schritt online und offline in Vortrags- und Experimentalreihen oder in speziellen Workshops und Online-Kursen erfolgen. Im Idealfall werden diese Schulungen regelmäßig angeboten und sind für alle im Unternehmen offen. Um neben dem Wissensaufbau auch die Methodenkompetenz zu verstärken und das Mindset zu verändern, ist es unabdingbar, dass die Mitarbeiter nicht nur rational begreifen, was sich verändert, sondern diese Veränderungen auch selbst erleben. Dies kann einerseits durch das Nutzen digitaler Geräten wie Virtual-Reality-Brillen und Augmented-Reality-Programme oder mit anderen IoT-vernetzten Geräten passieren. Andererseits hilft zum Einstieg auch das angeleitete Arbeiten in einer der agilen Methoden, beispielsweise in Design Thinking, das sich in einem Kurs erlernen lässt.

Nach erfolgter Bewusstseinsbildung zu den digitalen Themen und Methoden, folgt im nächsten Schritt die Arbeit an einem eigenen Projekt, das ein Team im unmittelbaren Arbeitskontext und mit agilen Methoden unter Anleitung durch-läuft. Dadurch erleben die Teilnehmer direkt, wie es sich unter diesem Ansatz arbeitet und zu welchen neuen Erkenntnissen und Ergebnissen dies führt. Digitale Kommunikations- und Kollaborationselemente sollten in diese Projekte integriert werden. Anhand solcher Projekte erlernen die Mitarbeiter, welche Haltung erfor-derlich ist, um im digitalen Zeitalter Lösungen zu generieren und zusammenzu-arbeiten. Die wiederholte, zunächst von einem Coach begleitete und schließlich eigenständige Arbeit an Projekten und Aufgaben im agilen Modus verfestigt und verankert dieses Mindset nachhaltig.

Die meisten Unternehmen gehen beim Aufbau der Digitalkompetenz nur den halben Weg. Sie bieten einzelne Workshops zu Themen der digitalen Transfor-mation an, sorgen aber nicht dafür, dass in einem zweiten Schritt die Kenntnisse und Methoden nachhaltig in den Arbeitsalltag einziehen. Wie beim Erlernen einer Sportart reicht es jedoch nicht, sich über Bücher oder Videos theoretische Kennt-nisse kognitiv anzueignen und diese durch einen kurzen Intensivworkshop von zwei Tagen einmal zu erleben. Übung macht auch in der digitalen Welt immer noch den Meister. Wie im Sport gilt es die neuen Fähigkeiten konstant aufzu-bauen und zu trainieren. Dies muss eine Führungskraft systematisch ermöglichen und begleiten.

### 2.1.1.3 Digitales Mindset

Grundlage für die digitale Transformation in Unternehmen ist, dass Führungs-kräfte und Mitarbeiter das Mindset verstehen, das den digitalen Wandel prägt. Das digitale Mindset beschränkt sich nicht darauf, dass wir souverän im Umgang mit den neuen Technologien sind, sondern umfasst ein ganzes Set an Verhal-tensmustern. Kern des digitalen Mindsets ist der Glaube an einen unbegrenzten Reichtum an Möglichkeiten *(abundance)* und an Wachstumschancen *(growth)*. Eine digitales Mindset bedeutet,

- sich mit der Nutzung neuer Technologien wohlzufühlen,
- zu wissen, wie wichtig Daten für den Fortschritt sind,
- den Wandel als Chance zu begreifen sowie
- neue Arbeitsmethoden zu akzeptieren und nicht als bedrohlich anzusehen.

Menschen mit einem digitalen Mindset kommen mit der Ambiguität zurecht, die wir heute in der sogenannten VUCA-Welt erleben (Volatility, Uncertainty, Complexity, Ambiguity). Sie können trotz unvollständiger Informationen Ent-scheidungen treffen und diese wenn nötig auf neue Umstände anpassen. Sie sind neugierig, lernen gern und setzen die Technologien und agile Arbeitsmethoden

ein, um zu experimentieren und Neues zu entdecken. Sie sorgen für Interdisziplinarität in der Zusammenarbeit und vielfältige Perspektiven durch sogenannte
kognitive Diversität, wie sie Regina Dungan fordert, Vice President Engeneering
bei Facebook Building 8. Und sie sorgen für kulturelle und soziale Diversität, da
sie wissen, dass Menschen mit divergenten Weltsichten keine Bedrohung, sondern eine Bereicherung darstellen. Sie stehen dem Wandel offen gegenüber, ohne
die Herausforderungen auszublenden.

### 2.1.1.4 Innovationsmindset

Welche ergänzenden Fähigkeiten haben Menschen mit dem Innovationsgen?
Christensen, Gregersen und Dyer fassen die Eigenschaften in ihrem Artikel „The
Innovator's DNA" (Harvard Business Review 2009) zusammen. Sie schreiben
dem Innovator eine kreative Intelligenz und fünf „Entdeckerfähigkeiten" zu, die
ihm Entdeckungen ermöglichen und neue Ideen entwickeln lassen:

1. Assoziationskompetenz, die vermeintlich unzusammenhängende Fragen, Probleme oder Ideen aus unterschiedlichen Feldern verbinden lässt
2. Fragekompetenz, die zu provokativen und „Was-wäre-wenn"-Fragen veranlasst und nach den (diametral entgegengesetzten) Möglichkeiten suchen lässt
3. Beobachtungsgabe, die durch anthropologische und sozialwissenschaftliche
   Beobachtungen gewöhnlicher Phänomene ungewöhnliche Geschäftsideen entwickeln lässt
4. Experimentiertrieb, der veranlasst, mit Prototypen und Piloten neue Ideen aus-
   zuprobieren. Die Welt ist ein einziges Experimentallabor, in dem interaktive
   Erfahrungen und unorthodoxe Antworten entstehen.
5. Netzwerkfähigkeit, die erlaubt, Ideen durch vielfältige Menschen testen
   zu lassen und auf diese Weise radikal andere Perspektiven einzunehmen. In
   einem starken beruflichen Netzwerk lassen sich die Karriere vorantreiben, und
   das eigene Wissensgebiet im Austausch mit Menschen anderer Weltanschau-
   ungen und Perspektiven vergrößern.

Der Innovationspfad läuft dabei laut Colarelli, O'Connor et al. über drei Phasen
(Harvard Business Review 2009).

1. Entdeckung *(discovery)*: Marktchancen mit hoher Durchschlagskraft identifizieren und entwickeln. In dieser Phase werden technologische Leistungsfähigkeit und die Marktbedürfnisse aufeinander abgeglichen.
2. Inkubation *(incubation)*: mit Technologie und Geschäftsideen experimentieren. In dieser Phase entsteht ein wachstumsfähiges neues Geschäftsmodell.

3. Beschleunigung *(acceleration):* die Geschäftsidee so energisch voranrreiben, dass das Geschäftsmodell tragfähig wird. In dieser Phase kann sich das junge Unternehmen wirtschaftlich etablieren, aus sich heraus zu wachsen.

Innovationskompetenz braucht die kreative Seite, um auf neue Ideen zu kommen. Gleichzeitig ist auch wirtschaftliches Know-how nötig, um Geschäftsmodell und eine Organisation dafür zu entwickeln. Es geht um die Fähigkeit, Neues aufzubauen und es geht darum, belastbar zu sein und Durchhaltevermögen zu beweisen. Führungskräfte, die nach Mitarbeitern für den Aufbau neuer Geschäftsbereiche suchen, sollten auf diese Kompetenzen Wert legen.

### 2.1.1.5 Design Thinking & Co

Agiles Arbeiten wird heute unter anderem mit vier Ansätzen verbunden:

- Design Thinking
- Lean-Start-up
- Business Model Canvas
- Innovation und Scrum

Dabei kommen Design Thinking und das Business Model Canvas aus dem kreativitätsfördernden Bereich und die anderen beiden aus dem flexibilitäts- und effizienzsteigernden Bereich.

**Grundelemente des Design Thinking**

IDEO, die School for *Design Thinking* der Universität Potsdam und die d.school an der Stanford University sind Keimzellen des *Design-Thinking*-Ansatzes. Er bringt den schöpferischen Prozess von Designern in eine Systematik und ergänzt ihn schrittweise um Kreativitätstechniken. *Design Thinking* besteht aus sieben Phasen: Verstehen, Beobachten, Synthese, Ideation, Prototyping, Test, Iteration.

Die sogenannten *Pain Points* der Kunden bilden den Ausgangspunkt für Lösungsansätze. Dafür muss das *Design-Thinking*-Team diese *Pain Points* zunächst identifizieren und verstehen. Das Team setzt dafür die „Unternehmensbrille" ab und die „Kundenbrille" auf. Bei der *Synthese* und *Ideation* werden die Erkenntnisse ausgewertet und erste Lösungsansätze entwickelt. Dabei kommt es auf die Empathiefähigkeit und Kreativität des *Design-Thinking*-Teams an. Die Teams sind optimaler Weise interdisziplinär, crossfunktional und hierarchieübergreifend zusammengesetzt und bestehen aus fünf bis sieben Personen. Alle Teammitglieder durchlaufen üblicherweise alle Phasen des Prozesses, sind in alle Überlegungen und Entwicklungen einbezogen.

Nachdem in der *Ideation*-Phase eine meist große Anzahl von Ideen für Lösungsansätze entsteht, entwickelt das Team in der *Prototyping*-Phase für ausgewählte Ideen physische oder virtuelle Prototypen als Artefakte der Kommunikation. Erst beim Zeigen und Interagieren mit dem Prototypen kann der Kunde befragt werden, ob der Prototyp zur Lösung seines Problems beiträgt. Das macht immanent wichtige Elemente der Lösung deutlich und verdeutlicht eventuelle Fehler unmittelbar, anders als in rein rational geführten Diskussionen ohne gegenständliches Bezugsbeispiel. Das Testen und Einholen von Kunden-Feedback am Beispiel des meist noch sehr rudimentären Prototypen ist ebenso Bestandteil des Entwicklungsprozesses. Hier tun sich deutsche Unternehmen besonders schwer. Für sie bedeutet es einen Paradigmenwechsel in der auf Perfektion getrimmten Ingenieurswelt, ein noch unausgereiftes Produkt mit dem Kunden zu diskutieren. Das frühzeitige Testen mit dem Kunden erfüllt den Zweck, Rückmeldung über die Anwendbarkeit einzuholen, um Zeit und Kosten in der weiteren Entwicklung zu sparen. Prototypen sind bewusst unfertig. Sie sollen wenig in der Herstellung kosten und bei Unbrauchbarkeit in die Mülltonne wandern. Prototypen, die eine erste, kurze, positive Validierungsphase bestehen, werden zu sogenannten *Minimum Viable Products* (MVP) weiterentwickelt und am Markt unter realen Bedingungen weiter getestet.

Die Prinzipien, die sich im *Design-Thinking*-Ansatz verstecken, sind das „Fail fast, fail cheap"-Prinzip. Es geht darum, schnell herauszufinden, ob die entwickelte Idee das Kundenproblem tatsächlich löst oder nur den Wunsch des Unternehmens reflektiert, mit seinen bestehenden Angeboten und Kompetenzen dem Kunden zu helfen – was nicht immer deckungsgleich ist. Gleichzeitig soll die in der Produktentwicklung häufig einsetzende „Featuritis" vermieden werden, die oft zu einer Vielzahl weiterer, kostspieliger Eigenschaften führt, die alle nicht den Kern des Problems lösen. Häufig kommen diese Ergänzungen von Abteilungen, die ihren Beitrag am Prozess reflektiert sehen wollen, oder sie werden aus unternehmenspolitischen Gründen durchgesetzt. Dies führt dazu, dass das Produkt für den Kunden keinen klaren Fokus mehr hat und das Nutzen komplexer wird.

**Funktionen des Design Thinking**
Design Thinking erfüllt im digitalen Transformationsprozess drei Funktionen:

1. es richtet die Neu- oder Weiterentwicklung eines Produkts, einer Dienstleistung oder eines Prozesses radikal am Kundennutzen aus,
2. es reduziert zeitliche und finanzielle Ressourcen, vor allem in der ersten Entwicklungsphase und
3. es bezieht die Ideen und Rückmeldungen möglichst vieler Betroffener (Kunde, Mitarbeiter, Stakeholder etc.) ein.

Die Expertise, die bei den Mitarbeitern, Kunden und Stakeholdern liegt, muss im Sinne kundenrelevanter Lösungen viel stärker abgerufen und einbezogen werden als bislang üblich. In etablierten Unternehmen herrscht bisher die Annahme, das schöpferische Potenzial der Kunden und Mitarbeiter außerhalb der Entwicklung sei gering oder zumindest vernachlässigbar. Gerade jedoch Mitarbeiter, die häufig viel näher am Kunden sind als die Führungskräfte, bringen in den Entwicklungsprozessen häufig wertvolle Lösungsansätze und Erkenntnisse ein. Unternehmen können unter dem heutigen Zeit- und Budgetdruck nicht mehr auf den Beitrag der Mitarbeiter und Kunden verzichten. Gleichzeitig entspricht das Einbeziehen in Entscheidungen auch dem zunehmenden Wunsch der Menschen nach Mitbestimmung auf allen gesellschaftlichen Ebenen. Mitarbeiter fühlen sich zunehmend vom Unternehmen entkoppelt, wenn ihnen Entscheidungen von oben aufoktroyiert werden, die Auswirkung auf ihren Arbeitsbereich haben. Auf der anderen Seite bedeutet der Umbruch, dass der Mitarbeiter von morgen Verantwortung für die getroffenen Entscheidungen übernehmen muss. So steht er hinter den Entscheidungen. Allerdings müssen manche Mitarbeiter erst lernen, die Verantwortung zu übernehmen, die aus dem Mitentscheiden erwächst. Denn: Entscheidungen treffen wollen alle, Verantwortung dafür übernehmen jedoch die wenigsten. Auch wird klar, dass im Prozess einer verstärkten Einbeziehung der Mitarbeiter die Schutz- und Rückzugsräume für Mitarbeiter geringer werden. Wer aktiv in Entscheidungen einbezogen ist, kann sich bei auftauchenden Herausforderungen nur schwer hinter einer Nicht-Zuständigkeit verstecken.

*Design Thinking* nimmt systematisch das viel diskutierte Prinzip *Fail fast, Fail cheap* auf: Scheitern ist fester Bestandteil des Prozesses – und wird mit dem *Failforward*-Ansatz kombiniert. Das *Failure Management* ist eine Form des *Learning Managements*. Dabei geht es darum schnell herauszufinden, welche Ideen zum Scheitern verurteilt sind, und aus dem Prozess und den Erkenntnissen gleichwohl zu lernen. Auch wenn vor allem in deutschen Unternehmen vermeintlich eine Null-Fehler-Mentalität herrscht (oder maximal eine äußerst geringe Fehlertoleranz), so ist Scheitern auch hierzulande kein Fremdwort. Beispiele für interne Projekte, die vorzeitig gestoppt wurden oder als *Dead-on-arrival*-Projekte vorangepeitscht werden, nur um abgeschrieben zu werden, gibt es unzählige. In der Vergangenheit wurden in solchen Fällen meist zwei Maßnahmen getroffen:

- Erstens rollten Köpfe (besonders bei großen gescheiterten Projekten).
- Zweitens wurden die gescheiterten Projekte totgeschwiegen statt daraus zu lernen.

Darin liegt der qualitative Unterschied zum Fehlermanagement heute. Fehler werden inzwischen aktiv kommuniziert, analysiert und die Erkenntnisse einer möglichst breiten Masse verfügbar gemacht, sodass möglichst viele aus den Fehlern lernen können. In der Start-up-Szene werden sogenannte *Fuck up Nights* organisiert, in denen über die gescheiterten Projekte und die Erkenntnisse, die man daraus gewonnen hat, in unterhaltsamer Weise berichtet wird. Gestorbene Projekte in angemessener Weise zu „beerdigen", empfiehlt Heike Bruch von der Hochschule St.Gallen. Die *Fuck up Nights* sind gar nicht so neu, ihr Unterhaltungscharakter ist inzwischen nur vermutlich stärker, weshalb Attraktivität und Anziehungskraft dieser Abende gestiegen sind.

Design Thinking eignet sich daher aus folgenden Gründen für das agile Management in Unternehmen:

- Es fordert die radikale Fokussierung auf den Kunden.
- Es basiert auf einem empirischen Entwicklungsansatz – im Gegensatz zu den häufig theoretischen und hypothetischen Ansätzen in Unternehmen.
- Es ist interdisziplinär, bezieht die Ideen vieler Mitarbeiter ein und bringt damit nachweislich bessere Lösungsergebnisse.
- Die Teammitglieder begleiten den gesamten Prozess, haben den Überblick über das gesamte Projekt und nicht nur über ausgewählte Arbeitsbereiche.
- Der Zyklus für das Entwickeln von Ideen erstreckt sich auf einen kurzen Zeitraum zwischen zwei Tagen und sechs Wochen.
- Das bewusste Aufheben von Denkverboten vergrößert den Lösungsspielraum deutlich mehr als in vielen anderen Entwicklungsprozessen.
- *Design Thinking* verändert die Haltung (Mindset) der Teilnehmer für das Zusammenarbeiten und Finden von Lösungen.

### 2.1.1.6 Scrum

*Scrum* – auf Deutsch: Gedränge – ist in der Softwareentwicklung entstanden und wurde für das Projektmanagement adaptiert. Es ging zunächst darum, für die Programmierung von digitalen Produkten oder Dienstleistungen eine flexiblere Herangehensweise zu entwickeln. Dies wurde notwendig, da neues Programmier-Terrain beschritten wurde und häufig nicht vorhersehbar war, welche Herausforderungen sich während des Projekts stellen würden. Ergänzend dazu ist es im Softwarebereich möglich, unkompliziert Tests mit Nutzern durchzuführen und die Ergebnisse unmittelbar in die Weiterentwicklung der Software einzubauen. Daher war ein Projektmanagement nach den üblichen Wasserfallcharts zu sperrig und unflexibel, um Softwareprogramme optimal zu entwickeln. Auch hier fand ein Perspektivwechsel statt: vom unternehmenszentrierten Pflichten- und Lastenheft zur Anwenderperspektive. Im *Scrum* wird daher zunächst eine Vision für die

Software entwickelt. Die Anforderungen werden in Form eines *Backlog* festgehalten, das ist die Liste der noch offenen Aufgaben. Diese Anforderungen werden in sogenannte *Sprints* umgesetzt, die üblicherweise zwischen zwei und vier Wochen dauern. An deren Ende stehen fertige Produkt-Teilbereiche, die das Unternehmen an den Kunden ausliefert. Dann werden die Anforderungen für die Weiterentwicklung konkretisiert. Mit der Auswahl der Elemente, die für den nächsten Weiterentwicklungsschritt relevanten sind, beginnt die nächste Sprintphase. Das Konzept lässt sich auch auf die Planung und Durchführung von Projekten übertragen.

Strukturell kennt *Scrum* drei Rollen:

- Der *Product Owner* ist für die Eigenschaften und die wirtschaftlichen Aspekte des Produkts verantwortlich.
- Der *Scrum Master* führt die *Scrum*-Regeln ein und überprüft deren Einhaltung. Er moderiert die Besprechungen und klärt Konflikte. Er ist nicht Teil des Entwickler-Teams und gibt den Teammitgliedern keine Anweisungen. Er agiert eher als Coach im Prozess und hat eine dienende (Führungs-)Rolle.
- Das *Team* ist für die Ausarbeitung der Software nach Maßgabe des *Product Owners* zuständig. Es organisiert sich selbst und entscheidet über die Reihenfolge beim Abarbeiten des *Backlogs*. Dabei erfüllen die Teammitglieder alle im Zusammenhang mit Entwicklung, Umsetzung und Testen des Projekts verbundenen Aufgaben.

Der Ablauf eines Projekts nach dem *Scrum*-Ansatz unterteilt sich in folgende Phasen:

- Im ersten Schritt erfolgt die *Sprint*-Planung, in der zunächst das „Was?" identifiziert wird. Hier stellt der *Product Owner* die Funktionen vor, die die Software beziehungsweise das Projekt erfüllen soll und die Reihenfolge, in der das Produkt entwickelt werden soll. Das Team erarbeitet ein gemeinsames Verständnis der zu erledigenden Aufgaben.
- Im zweiten Schritt wird in der Planung über das „Wie?" entschieden. Hier plant das Entwicklerteam die Aufgaben (Tasks), die zu erledigen sind.
- Ein elementarer Bestandteil im eigentlichen *Scrum* ist das tägliche *Scrum Meeting,* in dem maximal 15 min lang über den Fortlauf der Produktentwicklung gesprochen wird. Dies dient dazu, mögliche Verzögerungen frühzeitig zu erkennen und Abhilfe zu schaffen.
- Im *Sprint Review* wird das inkrementelle Ergebnis mit den Stakeholdern besprochen und geklärt, woran als nächstes weiter gearbeitet wird.

Scrum eignet sich daher aus folgenden Gründen für das agile Management in Unternehmen:

- Die Projektplanung richtet sich strikt auf die Anwenderperspektive – nicht auf die Unternehmensperspektive. Der Nutzer steht im Zentrum.
- Während des Projekts werden die Zwischenergebnisse fortlaufend von den Anwendern getestet. Somit wird verhindert, dass Fehlentwicklungen zu lange unbemerkt bleiben und im Nachgang kostspielig ausgemerzt werden müssen.
- Die Erkenntnisse, die während des Projektfortlaufs gewonnen werden, aber auch Veränderungen in den Anforderungen, können unmittelbar in die Weiterentwicklung einbezogen werden. Damit ist der Projektablauf flexibel genug, um Veränderungen, die sich über die Zeit ergeben, aufnehmen zu können.
- Die Expertenteams (Entwicklerteams) können sich flexibel nach den jeweiligen Projektanforderungen organisieren.
- Mit dem *Scrum Master* gibt es einen neutralen Koordinator, der den reibungslosen Ablauf des Prozesses organisiert. Methodenkompetenz und inhaltliche Verantwortung sind klar getrennt, weshalb Konflikte schnell lösbar sind.

Genauso wie beim *Design Thinking* bezieht *Scrum* alle erforderlichen Beteiligten (Auftraggeber, Kunde, Entwicklerteam, Stakeholder etc.) regelmäßig in den Prozess ein. Die Teammitglieder haben maximale Freiheit. Der Prozess ist flexibel. Damit erfüllt er die Anforderungen an Unternehmen, schnell auf neue und zum Teil unvorhergesehene Entwicklungen reagieren zu können.

### 2.1.1.7 Kanban

Zur Unterstützung der Projektarbeit nutzen digitale Unternehmen das *Kanban-Board*. Es stammt aus Japan und fördert die Produktivität, indem es Tätigkeiten in Unternehmen visualisiert. Beim *Kanban*-Board handelt es sich um ein *Pull*-Verfahren, bei dem die Projektmitarbeiter festlegen, welche Aufgaben aus dem *Backlog* zu erledigen sind. Diese nehmen sich die Teammitglieder nacheinander vor und wählen sich dabei die Aufgaben aus, die ihnen persönlich liegen oder die ihnen zugewiesen wurden. Die Aufgaben, an denen gearbeitet wird, ordnen die Mitarbeiter der Sparte „Doing" zu, fertig gestellte Aufgaben kommen in die Sparte „Done". Das Team hält regelmäßig sogenannte *Retrospektiven* ab; das sind Meetings in denen darüber reflektiert wird, was gut und was schlecht lief. Online-basierte *Kanban-Boards* gibt es viele. Das derzeit bekannteste ist wohl Trello, andere sind KanbanFlow und Lean-Kit. Der Vorteil der *Online-Kanban-Boards* ist die ortsungebundene und plattformübergreifende Einsehbarkeit auf allen Endgeräten und damit die Möglichkeit, auch Mitarbeiter an anderen Orten in die Projektarbeit einzubinden. Bei Wissensarbeitern stellt dies einen Vorteil dar, denn sie arbeiten zunehmend in distribuierten Teams.

### 2.1.1.8 Der Lean-Start-up-Ansatz – Vom Prototypen zum MVP

*Build – Measure – Learn* ist das Mantra des von Eric Ries entwickelten Lean-Start-up-Ansatzes. Er hat die Erfahrungen seiner ersten Unternehmensgründungen zu einem Ansatz systematisiert, der für Gründungen im Digitalbereich heutzutage grundlegend ist. Mittlerweile berät Ries große Unternehmen wie GE in der Einführung des Lean-Start-up-Ansatzes. Dieses Verfahren setzt nach dem Bau des ersten Prototypen ein, beispielsweise nach einem Design-Thinking-Prozess, und dient dazu, das Produkt oder die Dienstleistung auf den Markt zu bringen. Das sogenannte *Minimum Viable Product* ist das marktfähige Produkt. Es ist in seinen Eigenschaften minimalistisch auf die Kernfunktionen fokussiert und darf von seiner Anmutung durchaus noch rudimentär sein. Hier gilt das Sprichwort von LinkedIn-Gründer Reid Hoffman: „If you are not embarrassed by the first version of your product, you've launched too late".

Ist das erste, auf die Kernfunktionen fokussierte Produkt gebaut *(Build)*, werden relevante *Key Performance Indicators* (KPIs) identifiziert. Mit ihnen lassen sich die Nutzung durch den Kunden und die Leistungsfähigkeit des Produkts messen und daraus Rückschlüsse für die Weiterentwicklung ziehen *(Measure)*. Das ist bei digitalen Produkten oder Produkten, die über digitale Kanäle vertrieben werden, einfach. So kann der Hersteller die Handhabung der digitalen Produkte durch die Kunden verfolgen, etwa bei *Software-as-a-Service*. Auch die Navigation auf einer Website kann durch *Heatmaps* festgehalten werden, auf denen zu erkennen ist, wie sich die Besucher über die Website bewegen. *Click-through-rates* und Abbruchraten eines Besuchs werden dokumentiert und direkt für die Weiterentwicklung berücksichtigt. Gleichzeitig können auch marketing- und vertriebsrelevante Daten wie die Wirkung der CTA *(Call to Action)* oder die CAC *(Customer Acquisition Cost), Churn-Rates* (Abwanderungsraten) gemessen und daraus unmittelbar Rückschlüsse für Verbesserungen abgeleitet werden. Auch die Nutzung analoger Produkte kann durch Indikatoren gemessen werden, wie beispielsweise tageweise Verkaufszahlen, ein Überblick über die Rate, mit der Produkte vom gleichen Käufer wiederholt bestellt werden oder welche Influencer über die Produkte berichten. Wichtig ist dabei, die erhebbaren Daten auch tatsächlich zu erheben und daraus Erkenntnisse für die Weiterentwicklung der Produkte und Dienstleistungen zu ziehen *(Learn)*.

Diese schnellen iterativen Schleifen sind in der digitalen Welt möglich und werden zunehmend auch von den Kunden in der Offline-Welt gefordert. Heutzutage weiß der Kunde, dass in einem auf Kundenbedürfnisse ausgerichteten Unternehmen ein *Bug* (Fehler) innerhalb kürzester Zeit ausgemerzt wird. Und er hat immer weniger Verständnis dafür, wenn Fehler unbeachtet bleiben und zu keiner Veränderung führen. Leider sind noch zu viele traditionelle Unternehmen nicht ausreichend versiert in der Datenerhebung und verlieren dadurch wertvolle Erkenntnisse und schließlich zahlende Kunden.

Stellt sich heraus, dass ein (digitales) Produkt nicht ausreichend funktioniert, um die Profitabilität zu erreichen, steht das Unternehmen vor der Frage, ob es durchhalten oder einen *Pivot*, einen „Schwenk" in der Ausgestaltung seiner Produkte oder Dienstleistungen durchführen soll. Ob es sich lohnt, weiter durchzuhalten, oder das Produkt doch besser zu verändern, lässt sich häufig anhand der KPIs ablesen. Wenn ein *Pivot* erfolgen soll, muss sich das Unternehmen anschauen, ob es weiter bei seinem Geschäftsmodell bleibt und welche Elemente des Produkts verändert werden sollen. Beispiele für erfolgreiche *Pivots* gibt es viele, Twitter ist eines der bekanntesten. Unter dem ursprünglichen Namen Odeo konnten Interessenten Podcasts finden und im Abonnement beziehen. Als iTunes in das Podcast-Geschäft einstieg, hatte Odeo die Sorge, vom Markt verdrängt zu werden. Die Firma gab den Mitarbeitern zwei Wochen Zeit, um neue Ideen zu entwickeln. Daraus resultierte die Idee von Jack Dorsey und Biz Stone für eine Microblogging-Plattform, die heute als Twitter bekannt ist. Ein weiteres Beispiel ist Instagram, das als Burbn startete und ähnlich wie Foursquare zum Einchecken in Locations gedacht war, wodurch man Punkte sammeln und Fotos teilen konnte. Nachdem die Wachstumsraten nicht ausreichend groß waren, kürzten die Gründer das Produkt auf den Teil, der von den Nutzern gut angenommen wurde: das Teilen von Fotos. Instagram ist heute eine App, in der Fotos bearbeitet und auf Facebook, Twitter und anderen Social-Media-Kanälen gepostet werden können. Facebook hat die Firma 2012 für eine Milliarde US-Dollar gekauft. Dabei bestand das Start-up aus zwölf Mitarbeitern und hatte nicht einmal ein Ertragsmodell für seine Foto-Plattform. 2012 war just das Jahr, in dem Kodak Insolvenz anmeldete, die Marke, die das digitale Fotografieren erfunden, aber deren Potenzial nicht richtig eingeschätzt hatte.

Beim *Lean-Start-up*-Ansatz geht es darum, das *Lean-Management*-Prinzip auf die Gründungsphase zu übertragen und einen kostengünstigen, schnellen und interaktiven Produktlaunch zu gestalten, in dem der Kunde durch sein Feedback einbezogen ist. Dieser Ansatz lässt sich sowohl für neue Unternehmen als auch in bestehenden Unternehmen anwenden und folgt den Prinzipien agilen Managements. Es geht darum, mit einem kurzen Konzeptions-Prozess, wenig Kapital und schnellen Prozesszyklen ein neues Geschäftsfeld oder Unternehmen aufzubauen.

### 2.1.1.9 Business Model Innovation

Ein Geschäftsmodell beschreibt das Problem, das ein Unternehmen für den Kunden löst. Hierbei handelt es sich um die *Value Proposition*. Sie beantwortet die Frage, welchen Nutzen das Unternehmen stiftet. Darüber hinaus beschreibt das

Geschäftsmodell, wie der Nutzen für den Kunden generiert wird (Wertschöpfung) und wie das Unternehmen dabei Geld verdient (Ertragsmodell). Ein Produkt oder eine Dienstleistung ist Teil der Wertschöpfungskette. Diese Kette kann sich wie das Geschäftsmodell an sich, in ihrer Form über die Zeit verändern. Geht man diesen Marktanpassungsprozess systematisch an, spricht man von Geschäftsmodell-Innovation *(Business Model Innovation)*.

Die von Alexander Osterwalder entwickelte und in seinem Buch „Business Model Canvas" vorgestellte Übersicht hat unter Digitalunternehmen breiten Anklang gefunden. Mit ihr lassen sich auf einfache Weise bestehende Geschäftsmodelle beschreiben und neue entwickeln. Das Business Model Canvas (BMC) lenkt den Blick auf die wichtigsten Segmente eines Geschäftsmodells. Es ist unterteilt in die Segmente

- Value Proposition,
- Infrastruktur mit den Bestandteilen
  - Schlüsselaktivitäten,
  - Schlüsselressourcen und
  - Partnernetzwerk,
- Kunden mit den Bestandteilen
  - Kundensegmente,
  - Kanäle und
  - Kundenbeziehungen,
- Finanzen mit den Bestandteilen
  - Kostenstruktur,
  - Ertragsströme und
  - Ressourcen (Osterwalder und Pigneur 2010).

Im Zuge der Digitalisierung stellt sich für Unternehmen die Frage, welche offensichtlichen oder latenten Bedürfnisse die Kunden haben und wie diese mit neuen (digitalen) Innovationen bedient werden können. Innovationen können dabei auf allen Ebenen des Geschäftsmodells für Veränderung sorgen.

Beispiele für Geschäftsmodellinnovationen sind

- **Nutzerversprechen** – die Veränderung erzeugt neue oder verbesserte Elemente für das Produkt oder die Dienstleistung, die einen Mehrwert für den Kunden haben. Beispiel: Apple hat sich von einem Hardware-Anbieter mit seinem iTunes und App Store hin zu einem Lösungsanbieter entwickelt, der sein Produkt für andere Anbieter öffnet und dem Kunden mobile Inhalte und Dienstleistungen zur Verfügung stellt. Ein weiteres Beispiel ist eBay, das mit seinem Zahlungsangebot über PayPal auch Nicht-Kreditkartenbesitzern den Kauf auf ihrer Plattform ermöglicht.

- **Wertschöpfungsinnovation** – die Wertschöpfungskette wird ausgedehnt (Klöckner & Co. Online-Plattform) oder reduziert (Ikea). Beispiel: General Electric hat seinen Produktionsvorgang für die Leap-Engine auf 3-D-Drucker umgestellt. Dadurch werden 19 Teile in einem Druckvorgang hergestellt.
- **Ertragsmodellinnovation** – die Quelle oder die Art und Weise der Ertragseinnahme wird verändert. Beispiel: Das Geschäftsmodell des Aufzugherstellers Schindler sah früher den Verkauf und die Wartung von Aufzügen vor (Produkt). Heute verkauft das Unternehmen Transportleistung (Service). Ein weiteres Beispiel ist das Pay-per-lux-Modell von Philips: Der Flughafen Schiphol und die Metro Washington bezahlen nur für den Lichtverbrauch, während Philips Eigentümer der Leuchten und der damit verbundenen Geräte bleibt.

Für bestehende Firmen ist es dabei wichtig, strategisch an die Analyse ihrer Optionen einer Geschäftsmodell-Innovation heran zu gehen. Dabei müssen neue Kundenbedürfnisse sowie veränderte Marktbedingungen beachtet werden, um das eigene Überleben zu sichern und Wachstumspotenziale zu entwickeln. Die Reise- und Hotelbranche zum Beispiel muss sich überlegen, welche neuen Geschäftsfelder und Chancen sich durch den Erfolg von Plattformen wie Airbnb für sie ergeben. Wie bei allen Formen der Innovation entsteht eine (Teil-)Kannibalisierung für das Unternehmen dadurch, dass durch die neuen Modelle Teilbereiche des Unternehmens obsolet werden können.

Für den digitalen Bereich hat Jörg Rheinboldt, Leiter des Axel Springer Plug and Play Accelerators, folgende sieben Geschäftsmodelle identifiziert (Schlie et al. 2011):

- *service sales* (Skype & Co)
- *subscriptions* (Blizzard Entertainment & Co)
- *retail* (Amazon & Co)
- *commisions* (eBay & Co)
- *advertising* (Google & Co)
- *license sales* (Apple & Co)
- *financial management* (in der Entwicklung)

Welche Möglichkeiten für Geschäftsmodellinnovation sich durch die technologischen Entwicklungen, das *Internet of Things* und die *Blockchain* in Zukunft ergeben, sind Fragen, die Führungskräfte im Blick haben sollten. Geschäftsmodelle von Mitbewerbern und anderen Marktteilnehmern durchzudeklinieren hilft, die eigene *Value Proposition* zu schärfen. Das eigene Geschäftsmodell – des Unternehmens oder der Abteilung – anhand der *Business Model Canvas* mit dem Team zu skizzieren, trainiert das Fokussieren auf die operative Tätigkeit und hilft dabei, neue Entwicklungspotenziale zu durchdenken und Strategien für den Wandel zu entwickeln.

## 2.1.2 Kommunikation und Zusammenarbeit in agilen Organisationen

### 2.1.2.1 Allgemeine Kommunikation

Kommunikation verändert sich. Sie demokratisiert sich durch die Digitalisierung und vor allem durch die Social-Media-Kanäle. Über Facebook und Twitter kann jeder mit einem Internetzugang die Kommunikation mit der deutschen Bundeskanzlerin oder dem Präsidenten der USA aufnehmen. Dort erfahren die Staatslenker, was ihre Mitbürger denken und vorschlagen. Sie haben einen direkten Kommunikationskanal zu ihren Wählern. Facebook- oder Twitter-Accounts der deutschen Vorstände? Oft Fehlanzeige. Sie verschanzen sich hinter einer Kommunikations-Abschottungswand. Weder ihre Mitarbeiter noch ihre Kunden kommen direkt an sie heran; viele Vorstände versäumen es, in ungefilterter Weise mehr über die Themen der Belegschaft und der Kunden zu erfahren. Dies ist fatal. Wie sollen Unternehmen lernen, auf Kundenbedürfnisse zu reagieren, wenn ihre Vorstände sich noch nicht mal trauen, persönlich einen direkten Kommunikationskanal anzubieten? Die Kommunikationswege, die im Unternehmen eingehalten werden müssen, scheinen umso anachronistischer, wenn man bedenkt, dass Social-Media-Kanäle seit bereits mehr als zehn Jahren im Wachstum begriffen sind und mittlerweile zu den etablierten Kommunikations- und Informationsmedien gehören. Wie kann es sein, dass man der Kanzlerin oder dem Präsidenten der Vereinigten Staaten direkt seine Meinung, Fragen und Sorgen senden kann, aber einen Hürdenlauf über Sekretariate und Terminkalender absolvieren muss, um als Mitarbeiter vom eigenen Vorstand gehört zu werden – mit etwas Glück in einer Besprechung im nächsten Quartal? Digitale Technik kann diese Kommunikationshierarchien abbauen helfen, die Geschwindigkeit der Kommunikation, die Verfügbarkeit und die Transparenz steigen.

In Zeiten der Proliferation der Kommunikations- und Informationskanäle wird dem sauberen Kommunikationsprozess zu häufig leider zu wenig Aufmerksamkeit gewidmet. Kommunikation verläuft heute nicht nur über viele Kanäle gleichzeitig – Snapchat, schriftliche und fernmündliche Nachrichten, beispielsweise über Signal und WhatsApp, Facebook und Messenger, SMS, Email – und das Ganze außerdem sowohl synchron als auch asynchron – was vor allem bei den *Digital Natives* regelmäßig zur Überforderung führt. Kommunikation findet heute nicht hauptsächlich bilateral statt, sondern folgt dem Prinzip One-to-many (beispielsweise WhatsApp) oder Many-to-many (beispielsweise Twitter und WhatsApp). Dies führt zur Informationsüberflutung mit Redundanzen und Brüchen. Das ist vertretbar bei irrelevanten Mitteilungsflüssen, aber ärgerlich und lästig bei wichtigen Absprachen. Hier muss den Kommunikationsteilnehmern, sofern dieses Bewusstsein noch nicht hergestellt ist, deutlich vermittelt werden, dass Kommunikation auch im digitalen Zeitalter nach bestimmten Regeln und Prozessen abläuft. Darunter fällt die kurze, jedoch vollständige Beantwortung von mündlichen und schriftlichen Anfragen, eine zeitnahe Rückmeldung sowie die schonende Einbeziehung anderer (CC-Funktion). Unternehmen müssen ihren Mitarbeitern aktiv kommunizieren, für welche Form der Kommunikation und Kooperation sie stehen und welche Etikette dabei beachtet werden soll.

Trotz eines manchmal nervenden Kommunikationsverhaltens müssen Führungskräfte und Vorstände lernen, offene Kommunikationskanäle zu ihren Kunden und Mitarbeitern zu schaffen. Für Mitarbeiter können dies intern *Social Enterprise Networks* und extern die üblichen Social-Media-Kanäle sein. In einer Zeit, in der es essenziell ist, dass Informationen schnell von A nach B gelangen, ist es fatal, wenn es keine entsprechenden niedrigschwelligen Kommunikationskanäle zu Kollegen und Führungskräften gibt. Der digitale Dinosaurier E-Mail als Kommunikationskanal ist dafür nicht ausreichend, da er für die *One-to-one*-Kommunikation geschaffen wurde und kein richtiges *One-to-many*-Kommunikationsmedium ist, das eine digitale Diskussionskultur ermöglicht. Wenn es die Firmen ernst meinen mit der Befähigung ihrer Mitarbeiter zum maximal selbstständigen Arbeiten, müssen sie ihren Kontrollanspruch über die Informations- und Kommunikationskanäle deutlich lockern.

## 2.1.2.2 Zusammenarbeit

Zusammenarbeit findet heutzutage sowohl physisch und synchron – im Gespräch oder in Meetings – als auch virtuell und asynchron statt. Dabei dehnt sich der Kreis der an der Zusammenarbeit Beteiligten immer weiter aus: von unternehmensinternen, interdisziplinären Runden zu solchen mit externen Beratern und Experten oder mit Kunden und anderen Stakeholdern.

So entsteht mit ausgedehnter Zusammenarbeit und vielfältiger Kommunikation eine *Networked Organization*. Sie zeichnet sich durch vernetzte Clusterbildung und kurze Wegzeiten aus und wird durch das sogenannte *Enterprise Social Networking* unterstützt. Hier können sich Mitarbeiter vernetzen und gegebenenfalls auch externe Experten einbeziehen. Information und Kommunikation zu bestimmten Themen werden dabei transparent und recherchierbar, was zum Know-how-Aufbau der gesamten Firma beiträgt. Ideen können schnell und clusterübergreifend diskutiert werden. Gisbert Rühl, CEO von Klöckner & Co, berichtet, dass er auf der internen Kommunikationsplattform viel schneller Ideen mit den relevanten Gruppen entwickeln, diskutieren, sie gegebenenfalls wieder schnell verwerfen oder am Ende doch umsetzen lassen kann. Er bekommt schnell direktes Feedback von den betroffenen Mitarbeitern – ohne ein offizielles Meeting einzuberufen (Interview am 30.08.2016). Dabei muss Zusammenarbeit im digitalen Zeitalter dennoch explizit organisiert werden. Es ist nicht mehr grundsätzlich wahr, dass ein Manager die Zusammenarbeit effektiver koordiniert als die Mitarbeiter selbst. Digitale Tools senken nicht nur die Transaktionskosten der Zusammenarbeit. Sie ermöglichen es uns vor allem, über interne und externe Grenzen, über Zeit- und geografische Zonen hinweg zusammen zu arbeiten, Projektfortschritte für jeden transparent zu machen und fehlende Informationen schnell zu beschaffen. Sie unterstützen uns auch dabei, uns selbst zu organisieren. Das Arbeiten in Netzwerken ist nur erfolgreich mit einer neuen Autonomie der Mitarbeiter.

Im Sinne einer agilen und responsiven Organisation muss die Planung dem Experiment Platz einräumen. Doch Zusammenarbeit sieht in Planungsphasen anders aus als in Experimentierphasen, wie sie oben beispielsweise für den *Design-Thinking*-Prozess beschrieben wurden. Wie die Organisation responsive.org in ihrem Manifesto schreibt, war früher Planung wichtig, da hohe Transaktionskosten bei Änderungen entstanden: Ressourcen waren verplant, Menschen und Teams zugeordnet. Heute verlieren Pläne durch die schnelle Entwicklung auch schnell ihre Gültigkeit. Zeit und Ressourcen, die früher in die Planung flossen, müssen heute auch für das ständige agile Anpassen verwendet werden. Dazu sollten, dort wo es notwendig ist, experimentelle Ansätze und schnelle Lernschleifen etabliert werden. Das heißt nicht, dass die Organisation in Chaos versinkt. Sie braucht weiterhin und vielleicht noch dringender als früher eine langfristige Vision. Doch der Fortschritt wird nur durch deutlich schnelleres Experimentieren und Iterieren möglich sein. Die neue Zusammenarbeit gelingt nur, wenn die Teams beides beherrschen – die Methoden sowohl für prozessual streng strukturierte Planungsphasen als auch für koordinierte aber unvorhersehbarere Experimentierphasen.

### 2.1.2.3 Informations- und Wissensmanagement

Grundlegendes Element jedes Arbeitsprozesses heutzutage ist das ständige Erneuern des Wissens. Jeder Mitarbeiter muss heute mit den Entwicklungen in seinem Arbeitsbereich à jour sein. Grundsätzlich ist dies heute deutlich leichter als noch vor zehn oder fünfzehn Jahren. Information ist mittlerweile ubiquitär, sie ist überall und jederzeit verfügbar. Immer mehr Wissen wird online gestellt. Vom Arbeitsplatz oder Home Office kommen wir dank dieser Entwicklung und vieler Cloud-Anwendungen jederzeit an die für uns nötigen Informationen von außerhalb des Unternehmens. Innerhalb eines Unternehmens sieht es mit der Transparenz der Informationen und dem Teilen von Wissen sowie dem damit verbundenen und weiter oben beschriebenen Lernen (u. a. aus Fehlern) nicht gut bestellt aus. Information und Wissen dienen häufig noch als Machtinstrument – vor allem für Führungskräfte. Nur ein kleiner Kreis hat Zugriff auf wichtige Informationen, die allenfalls schrittweise das Organigramm hinunter kaskadiert werden. Information ist in vielen Fällen immer noch vertraulich, selten transparent. Dies ist anachronistisch in einer Gesellschaft, die es gewohnt ist, in Echtzeit Zugang zu gestreamten Vorträgen und politischen Diskussionen zu bekommen. In einer Zeit, in der über Social-Media-Kanäle Informationen in Windeseile verbreitet werden können, mutet es geradezu wie aus der Zeit gefallen an, dass Informationen, die für die Arbeit vieler Mitarbeiter relevant sind, nicht frei verfügbar sind, weil sie durch das Unternehmen nicht zur Verfügung gestellt oder weil bestimmte Webseiten unternehmensintern blockiert werden.

Digitale Unternehmen haben erkannt, welche Vorteile es hat, Transparenz von Informationen und Wissen herzustellen. Sie stellen Daten ins Intranet und entlasten damit nicht nur die Führungskräfte, die künftig nicht mehr entscheiden müssen, welche Informationen sie wem zur Verfügung stellen, sondern ermöglichen es Mitarbeitern, durch mehr Wissen schneller und effektiver zu arbeiten. Der Informationsfluss kehrt sich einfach um: Die Bringschuld der Führungskräfte wird zu einer Holschuld der Mitarbeiter. Das entzerrt Arbeitsprozesse und beschleunigt sie zugleich. Die offenen Einblicke sorgen für ein noch besseres Verständnis der Mitarbeiter über die Möglichkeiten und Grenzen im Unternehmen und tragen so im besten Fall zu einer noch schnelleren und besseren Weiterentwicklung bei.

Was sind die **Grundlagen** für ein offenes Informations- und Wissensmanagement im Unternehmen?

- Aufbau eines bedienerfreundlichen (unternehmensinternen) *Social Enterprise Networks*
- Übertragen aller Informationen in das interne Netzwerk (digitale Unternehmen haben häufig alles transparent verfügbar, bis auf Gehaltszahlen)
- Durchführen von niedrigschwelligen, informellen Austauschformaten wie *Brown-Bag*-Lunches zur Diskussion aktueller Herausforderungen und Lösungsansätzen

- Aufbau von themenbezogenen Chatrooms und Wikis, in denen sich die Betroffenen und andere Interessierte freiwillig austauschen können
- Schulung der Mitarbeiter zum Aufbau eines eigenen digitalen Informations-Dashboards, über das der Arbeitnehmer die für ihn relevanten extern und intern verfügbaren Informationen erhält und individuell sortiert
- Verständnis der Führungskräfte, dass sie als Vorbilder diese Plattformen aktiv nutzen
- Festlegen eines „Tages X", ab dem interne Kommunikation ausschließlich über das soziale Network läuft

Was sind die **Vorteile** einer transparenten Informations- und Kommunikationspolitik?

- Unproduktive Arbeitsschritte der Informationsvermittlung abschaffen
- Mitarbeiter effektiver arbeiten lassen
- Information und Wissen jederzeit und schnell recherchierbar machen, sodass die Suche nicht den Arbeitsprozess verlangsamt
- Know-how-Aufbau besser steuern

Die besondere Herausforderung besteht darin, allen Führungskräften verständlich zu machen, dass sie mit einer offenen Informationspolitik nicht an Macht verlieren. Sie gewinnen vielmehr Zeit durch den Wegfall der Informationsweitergabe. Gleichzeitig erbringen ihre Mitarbeiter durch die breitere Verfügbarkeit der Information bessere Arbeitsergebnisse, was wiederum den Führungskräften zugutekommt.

### 2.1.2.4 Open Innovation und Netzwerke

Die im ersten Kapitel beschriebene Methode der *Open Innovation* ist ein Bestandteil des agilen Managements. Dafür ist ein starkes Netzwerk nötig. Das Auffinden und Einbinden von unternehmensexternen Wissensressourcen ist die Grundlage für *Open-Innovation*-Ansätze und für die zunehmende Tendenz, in Netzwerken zu arbeiten. Dabei sind Netzwerke umso wertvoller, je aktiver sie genutzt werden. Digitale Tools erleichtern zwar die Pflege dieser Verbindungen, jedoch sind es Menschen, die aktiv in den Netzwerken kommunizieren und zusammenarbeiten müssen, um vom Netzwerk zu profitieren. Ein (digitales) Netzwerk ist nur dann stark, wenn wir es systematisch nutzen und pflegen.

Eine Stärke des Silicon Valleys liegt darin, Ideen von der ersten Minute an offen in ihren Netzwerken innerhalb und außerhalb des Unternehmens zu diskutieren. Dies hilft, möglichst viele Aspekte einzubeziehen, die in der weiteren Entwicklung wichtig sind. Ein einziges Individuum kann nicht so viele Perspektiven einnehmen wie ein ganzes Netzwerk. *Open Innovation* ist ein dem deutschen Verständnis diametral entgegengesetzter Ansatz. In Deutschland werden Ideen ängstlich unter Verschluss gehalten und nur im kleinen Expertenkreis diskutiert. Dieses Vorgehen ist in der heutigen Zeit jedoch zu langsam und zu insular.

Manche Firmen haben den offenen Entwicklungsprozess regelrecht zum integralen Bestandteil ihrer Entwicklung gemacht, so beispielsweise wie schon erwähnt Tesla. Das Unternehmen hat alle Patente zur Nutzung durch Wettbewerber freigegeben. Oder das auch bereits angesprochene Local Motors, die ihre Entwicklung auf den Open-Source-Ansatz basieren. Andere Firmen nutzen *Crowdsourcing,* um Externe für das Entwickeln von Lösungen einzubeziehen. Nicht eine fest umgrenzten Gruppe von Arbeitnehmern leistet die Arbeit, sondern eine heterogene Personengruppe, die sich freiwillig am Projekt beteiligt.

Neben den zunehmend digitalen Kommunikationsmöglichkeiten, steigt auch der Bedarf nach persönlichen Treffen und persönlicher Kommunikation. Dafür müssen die richtigen Formate für die Interaktion und entsprechend ausgestattete physische Arbeits- und Begegnungsstätten geschaffen werden. Lounges und Bereiche, die durch Sitzgelegenheiten zum Verweilen einladen, gehören bei Startups zur Grundausstattung. Nur in anregender Umgebung entsteht ein Austausch, der Netzwerke stärkt und Innovationen hervorbringt. Dass persönliche Treffen nicht weniger wichtig werden, sondern im digitalen Zeitalter in ihrer Bedeutung steigen, zeigen die wachsenden Teilnehmerzahlen auf digitalen Präsenzveranstaltungen wie der Disrupt in San Francisco, der DLD und der Bits & Pretzels in München sowie auf Tech-Konferenzen, wie dem jährlichen Chaos Communication Congress des Chaos Computer Clubs.

Welche Vorteile haben Netzwerke und *Open Innovation* für Unternehmen?

- Der systematische Aufbau und die Nutzung eines Netzwerks beziehungsweise einer *Connected Workforce* erlauben es Unternehmen, auf eine weit größere Anzahl von Experten und Marktteilnehmern zurückzugreifen, um neue Marktpotenziale schneller zu erkennen, neue Produkte zu entwickeln oder ungelöste Fragen effizienter zu klären. So hat Procter & Gamble eine Plattform geschaffen, auf der der Konzern nicht nur publiziert, was er weiß, sondern auch ausschreibt, was er an Information benötigt. Und auf der Tchibo-Ideas-Plattform werden Kunden eingeladen, ihre Ideen zu präsentieren.
- Das Netzwerk kann zum Test der Betaversion herangezogen werden und wertvolles Feedback generieren.
- Die Netzwerkpflege ist durch die verfügbaren Technologien sehr günstig; der Ansatz birgt mehr Vorteile als Risiken.

## 2.1.2.5 (Re)Organisationskonzepte

In traditionellen Firmen finden wir stark strukturierte Organigramme, die häufig bereits auf den ersten Blick erkennen lassen, dass Informations- und Entscheidungswege formell und langwierig sind. Mit der zunehmenden Vernetzung der Menschen und der Verfügbarkeit von Information sind sie ein Relikt, das die Wirklichkeit immer weniger abbildet. Ob man vom Organigramm zum Dynamogramm übergeht, wie es Baumanns und Schumacher in ihrem Buch „Kein Bullshit" (Baumanns und Schumacher 2014) fordern, oder ob man noch weiter in den Bereich der holokratischen Modelle geht, die hierarchische Strukturen deutlich verändern, sei dahin gestellt. Sicher ist, dass Organisationen ihre Linien- oder Matrix-Strukturen modernisieren müssen. Wer auf Adaptation durch Responsiveness und Schnelligkeit setzt, strukturiert seine Organisation in kleinere Arbeitseinheiten um, wie es die Unternehmen *Buurtzorg* (Laloux 2014) oder der Pure Digital Player Spotify machen. Letzterer setzt auf das Prinzip „loosely coupled, tightly aligned", das heißt kleine, interdisziplinäre Teams agieren autonom im Sinne der Unternehmensvision. Die notwendigen Veränderungen in den Organisationsstrukturen werden eingehender in Kap. 4 beleuchtet.

Wir wollen uns hier zunächst mit den positiven Auswirkungen der Reorganisation von Organisationsstrukturen beschäftigen. Meistens werden Reorganisationen mit dem Ziel durchgeführt, auf technische Neuentwicklungen zu reagieren, Unternehmensteile abzuspalten, Kosteneinsparungen zu realisieren oder Effizienzen zu erreichen. Häufig ächzt die Organisation unter diesen Reorganisationen, da sie temporär (oder auch langfristig) zu mehr Arbeit führen und eine Zeit lang für Desorientierung unter den Mitarbeitern sorgen, weil eingespielte Kommunikations- und Kooperationswege durchbrochen werden.

Letzteres ist genau der Aspekt, den manche Unternehmen ganz bewusst anstreben, um die Innovationskraft des Unternehmens zu stärken. Die Autoren des Artikels „Change for Change's Sake" empfehlen, dass sich Unternehmen von Zeit zu Zeit selbst „schütteln", das heißt verändern sollen (Vermeulen et. al 2010). Sie sollten Veränderung als Teil der Unternehmens-DNA verstehen. Die Begründung der Autoren ist, dass die menschliche Dynamik im ständigen Wandel begriffen ist. Unternehmen müssen diese Veränderung in ihren Organisationsstrukturen nachzeichnen. Gleichzeitig entstehen über die Zeit informelle Netzwerke, die eine formelle Organisationsstruktur widerspiegeln. Dadurch bilden sich Silos. Eine Restrukturierung führt dazu, dass Mitarbeiter neue Netzwerke entwickeln, eingeschliffene Routinen aufgebrochen und überalterte Machtstrukturen zerstört werden. Daher empfehlen die Autoren, von Zeit zu Zeit zu prüfen, ob die Unternehmensstrukturen eine kleinere oder sogar größere Anpassung erfordern. Dabei sollten folgende drei Schlüsselelemente geprüft werden:

- die Qualität der Kommunikation und Zusammenarbeit,
- die Anpassungsfähigkeit zwischen Gruppen und
- die Machtbalance zwischen den Gruppen.

Der Vorteil einer regelmäßigen Veränderung ist, dass der Veränderungsdruck sich nicht so weit aufbaut, bis er eine durchgreifende Reorganisation erforderlich macht. Wer mit einer Reorganisation zu lange wartet, muss häufig sehr viel höhere zeitliche und finanzielle Ressourcen aufbringen als für regelmäßige kleinere (Anpassungs-)Reorganisationen in Summe. Und wenn dennoch eine grundlegende Reorganisation notwendig wird, sei eine Firma, die regelmäßig an ihren Strukturen arbeitet, besser darauf vorbereitet. Unternehmen sollten sich auch fragen, ob die häufig verwendete Matrixstruktur optimal sei oder ob die Struktur nicht besser um andere Kriterien herum organisiert werden solle. Je länger Arbeitsprozesse unverändert bleiben, desto schwieriger werde es, sich anzupassen, wenn sich Märkte verändern. Und je weniger sich die Menschen in Organisationen anpassen müssten, desto weniger suchten sie nach guten Lösungen. James March von der Stanford University bringt dies auf die Formel: „Exploitation (doing what works today) drives out exploration (seeking out risky but potentially valuable new ways of doing things)" (vgl. Vermeulen et al. 2010).

Dabei warnt Robert Miles, Autor des Artikels „Accelerating Corporate Transformations" (Harvard Business Review Jan/Feb 2010) vor sechs möglichen Fehlern:

- Eine zu vorsichtige Managementkultur, der eine klare Vision und ein klares Commitment des Vorstands fehlt. Dadurch kommt es zu Reibungsverlusten, da die Führungskräfte nicht auf einer Linie arbeiten. Ergänzt werden kann hierbei, dass bei der Planung der Reorganisation eine wichtige Ressource zumeist überhaupt nicht einbezogen wird: die Mitarbeiter. Im agilen Management ist dies jedoch essenziell, da die Einblicke der Mitarbeiter wichtig sind, um Fehler bei der Neuorganisation zu vermeiden. Auch hier gilt das Prinzip des *Design Thinking*: den Nutzer in den Mittelpunkt zu stellen. Durch aktives Einbeziehen der Mitarbeiter gewinnt man ihre Unterstützung bei diesem herausfordernden Restrukturierungsprozess, anstatt wie sonst häufig Ablehnung überwinden zu müssen.
- Die Reorganisation als Business-as-Usual-Managementprozess zu gestalten. Meistens arbeitet die Organisation schon unter Vollauslastung, wenn die Reorganisation geplant und durchgeführt wird. Es sollte daher dafür gesorgt werden, dass dafür parallel Kapazitäten zur Verfügung gestellt und frühe Erfolge sichtbar werden.

- Es droht der Initiativenkollaps, wenn das Unternehmen sich nicht auf seine wichtigsten Initiativen fokussiert und andere Initiativen im Zuge der Reorganisation beerdigt. Denn laut Miles lautet das Geheimnis: „Focus is not about doing more with less; it's about doing more on less". Dies entspricht auch der Lean-Start-up-Philosophie.
- Aufsässige Führungskräfte müssen schnell identifiziert werden, um mögliche Blockierer abzufangen oder sogar abzulösen.
- Unengagierte Mitarbeiter verhindert man, indem man sie frühzeitig einbindet.
- Verliert ein Unternehmen seinen Fokus während der Reorganisationsphase, kann die Initiative stecken bleiben, was zu Ineffizienzen und übermäßiger Belastung aller Beteiligten führt. Die Projektverantwortlichen müssen daher auch eine Strategie haben, mit der sie Energie, Fokus und Performance hoch halten, während alle die Mühen durchwandern, bis das Projekt abgeschlossen ist.

Die Notwendigkeit zur digitalen Transformation zwingt derzeit viele Unternehmen dazu, sich über Veränderungen Gedanken zu machen. Sie tun dies jedoch sehr häufig aus der Haltung eines Getriebenen heraus. Die Unternehmensleitung hat das Gefühl, „den Drachen töten" zu müssen *(Killing the Dragon Strategy)*, wie Heike Bruch von der Hochschule St.Gallen die Mobilisierungsstrategie nennt (Bruch und Ghoschal 2003). Positiver ist es, wenn die Mobilisierung auf einer Vision beruht *(Winning the Princess Strategy)*. Das setzt aktivierende Energien frei und beruht auf einem völlig anderen Mindset der Unternehmensführung.

### 2.1.3  Selbstmanagement

Agile Arbeitsmethoden funktionieren in einem Start-up nur, weil die einzelnen Mitarbeiter und damit die Teams einen hohen Spielraum für ihr Selbstmanagement haben. Ziel des Selbstmanagements ist es, die eigene Arbeit maximal wirksam zu gestalten. Peter Drucker schreibt hierzu: „Knowledge workers must, effectively, be their own chief executive officers. It's up to you to carve out your place, to know when to change course, and to keep yourself engaged and productive during a work life [...]. To do these things well, you'll need to cultivate a deep understanding of yourself [...] how you learn, how you work with others, what your values are, and where you can make the greatest contribution" (Drucker 2005, S. 102). Nach Stephen Covey kann Selbstmanagement in vier Phasen eingeteilt werden (Covey 1994, S. 22 ff.):

- Erste Phase ist das Zeitmanagement, das Arbeitsabläufe und Produktivität verbessert.
- Zur zweiten Phase gehören die sinnvolle Planung von Arbeitsabläufen und die Priorisierung von Aufgaben.
- In der dritten Phase wird das Selbstmanagement ergänzt durch die Wahrnehmung der eigenen Verantwortung für das Planen und Gestalten zukünftiger Aktivitäten.
- In der vierten Phase liegt der Fokus auf einer besseren Lebensqualität. Sie wird sichergestellt durch physische Leistungsfähigkeit und mentale Energie und im Schaffen befriedigender Beziehungen zu Anderen und dem Bewältigen gemeinsamer Herausforderungen. Darüber hinaus wird die Lebensqualität gesteigert durch eine verbesserte Lernfähigkeit und persönliches Wachstum durch den Erwerb neuer und die Weiterentwicklung vorhandener Fähigkeiten. Diese wird ergänzt durch inspirierende Zukunftsperspektiven und das Erkennen eines tieferen Sinns in der persönlichen Entwicklung (Covey 1994, S. 22 ff.).

In einer Wissensgesellschaft wie der deutschen, die auf das Leistungsprinzip getrimmt ist, haben wir den Mitarbeitern seit dem Kindergarten antrainiert, selbstgesteuert und zielorientiert zu arbeiten. Spätestens die Generation Y bekam ein hohes Maß an Selbststeuerung vermittelt und die Kompetenz beigebracht, Probleme selbstständig zu lösen. In diesem Kontext und in einer Zeit, in der es auf Kreativität und Leistungsfähigkeit ankommt, wirkt es geradezu anachronistisch, wenn Wissensarbeiter an starre Arbeitszeiten gebunden werden, sofern diese nicht unabdingbar sind. Unter unabdingbar fällt nicht, dass der Vorgesetzte seine Unsicherheit, ob ein Mitarbeiter arbeitet, nur dadurch überwindet, dass er seine Mitarbeiter physisch am Arbeitsplatz anwesend sieht. Nicht die abgeleistete Zeit im Büro bestimmt über die Effektivität eines Wissensarbeiters, sondern letztlich sind es allein die Lösungen, die er produziert – egal wo. Wissensarbeiter sind keine Computer, die ständig auf Hochtouren laufen und mehrere Aufgaben gleichzeitig erledigen. Gerade Wissensarbeiter brauchen Abwechslung. Analog der im Sport angewendeten Trainingslehre sind Menschen dann maximal wirksam, wenn intensive Arbeitsphasen und ruhige Entspannungsphasen einander abwechseln. Wissensarbeitern traut man am besten zu, dass sie selbst wissen, wie und wo sie ihre Arbeits- und Entspannungsphasen organisieren. Unterstützen kann der Arbeitgeber dies durch das Ermöglichen konzentrierter Arbeitseinheiten, die es den Mitarbeitern erlauben, in den sogenannten *Flow* zu kommen. Als *Flow* wird der als beglückend empfundene Zustand konzentrierter Vertiefung bezeichnet. In diesem Zustand der völligen Konzentration macht die Arbeit Spaß und geht leicht von der Hand.

Nach den in den 1980er Jahren ausgerufenen *Casual Fridays* wäre nun die
Zeit gekommen, so etwas wie einen E-Mail- und Meeting-freien Donnerstag aus-
zurufen. Unsere Tage sind durch die Unterbrechungen der digitalen Kommunikation und eine überbordende Meeting-Kultur in viele kleine Einheiten zerteilt.
Ein längeres konzentriertes Arbeiten an einem Thema ist somit häufig unmöglich. Untersuchungen an der University of California haben gezeigt (Mark et al.
2005), dass wir im Schnitt nur 11 bis 18 min konzentriert an einer Aufgabe sitzen,
obwohl die wenigsten E-Mails von Wissensarbeitern so dringend sind, dass sie
unmittelbar beantwortet werden müssten (ca. 11 %) und ein erschreckend großer
Teil sogar gar nicht beantwortet werden braucht (37 %).

Führungskräfte können ihren Mitarbeitern helfen, effektiv zu arbeiten, indem
sie *Productivity Hack Days* organisieren, in denen Wissensarbeiter gemeinsam
in einem Raum in einem zeitlich systematischen Korsett durch ihren Arbeitstag
geführt werden. Auch hier streben die Mitarbeiter an, in den *Flow* zu kommen.
Darüber hinaus können Führungskräfte dafür sorgen, dass es Räume gibt, in
denen eine ansprechende und bequeme Möblierung zum Verweilen, Nachdenken
und Austauschen einlädt.

Führungskräfte hängen jedoch häufig noch so sehr an der physischen Präsenz,
weil sie selbst keinen neuen Mechanismus entwickelt haben, mit dem sie den
Arbeitseinsatz der Mitarbeiter anders als über Anwesenheit kontrollieren. Hier
bieten sich neue Ansätze wie die bei Intel entwickelte, aber durch Google bekannt
gewordene OKR-Methode *(Objectives and Key Results)* an. Es handelt sich um
eine Methode, mit der Ziele definiert und Ergebnisse getrackt werden. Dadurch
synchronisiert das Unternehmen seine Ziele mit denen des Mitarbeiters. Vision,
Mission und Strategie werden auf die operative Ebene heruntergebrochen. Es
soll sichergestellt werden, dass Klarheit über die wichtigsten Aufgaben herrscht
und die Mitarbeiter den Fokus auf die damit verbundenen, wichtigen Aufgaben
legen sowie ihre Aufgaben entsprechend priorisieren. Das Ziel ist qualitativ und
wird für eine begrenzte Zeit verfolgt, meistens ein Vierteljahr. Die Ergebnisse
sind quantitativ messbar und zeigen an, ob und zu welchem Maß das Ziel im fest-
gelegten Zeitraum erreicht wurde. Dabei bekommt jeder Mitarbeiter ca. vier bis
fünf Ziele im Quartal, die er mindestens zu 70 % erreichen sollte. Die Ziele und
Ergebnisse sind für alle sichtbar. Wegen der Transparenz verstehen Mitarbeiter
die Prioritätenplanung ihrer Kollegen besser.

Durch das Anwenden solcher oder ähnlicher Methoden können Führungskräfte ihren Mitarbeitern die Freiheit geben, selbst zu entscheiden, wann und wo
sie arbeiten – regelmäßig am Arbeitsplatz oder an anderen Orten, die individuell
inspirierend sind oder besondere Netzwerkmöglichkeiten bieten. Es geht darum,

den Wissensarbeitern darin zu vertrauen, ihre Selbstwirksamkeit und Umsetzungsfähigkeit zu steuern. Das ermöglicht ihnen, maximal wirksam zu sein, gute Ergebnisse zu erzielen und mit ihrer Arbeit zufrieden zu sein.

### 2.1.3.1 Entscheidungen

Agile Organisationen sorgen dafür, dass operative Entscheidungen von denjenigen Mitarbeitern getroffen werden, die von ihnen betroffen sind. Der Online-Schuhhändler Zappos, wo Hierarchien weitestgehend abgebaut sind, um agil die Weiterentwicklung der Firma voran zu treiben, ist sicherlich das bekannteste Beispiel. Mitarbeiter treffen dort gemeinsam mit ihren Führungskräften selbst weitreichende und strategische Entscheidungen. Diesen Weg gehen Firmen wie die digitale Kommunikationsagentur Ministry in Hamburg oder die in Frederic Laloux' Buch *Reinventing Organizations* (Laloux 2014) erwähnten europäischen Firmen wie Gore oder Buurtzorg. Sie erlauben Mitarbeitern, Entscheidungen, die in ihren Bereich fallen, wie Anschaffungen von Arbeitsmaterialien aber auch Kreditaufnahmen, in den dafür zuständigen Einheiten zu treffen. Bei Entscheidungen, die mehrere betreffen, müssen sich die Mitarbeiter untereinander konsultieren, bevor sie die Entscheidung treffen. Dabei brauchen sie jedoch nicht die Zustimmung des Vorgesetzten oder der für der für solche Entscheidungen üblicherweise Zuständigen. Dieter Zetsche hat im September 2016 verkündet, dass er die Entscheidungswege bei Daimler von vormals zum Teil sechs auf maximal zwei Ebenen reduzieren möchte. Mit seinem gleichzeitigen Anliegen, 20 % der Organisation als Schwarmorganisation aufzubauen, geht er die ersten Schritte im Übergang von einer Matrix-Organisation hin zu einer *Networked Organization*.

Wie schon im Kapitel zu *Design Thinking* ausgeführt, soll dabei nicht verschwiegen werden, dass der Prozess, Entscheidungen von der Führungs- auf die Mitarbeiterebene zu delegieren, kein Selbstläufer ist. Mitarbeiter fordern zwar Entscheidungsrechte, die Verantwortung für diese Entscheidungen wollen sie aber häufig nicht tragen. Mit der Verlagerung vieler Entscheidungen auf Mitarbeiterebene können sich diese immer weniger an Entscheidungen des Chefs stören oder gar Schuld für Fehlentwicklungen von sich weisen. Die Schutzbereiche werden kleiner, in die sich Mitarbeiter zurückziehen können. Gleichzeitig erkennen sie im Verlauf des Prozesses, welche Bereicherung die Entscheidungskompetenz mit sich bringt. Verantwortungsgefühl, Arbeitgeber-Bindung und Motivation für die Aufgabe steigen. Auf der anderen Seite müssen Führungskräfte lernen, Verantwortung abzugeben und Entwicklungen in ihren Bereichen zuzulassen, über die sie nicht mehr die volle Kontrolle haben. Führungskräfte müssen das Vertrauen entwickeln, dass die Mitarbeiter im Sinne des gemeinsamen Unternehmensziels arbeiten und dass das Teilen von Information und Verantwortung nicht Machtverlust sondern Machtgewinn bedeutet. Vor allem in Deutschland herrscht häufig noch die Ansicht, dass die Mitarbeiter transaktionsorientiert arbeiten, das heißt Arbeitszeit für Geld eintauschen. Dies hat sich mit steigendem Wohlstand und den zunehmenden Möglichkeiten des Arbeitsplatzwechsels der jüngeren Generation längst geändert. Neben dem Erwerbseinkommen sehen Mitarbeiter heutzutage als wichtiges Element des Arbeitsplatz-Paketes, einen persönlichen Beitrag zur Weiterentwicklung des Unternehmens zu leisten. Und Führungskräfte, die für Informationstransparenz, interne und externe Vernetzung stehen sowie eigenen Freiraum durch Loslassen schaffen, erleben nach dem Umstellungsprozess ein gestärktes Team, das auf Veränderungen schneller reagiert und gemeinsam bessere Lösungen für die neuen Herausforderungen entwickelt. Diesen Prozess zu gestalten und ihm Zeit zu geben, ist gemeinsame Aufgabe von Führungskräften und Mitarbeitern.

Wie funktioniert die neu verteilte Entscheidungskompetenz? Ein partizipativer Führungsstil stößt vor allem bei denjenigen Führungskräften auf Widerstand, die ihr Führungsverständnis in einem eher transaktionalen *Command & Control*-Ansatz gelernt haben. Sie tun sich häufig schwer, dieses Selbstverständnis zu ändern und das Vertrauen in ihre Mitarbeiter aufzubauen, dass diese Entscheidungen selbstständig und kompetent treffen können. Das Versprechen, durch Delegation von Entscheidungen mehr Zeit für strategische Aufgaben zu bekommen, was Kern einer Führungsaufgabe ist, empfinden viele Führungskräfte nicht unbedingt als angenehme Kompensation. Denn eine Neujustierung ihrer Aufgaben bedeutet immer auch eine Zeit der Unsicherheit und Neuorientierung. Jedes Unternehmen muss selbst entscheiden, inwieweit sie zur Befriedung der Situation den Führungskräften im Austausch gegen verminderte Entscheidungskompetenzen ein Surrogat anbietet.

Um die Entscheidungskompetenzen zu reorganisieren, müssen Fragen geklärt werden:

- Welche Entscheidungen werden für die jeweiligen Arbeitsbereiche identifiziert und wie können sie geclustert werden?
- Nach welchem Ansatz trifft wer im Unternehmen welche Entscheidung?
- Was brauchen die Entscheidungsträger, um schnell und gut zu entscheiden?
- Welche anderen Bereiche im Unternehmen tragen zur Entscheidungsfindung bei?

**Wie fördert diese veränderte Entscheidungsfindung Wachstum?**
Laut einer Studie von Bain & Company mit dem Titel „Decision Insights" aus dem Jahr 2013 gibt es zwischen Entscheidungseffektivität und Finanzergebnissen in Unternehmen eine Korrelation von 95 %. Es besteht demnach ein enges Verhältnis zwischen Entscheidungskraft und Performance. Logischerweise haben weitreichende, einmalige Entscheidungen eine große Bedeutung für das Unternehmen. Entscheidet sich ein Unternehmen zum Beispiel für ein CRM-System, wird es einige Zeit mit dieser Entscheidung und ihren Konsequenzen leben müssen. Die Mehrzahl der innerbetrieblichen Entscheidungen sind alltägliche, kleinere Beschlüsse, die sich jedoch kumuliert spürbar auf das Unternehmen auswirken. Eine digitale Plattform aufzubauen, beruht beispielsweise auf vielen kleinen Entscheidungen. Diese sollten in einem agilen Management von den jeweils zuständigen Experten getroffen werden, damit Nutzerfreundlichkeit und wirtschaftliche Entwicklung immer im Fokus der Entscheidung stehen.

Zum Thema Entscheidungsfindung gehört neben der Frage, wer die Entscheidungen trifft, auch die Frage, worauf sie basieren. In einer zunehmend digitalen Welt werden Daten als Grundlage für Entscheidungen immer wichtiger.

### 2.1.3.2 Arbeitsplatzmobilität und Arbeitszeiteinteilung

Der digitale Wandel erlaubt es, unsere Arbeitstätigkeit in einem immer weiter entfernten Radius um unser Büro zu erledigen. Wissensarbeiter brauchen heute meist nur einen Laptop, einen Internetanschluss und gegebenenfalls ein Smartphone, um arbeiten zu können. Zeitlich und geografisch macht sie das sehr flexibel. Eine extreme Ausprägung der Selbstbestimmung am Arbeitsplatz hat die *Digital-Nomad*-Bewegung gefunden. Immer mehr *Co-Working Spaces,* in denen sich digitale Wissensarbeiter treffen und gemeinsam oder individuell an Projekten arbeiten, gibt es vor allem an sonnigen Orten mit niedrigen Lebenshaltungskosten – von den Kanarischen Inseln über Thessaloniki und Vietnam bis nach Cartagena in Kolumbien. Im eher klassischen Bereich sind vor allem *Start-ups* die Vorreiter in der freien Wahl des Arbeitsplatzes. Home Office, Café oder Bürotisch – wichtig ist, dass die Arbeit erledigt wird. Dabei bieten immer weniger Digital-Unternehmen ihren Mitarbeitern feste, eigene Schreibtische an. Stattdessen stellen sie ihnen unterschiedlichste Arbeitsplätze für unterschiedlichste Nutzungsarten zur Verfügung, die nach dem Prinzip *First-come, First-served* (FCFS) belegt werden (jüngstes Beispiel ist Microsoft in München). Solche Unternehmen sorgen natürlich dafür, dass es ausreichend Anlässe gibt, damit die Mitarbeiter regelmäßig und gern ins Büro kommen. Der gemeinsame, inspirierende und informative Austausch ist letztlich in gewissem Maße allen Mitarbeitern wichtig.

Wer Arbeitsplatzmobilität sagt, muss auch Arbeitszeitflexibilität meinen. Da im *New-Work*-Konzept das erzielte Ergebnis zählt, sollte Vertrauensarbeitszeit eine Selbstverständlichkeit sein. Gerade mit zunehmender Berufserfahrung ist das Selbstmanagement der Wissensarbeiter deutlich besser und effizienter. Doch Vertrauensarbeitszeit ist erst der Anfang. Der nächste Schritt in der Arbeitszeitflexibilität sollte dahin gehen, dass Mitarbeiter jeweils quartals- oder halbjahresweise angeben, wie viel sie pro Woche arbeiten wollen. So passen sie ihre Arbeitszeit mittelfristig an ihre persönliche Lebenssituation an. Wohlgemerkt, organisatorisch ist das eine enorme Herausforderung und bedeutet eine Kraftanstrengung für jedes Unternehmen. Jedoch zeichnet sich diese Entwicklung bei einer brummenden Wirtschaft, wachsender Beschäftigungsquote und sinkender Zahl von Erwerbstätigen ab. Unternehmen werden diese Angebote machen müssen, um Wissensarbeiter an sich zu binden. Kompensieren werden sie dies durch eine höhere Teilzeitbelegschaft und durch temporäre Mitarbeiter und Freelancer, die sie aus ihrem hoffentlich wachsenden Netzwerk zur Zusammenarbeit einladen.

**Zeit, eigene Fragestellungen voranzutreiben**
Im gleichen Maße wie (Routine-)Aufgaben digitalisiert und automatisiert werden, entstehen freie Kapazitäten bei den Mitarbeitern. Diejenigen Unternehmen werden attraktiv für Wissensarbeiter sein, die frei werdende Zeit nicht mit neuen Aufgaben füllen, sondern die diese Zeit frei lassen. Einerseits, um die Arbeitszeit der engagierten Wissensarbeiter in die Nähe der vertraglich festgehaltenen 35 oder 40 Arbeitsstunden pro Woche sinken zu lassen, und andererseits, um ihnen Zeit zu geben für eigene, arbeitsbezogene Fragestellungen. In einer Wirtschaft, deren Wachstumspotenzial davon abhängt, dass neue Fragen gestellt und Ideen entwickelt werden, ist es eminent wichtig, dass der teure und rare Humanfaktor nicht bis zur Erschöpfung mit operativen Aufgaben zugedeckt wird. Es muss immer Energie und Zeit für eigene Gedanken bleiben. Auch hierbei gilt das Trainingskonzept: intensive Arbeitsphasen wechseln sich mit reflektiven Entspannungs- und Erholungsphasen ab. Nicht umsonst ermöglichen es immer mehr Unternehmen ihren Mitarbeitern, Auszeiten wie Sabbaticals zu nehmen. Sie wissen, dass die Mitarbeiter erholt, voller neuer Ideen und Tatendrang zurückkehren und das Unternehmen damit voran bringen.

## 2.2 Arbeitskontext in Unternehmen

Neben den oben aufgeführten Veränderungen der Arbeitswelt durch technologische und gesellschaftliche Entwicklungen und neue Arbeitsmethoden gibt es weitere Entwicklungen, die prägend für die Arbeit der Zukunft sein werden. Die Diversifizierung der Unternehmensstrukturen gehört dazu genauso wie die Veränderung der Arbeits- und Begegnungsräume. Die digitale Gesundheit und die Frage, wie ein Unternehmen in Zukunft Vertreter der neuen Generation, die nicht fest angestellt sein möchten, anwerben kann, ist eine Auswahl an Themen, die wir im Folgenden beleuchten.

### 2.2.1 Caring Companies und Fluide Unternehmen

Die demografische Entwicklung, der wirtschaftliche Wohlstand und die Digitalisierung erlauben es denjenigen, die Arbeitskraft zur Verfügung stellen wollen, zu entscheiden, wo und wie sie dies in Zukunft tun. Vor allem stark nachgefragte Kompetenzen aus dem IT- und Softwarebereich, insbesondere Datenexpertise, sind derzeit so stark gesucht, dass die Experten ihre Arbeitsbedingungen sehr weitreichend verhandeln können. Die sehr gute wirtschaftliche Entwicklung nimmt die Angst vor Arbeitslosigkeit und ermöglicht es, selbstständig und ohne feste Anbindung an ein Unternehmen zu arbeiten. Diese Form der Freiheit findet immer mehr Anhänger, zunehmend auch in anderen Wissensbereichen. Vor allem in der IT-Branche sind die Anforderungen von Unternehmen nach Flexibilität und Innovationskraft in den vergangenen Jahren gestiegen. Parallel dazu werden immer mehr IT-Freiberufler eingesetzt – insbesondere in den Bereichen Softwareentwicklung, Programmierung sowie IT-Beratung. Die Relevanz temporärer, projektbezogener Arbeit nimmt insgesamt stetig zu. Auch fest angestellte Mitarbeiter profitieren vom Zukauf externen Know-hows. Der Fachkräftemangel in Folge des demografischen Wandels wird dazu führen, dass in Zukunft auch Schlüsselpositionen mit Freiberuflern besetzt werden. Damit kommt es auch zu einer ganz neuen Form der Mitarbeiter-Unternehmens-Beziehung.

Das Marktforschungsinstitut Edelmann Berland und der Vermittler von Online-Arbeitsplätzen Elance-oDesk haben im Dezember 2012 eine gemeinsame Untersuchung durchgeführt. Demnach waren in Deutschland 4,9 Mio. Erwerbstätige freiberuflich tätig. Das sind rund zehn Prozent der Erwerbstätigen. Dabei ist für 52 % der Befragten die zeitliche Flexibilität der entscheidende Faktor für ihre Freiberuflichkeit. Bei 41 % ist es die Aussicht auf ein höheres Einkommen. 63 % der freiberuflich Tätigen geben an, dass neue Technologien die Akquise von

Aufträgen erleichtert haben. Vor allem über Online-Arbeitsplätze wie Clickworker oder oDesk sowie die Sozialen Medien kann man einfach Kontakt aufnehmen und Projekte akquirieren. Entwicklungen in den USA lassen darauf schließen, dass wir in naher Zukunft einen weiteren Anstieg der Selbstständigkeit sehen werden.

Für die ITK-Branche schätzt der Branchenverband Bitkom die Zahl der aktiven Freelancer in Deutschland auf rund 100.000. Besonders in den Bereichen Softwareentwicklung, Projektmanagement und UX/UI Design *(User Experience/User Interface)* hat sich diese Zahl in den zurückliegenden Jahren trotz der rund 40.000 offenen Stellen für ITK-Spezialisten kontinuierlich erhöht. Auch laut IT-Freiberuflerstudie 2016 der Zeitschrift Computerwoche wird der Freiberuflermarkt weiter wachsen. Insgesamt rechnen Personaldienstleister mit einem größer werdenden Markt beispielsweise für IT-Freiberufler mit jährlichen Wachstumsraten von fünf bis zehn Prozent. Unternehmen, die dringend nach speziellen IT-Fachkräften suchen, müssen künftig flexibler werden, um für IT-Spezialisten attraktiv zu bleiben. Ursache dafür ist der Generationswandel. Aktuell liegt das Durchschnittsalter der IT-Freiberufler laut der Gulp Freelance Studie von 2016 zufolge bei Mitte 40. Das wird sich jedoch ändern, so die Studie. Die nachfolgende Generation an Fachkräften weiß nicht nur um ihren Wert, sondern nennt neben den finanziellen Ansprüchen immer wieder eines: Flexibilität, etwa im Hinblick auf eine Viertagewoche oder eine Homeoffice-Regelung.

Unternehmen können sich im digitalen Zeitalter nun überlegen, ob sie Mitarbeiter längerfristig und fest angestellt an sich binden oder ob sie Mitarbeiter projektbezogen und zeitlich begrenzt zu sich holen. Beide Ausprägungen und viele Zwischenvarianten gibt es und wird es verstärkt geben. Unternehmen, die auf langfristige Bindung ihrer Mitarbeiter setzen, kümmern sich um Personalentwicklung und berufliches Fortkommen. Sie erlauben es Mitarbeitern, je nach persönlicher Situation Vollzeit oder Teilzeit zu arbeiten und etwa Familie, Elternpflege und Freizeit in ein Gleichgewicht zu bringen. Diese Firmen werden als *Caring Companies* bezeichnet. Am wahrscheinlichsten bilden sich für große Unternehmen Hybridstrukturen heraus. Sie werden aus einem großen Stamm langfristiger Mitarbeiter und einem Stamm kurz- bis mittelfristig mitarbeitender, externer Experten bestehen.

Freelancer sind mit ihrem häufig hoch spezialisierten Fachwissen eine wichtige Ergänzung zur Stammbelegschaft. Je spezialisierter das Wissen der Freelancer, desto stärker ist ihre eigene Verhandlungsposition. Laut Computerwoche-Studie sind Unternehmen jedoch kaum auf die Erwartungen der Generation Y und Z wie Teilzeit oder Home Office vorbereitet. Sie erwarten, dass ein IT-Freiberufler vor Ort ist, sagen Personaldienstleister. Schließlich sollte der freiberufliche Experte sein Wissen an die Mitarbeiter persönlich weitergeben. Zudem erfordern etwa agile Methoden wie *Scrum,* dass alle Entwickler präsent sind und sich mitunter täglich austauschen und untereinander abstimmen. Bereits jetzt setzen zwei von drei Unternehmen IT-Freiberufler ein. Diese Entwicklung werden wir auch in anderen Berufen sehen. Projektmanager, Coaches für Agilitäts-Methoden, Marketing- und PR-Experten arbeiten immer öfter als Freelancer.

In diesem Zuge etablieren sich Plattformen, über die Selbstständige ihre Arbeit anbieten. Dabei erledigen sie außerhalb der Firma einzelne Aufgaben, dienen als Prozess-Outsourcer (solange diese Arbeit noch nicht von Software oder Maschinen automatisiert wird) oder kommen als Projektmitarbeiter physisch zu einer Arbeitsstelle. Die Auswahl der Mitarbeiter erleichtern Bewertungen und Referenzen auf diesen digitalen Freelance-Plattformen.

Auf diese Art entstehen *fluide Unternehmen.* Es handelt sich um Unternehmen, die Mitarbeiter temporär für spezifische Aufgaben und Projekte an sich ziehen. Das erfordert entsprechend fließende Strukturen. Ein schnelles On- und Offboarding gehört ebenso dazu wie eine schnelle Integration in Teams sowie geeignete IT- und Softwareprogramme. Die HR-Abteilung muss für diese Mitarbeiter andere Dienstleistungen und Kompensationspakete parat halten als für feste Mitarbeiter. Nach Ende des Projekts oder Fertigstellung der Aufgabe verlässt das Teammitglied das Unternehmen und kommt bei Bedarf später wieder. Der Aufbau eines starken (Alumni-)Netzwerks ist daher von hoher Bedeutung, genauso wie die Diskussion einer Grundsatzfrage: Kann ein Freelancer gleichzeitig an mehreren Projekten bei unterschiedlichen Auftraggebern mitarbeiten?

Die Grenzen zwischen jenen Mitarbeitern, die formal innerhalb eines Unternehmens arbeiten, und denjenigen, die außerhalb des Unternehmens stehen, verschwimmen und werden bald irrelevant. Unternehmensgrenzen brechen auf. Das sichert Innovations- und Wachstumspotenzial. Welche Form vorherrschen wird, hängt von der wirtschaftlichen Entwicklung und der sich verschiebenden Präferenz zwischen Sicherheit und Flexibilität in der nächsten Generation von Erwerbstätigen ab.

## 2.2.2  Bedeutung von physischen Arbeits- und Begegnungsräumen

Um das Innovations- und Wachstumspotenzial zu fördern, ist es für alle Unternehmensformen relevant, Silodenken abzubauen, den Wissensfluss zu fördern und Raum für neue Ideen zu schaffen. Mit fortschreitender Digitalisierung wird es immer einfacher, Wissensarbeiter von Routineaufgaben zu entlasten und damit ihr schöpferisches Potenzial noch intensiver zu nutzen. Austausch und Vernetzung bilden dafür den Dreh- und Angelpunkt.

Viele Unternehmen gehen dazu über, ihre physischen Arbeitsräume umzuge-
stalten. Die Zweiteilung in Büro- und Besprechungsräume wird zugunsten von
fünf Raumvarianten mit jeweils unterschiedlichem Fokus aufgehoben:

- „Denkräume" *(Think):* Sie sind als Mischform zwischen Wohnzimmer und
  Bibliothek ausgestattet und dienen dem konzentrierten, individuellen Arbeiten.
- „Austauschräume" *(Share):* Hier trifft man sich zum schnellen, informellen
  Austausch von Ideen und zu Besprechungen. Die Räume sind wie Lounges
  ausgestattet, mit Sitzgelegenheiten für kleine Gruppen.
- „Besprechungsräume" *(Meet):* Diese Räume dienen dem formellen Austausch
  mit Kunden oder internen Stakeholdern, in denen konzentriert und ohne Lärm-
  belästigung gearbeitet werden kann. Diese Räume entsprechen unseren derzeit
  in Unternehmen vorhandenen Besprechungsräumen, sind aber häufig freundli-
  cher ausgestattet (helle Farben, inspirierende Mottos oder Bilder an den Wän-
  den, individuelle Getränkestationen etc.).
- „Kreativräume" *(Create):* Diese Räume sind dafür gemacht, Ideen zu entwickeln, voranzubringen, zu prototypisieren etc. Sie sind die Werkstätten für
  Wissensarbeiter und mit Whiteboards und Metaplanwänden, mobilem Mobi-
  liar wie Stehtischen sowie mit Bastelmaterial ausgestattet. Zur Kreativität
  gehört, dass der komplette Raum verändert werden darf.
- „Versorgungsräume" *(Cater):* Diese Räume dienen der Versorgung des leib-
  lichen Wohls und sind ausgestattet mit großen, langen Tischen, an denen die
  Mitarbeiter sich unkompliziert und hierarchiefrei zusammensetzen und austauschen. Diese Räume sind unverzicht- und unbezahlbar im Unternehmenskontext, da dort der direkte Austausch zwischen Mitarbeitern und Gästen
  stattfindet. Das Catering ist der zentrale Umschlagplatz für Informationen.

Um ein Unternehmen in einen agilen Arbeitsmodus zu bekommen, muss die physische Arbeitsumgebung zwingend umgestaltet werden. Dies ist häufig im ersten
Schritt in den verfügbaren Räumen durch einfache, aber effektive Veränderungen möglich. So können Einzelbüros in Denk-, Besprechungs- und Kreativräume
umgestaltet und verkehrsgünstig gelegene, arbeitsraumnahe Bereiche zu Versor-
gungsstationen mit Verweilangebot (Stehtische oder Sitzkissen) umgebaut werden. In einem weiteren Schritt können feste Arbeitsplätze aufgelöst werden. Dies
katapultiert die Netzwerkbildung im Unternehmen schlagartig nach oben. Dabei
sollten die Mitarbeiter in die Umgestaltung mit einbezogen werden, um möglichst
viele Ideen zu generieren, Vorbehalte abzubauen und das Verständnis für den
Nutzen einer Umgestaltung zu erhöhen. Vorbilder für einladende Arbeitsbereiche
gibt es nicht nur bei Start-ups, sondern auch in zunehmendem Maße bei großen

Firmen, die ihre (neuen) Firmenstandorte modern konzipieren, wie im genannten Beispiel von Microsoft in München. Weitere gelungene Beispiele für innovative Arbeitsräume bieten die *Co-Working Spaces* von WeWork, Betahaus, Friendsfactory oder Mindspace.

## 2.2.3   Digitale Gesundheit

Neben der Suche nach einer *Work-Life-Balance* beziehungsweise nach dem richtigen *Work-Life-Blend* kommt nun der neue Trend der Achtsamkeit immer häufiger in den Fokus. Ausgewogenheit zwischen Arbeits- und Privatleben hat Konjunktur, weil die Balance in unserer Leistungsgesellschaft verloren gegangen ist. Wir kämpfen dabei um den richtigen Umgang mit den digitalen Technologien, die unser Leben vereinfachen, uns aber gleichzeitig auch bedrängen. Wir lassen es zu, dass der angesprochene *Flow*-Zustand, in dem wir über eine längere Zeit konzentriert und produktiv an Aufgaben arbeiten, vor lauter Informationsfluss gar nicht erst entstehen kann. Trotz des Anspruchs von ständiger Erreichbarkeit wäre es wichtig, eine persönliche On- und Off-Policy zu entwickeln. Doch dies fällt den meisten Menschen sehr schwer. Drei Faktoren scheinen hierfür ausschlaggebend: die Neugier, der Spieltrieb und die *Prokrastination* (das extreme Aufschieben wichtiger Aufgaben). Der mediale Overkill sorgt stets für willkommene Ablenkung. Doch welches sind die wichtigsten Stressfaktoren, mit denen wir kämpfen?

**Entkopplung von Zeit und Ort**
Da die Kommunikation immer weiter von Zeit und Ort entkoppelt ist, fehlt uns häufig der Kontext einer Botschaft. Häufig können wir zwar noch die Wichtigkeit der Nachricht einordnen, Ubiquität und Asynchronität erschweren es uns jedoch, die Dringlichkeit richtig einzuschätzen. Wenn ich nachts eine Nachricht von meinem Chef bekomme, heißt das dann, dass sie dringlich ist? Oder einfach nur, dass er nachts Zeit hatte, die Mail zu schreiben und gar nicht von mir erwartet, dass ich sie sofort morgens als erstes beantworte? Vor der flächendeckenden Einführung der Computer und der Smartphones gab es viel klarere Regelungen der Kommunikation. Meist gab es Büroöffnungszeiten von 8 bis 18 Uhr für die berufliche Kommunikation. Für die private Kommunikation galt gleichfalls ein eingeschränkter Zeitraum für Anrufe zwischen 8 und 21 Uhr, mit einer Mittagsruhepause zwischen circa 13 und 15 Uhr. Diese Einschränkung ist bei digitalen Kommunikationsmitteln nicht mehr notwendig. Die schriftlichen oder sprachnachrichtlichen Speichermöglichkeiten führen dazu, dass wir ständig und überall

Nachrichten absetzen und die Empfänger damit ständig bombardieren. Der Trend zu asynchronen Audio-Nachrichten oder mit Spracherkennung diktierten Textnachrichten lässt die Meldungen länger werden, da das mühsame Eintippen entfällt. Das führt auf der Empfängerseite dazu, dass wir noch längere Zeitabschnitte mit dem Abrufen und Beantworten von Nachrichten beschäftigt sind. Das Informations- und Kommunikationskarussell nimmt weiter an Geschwindigkeit zu. Jeder muss eine individuelle Strategie zum gesunden Umgang mit der digitalen Technik entwickeln, beispielsweise indem er oder sie tagsüber bestimmte Zeitfenster für Abruf und Antwort von Nachrichten einplant.

**Ständige Erreichbarkeit und Interaktion**
Die neuen digitalen Technologien, die es uns ermöglichen, Informationen jederzeit und überall abzurufen, bringen Bereicherung und Autonomie gleichermaßen. Gleichzeitig haben wir in unserem Alltag noch keine „digitalen Ruheräume" erfunden. Die ständige Erreichbarkeit bedeutet nach Leonard Reinicke, Professor für Publizistik der Universität Mainz, dass wir überall von Informations- und Kommunikationsanforderungen heimgesucht werden. Dies führt zu digital induziertem Stress. Dieser entsteht dadurch, dass die Zahl an Informationen unsere Aufnahmekapazität übersteigt. Da wir noch keine vernünftige Etikette für den Umgang mit Kommunikationsanforderungen in der digitalen Welt entwickelt haben, greifen psychologische Mechanismen, die uns den vermeintlichen sozialen Druck spüren lassen und uns dazu verleiten, eingetroffene Nachrichten sofort zu beantworten. Die Forschung von Reinicke zeigt, dass sich digitaler Stress negativ auf unsere Gesundheit auswirkt und das Risiko von Depressionen und Burn-out erhöhen kann (Reinicke o. J.). Den sogenannten FOMO – *Fear of Missing Out* – zu besiegen, wird uns noch einige Anstrengung kosten.

Reinicke betont, dass es entscheidend auf die Unternehmenskultur ankomme, die eine gesunde *Work-Life-Balance* ermöglicht, sowie eine Kommunikationskultur, die vor Informationsüberlastung bewahrt. Da aus gesellschaftlicher Sicht die Digitalisierung ein relativ neuer Prozess ist, der noch nicht abgeschlossen sei, müssen die positiven wie negativen Seiten betrachtet und der adäquate Umgang damit in einem gesellschaftlichen Aushandlungsprozess herausgefunden werden (Reinicke o. J.). Was wir hierfür brauchen, lässt sich mit Regelungen im Bereich der Abgasnormen, Rauchergesetze oder Verkehrsregeln vergleichen. Damit tatsächlich ein gesellschaftlicher Diskurs über die gesunde Nutzung unserer digitalen Kommunikationsmittel in Gang kommt, müssen vermutlich belastbare Erkenntnisse aus Langzeitstudien vorliegen. Gleichzeitig muss der Leidensdruck noch größer werden und es müssen sich gesellschaftliche Initiativen oder unternehmerische Leuchttürme bilden.

**Ständige Unterbrechungen**

Dass der Umgang mit unseren digitalen Kommunikationsgeräten und -tools Auswirkungen auf unser Verhalten hat, zeigt Alexander Markowetz auf, Autor des Buches „Digitaler Burnout": „Wir schalten den Bildschirm unseres Smartphones 88 Mal am Tag an. 35 Mal davon sind es nur geringfügige Unterbrechungen wie ein Blick auf die Uhr. 53 Mal am Tag entsperren wir es, um E-Mails und Nachrichten zu schreiben oder Apps zu nutzen. Wenn wir von acht Stunden Schlaf am Tag ausgehen, unterbrechen wir somit unsere Tätigkeit alle 18 min, um zum Handy zu greifen." Der Durchschnittsnutzer verbringt zusammengerechnet zweieinhalb Stunden täglich mit seinem Handy, nur sieben Minuten davon telefoniert er. Dies führe dazu, dass wir unsere Aufmerksamkeit teilen und uns nicht mehr lange auf etwas konzentrieren. Die ständigen Unterbrechungen überfordern uns. Die permanente Auswahl und Verführung, die das Smartphone bietet, führt zu einem Zustand, alles sofort haben zu können. Die erforderliche Selbstdisziplin ist uns evolutionsbiologisch nicht gegeben (Schmidt 2010).

Welche gesundheitlichen Auswirkungen gibt es durch die ständigen Ablenkungen?

- Das erkennbare, wachsende Aufmerksamkeitsdefizit bei vielen Mitmenschen nennt Gary Small, Professor für Neurowissenschaft an der Universität von LA, „digital ADHD" (Attention Deficit Hyperactivity Disorder).
- Manfred Spitzer konstatiert eine zunehmende „Digitale Demenz". In seinem gleichnamigen Buch beschreibt er, wie das wiederholte Multitasken dazu führt, dass wir uns an diese von Unterbrechungen geprägte Arbeitsweise gewöhnen und sie nicht nur bei der Arbeit an den Tag legen, sondern auch ins Privatleben übertragen. Sie wird zu einem habituierten Verhalten, das unseren gesamten Lebensablauf und unser Lebensglück stört.
- Eine Allensbach-Studie aus dem Jahr 2013 förderte zutage, dass Warten für 43 % der Deutschen Stress bedeutet.
- Die „New York Times" empfahl bereits im Winter 2013: „Relax! You'll Be More Productive" und schreibt seither in regelmäßigen Abständen davon, warum es Sinn ergibt, öfter einmal innezuhalten und sich in Geduld zu üben.

**Deep Work und das Flow-Konzept**

Sich ein Umfeld zu schaffen, in dem man konzentriert und produktiv über längere Zeit an einer Aufgabe arbeiten kann, wird eine stark nachgefragte Fähigkeit unter Wissensarbeitern sein. Firmen, die für Arbeitsumgebungen sorgen, in denen Mitarbeiter konzentriert in ihre Aufgabe versinken können, und deren Führungskräfte diese Arbeitsweise vorleben, gehen die richtigen Schritte im Aufbau der

Produktivität ihrer Mitarbeiter. Dabei ist es gar nicht so wichtig, dass Mitarbeiter dafür in Einzelbüros sitzen. Das stille Arbeiten unter anderen fokussiert Arbeitenden kann zu synchronisierter Konzentration führen. Zu erleben ist dies regelmäßig in Bibliotheken, die nur leider wenig für die ergonomische Entspannung und produktivitätsunterstützendes Licht und Stimmung tun. Cal Newman beschreibt in seinem Buch „Deep Work. Rules for focused success in a distracted world", wie Carl Jung in der Schweiz einen Turm baute, in den er sich zurückziehen konnte und in dem ein wesentlicher Teil seiner analytischen Psychologie entstand. Newman nennt viele weitere Beispiele für bekannte Persönlichkeiten, die ihre größten Erfindungen und Eingebungen während ihrer regelmäßigen Fokusphasen hatten, in denen sie sich weitgehend von der Außenkommunikation abschotteten. Führungskräfte müssen den Wert der zurückgezogenen, konzentrierten Arbeit von Wissensarbeitern erkennen und sowohl die räumlichen, als auch die zeitlichen Voraussetzungen dafür schaffen. Und sie müssen selbst mit gutem Beispiel vorangehen und beispielsweise regelmäßige Meeting-freie Tage einrichten.

**Wie kann Führung unterstützen, den digitalen Stress zu reduzieren?**
Als Führungskraft kann man Vorbild sein, indem man selbst rigoros On- und Offlinezeiten festlegt, kommuniziert und einhält. Indem man in Meetings und Gesprächen das Smartphone und andere digitale Geräte abschaltet und sich ausschließlich auf das konzentriert, was im analogen Kontext passiert. Desgleichen gilt, dass man Pausen nicht für das Checken von Nachrichten oder das Lesen von Meldungen, sondern bewusst für Gespräche mit Kollegen und Mitarbeitern nutzt.

Führungskräfte müssen darüber hinaus für eine Stress reduzierende Kommunikationskultur sorgen:

- Mails mit CC-Zeile auf ein Minimum reduzieren
- Mitarbeitern empfehlen, Regeln für den Posteingang ihres E-Mail-Fachs einzurichten, um die Mails vorzusortieren
- interne Kommunikationskanäle aufbauen, in denen Informationen ins Netz gestellt werden können, sodass sich Mitarbeiter diese bei Bedarf holen können und nicht ihr Posteingang damit überschwemmt wird
- nachrichtenfreie Vormittage oder Wochentage einrichten (sogenannte *unplugged* Zeiten)
- kurze Antworten verfassen, die alle notwendigen Information enthalten und keine Rückfragen provozieren

Digitale Souveränität könnte sich bald als Statussymbol durchsetzen, indem sich die Selbstbestimmtheit in der Arbeit nicht nur auf zeitliche und geografische

Unabhängigkeit, sondern auch auf den selbstbestimmten Umgang mit unseren digitalen Geräten und Kommunikationsmitteln ausdehnt. *Digitaler Detox* (digitale Entgiftung) setzt sich mittlerweile als Schlagwort durch. Genauso wie Mittags- oder Raucherpausen, müssen *Digital-Detox*-Pausen ihren festen Platz in der Arbeitswelt bekommen und als Zeichen gewertet werden, dass der Mitarbeiter seine Produktivität hoch hält.

Beispielhafte Maßnahmen ausgewählter Firmen gegen digitalen Stress:

- Die Thomas Krenn AG schaltet E-Mail-Server nachts ab, es besteht kein Zugang zu Dienst-E-Mails an den Wochenenden, an Feiertagen und während des Urlaubs.
- Goldman Sachs gewährt nur begrenzten Zugang zu Dienst-E-Mails am Wochenende.
- Volkswagen schaltet den Zugang zu den Mailservern für manche Mitarbeiter übers Wochenende ganz ab.
- BMW hat für seine Büromitarbeiter in Deutschland eine Betriebsvereinbarung mit der Arbeitnehmervertretung geschlossen, die ein Recht auf Unerreichbarkeit nach Feierabend beinhaltet (o. A. 2014).
- Daimler erlaubt es denjenigen, die nicht im Dienst sind, ihre E-Mails auf Wunsch automatisch löschen zu lassen. Der Absender erhält eine Abwesenheitsnachricht mit den Kontaktdaten eines Vertreters.
- Bei der Deutschen Telekom haben sich die leitenden Angestellten verpflichtet, ihren Mitarbeitern nach Dienstschluss oder im Urlaub keine Mails zu schicken. Ausnahmen müssen gesondert vereinbart werden (DPA/lw 2014).

Dies sind erste Ansätze; entscheidend ist jedoch, dass jeder Einzelne lernt, mit der Informations- und Kommunikationsflut umzugehen. Wenn wir es nicht schaffen, unsere persönliche On- und Off-Policy zu entwickeln, laufen wir Gefahr, die dringlichen, häufig aber weniger wichtigen vor den wirklich wichtigen Aufgaben zu erledigen. Äußerlich sind wir damit den ganzen Tag beschäftigt, jedoch weit davon entfernt, produktiv zu sein. Das kann sich eine moderne Wissensgesellschaft jedoch kaum mehr leisten.

## 2.2.4 Ansprache von Mitarbeitern der Generation Y und Generation Z

Die oben beschriebene demografische und wirtschaftliche Entwicklung führt dazu, dass der *War for Talent* immer größer wird. Welches sind die Elemente, die der Generation Y und Generation Z – auch Gen Y und Gen Z genannt – wichtig sind, und wie können diese Generationen angesprochen werden?

Grundsätzlich gilt, dass das *Active Sourcing* beim *Recruiting* immer wichtiger wird. *Active Sourcing* heißt, dass die Personalabteilung aktiv bei anderen Firmen nach Mitarbeitern mit passenden Profilen sucht. Der traditionelle Prozess, in dem eine Firma eine Stellenanzeige aufgibt und aus den Bewerbern auswählt, läuft bei hoher gesamtwirtschaftlicher Beschäftigungsquote ins Leere. Durch Soziale Medien wie Xing und LinkedIn, auf denen die Profile von potenziellen Kandidaten einsehbar sind, wird *Active Sourcing* immer einfacher. Aber auch das eigene Netzwerk und das der Mitarbeiter wird immer bedeutender für die Besetzung von Positionen. Nicht unerwähnt bleiben soll hier, dass Berufseinsteiger immer noch über die hohen und unrealistischen Anforderungen der Firmen klagen und dass trotz hoher Beschäftigung und Mindestlohn die Zeit der „Generation unbezahlter Praktika" noch nicht vorbei ist. Hier müssen Unternehmen ihre Anforderungsprofile vor allem für Einsteigerpositionen überdenken.

Doch welches Angebot muss man machen, um die interessanten Erwerbstätigen mit Berufserfahrung anzulocken? Constanze Buchheim, Gründerin und Inhaberin von i-potentials, führt folgende Kriterien auf: Geld spielt zwar weiterhin eine Rolle, die neue Generation lässt sich jedoch für Geld nicht kaufen, wenn sie für sich keinen Sinn in einer Arbeit sieht. Aus dem Gespräch mit dem Unternehmen muss klar hervorgehen, welchen Beitrag die angebotene Tätigkeit für die wirtschaftliche und gesellschaftliche Entwicklung leistet. Die Zielgruppe lebt nach dem Prinzip YOLO *(You only live once)*. Für sie ist Arbeitszeit Lebenszeit und sie möchte, dass der Arbeitgeber verantwortungsvoll damit umgeht. Dies bedeutet, dass diese Mitarbeiter nicht bereit sind, jahrelang Überstunden zu machen, wenn sie sich mit dem Ziel nicht identifizieren. Und sie erwarten, auf Augenhöhe angesprochen zu werden. Sie sind gerne bereit, Verantwortung zu übernehmen, brauchen aber einen Sparringspartner, der sie anleitet. Regelmäßiges, gerne auch informelles und schnelles Feedback sowie (digitale) Weiterbildungsmöglichkeiten und Eingebunden-Sein in die Entscheidungsfindung gehören ebenso zu den Erwartungen an den Arbeitgeber. Statusmarker sind wichtig, unterscheiden sich aber grundsätzlich von denen der vorhergehenden Generationen. „Sabbatical is the new company car" beschreibt die Haltung dieser Generation. Selbstbestimmtheit bei Arbeitsort und Arbeitszeit, Mitarbeit an spannenden Projekten und State-of-the-art-Digitalgeräte sind weit wichtigere Kriterien für diese Generation als ein nach Hierarchiestufen ausgestattetes Büro oder feste Arbeitszeiten.

Übrigens, auch der Begriff *Human Resources* ist eigentlich veraltet. Er signalisiert, dass der Mensch eine unter vielen Ressourcen verkörpert, die das Unternehmen benötigt, um erfolgreich zu sein. Dabei ist er der wichtigste Bestandteil. Daher gibt es bereits einige Firmen, die die Begriffe *People Manager* oder *Employee Experience* verwenden.

## 2.3 Innovationsmanagement in Unternehmen

In diesem Kapitel beleuchten wir Ansätze und Beispiele dafür, wie Unternehmen Innovationen systematisch anstoßen und fördern können, um das Wertschöpfungspotenzial, das u. a. durch die Digitalisierung entsteht, für ihr Unternehmen zu erkunden und zu nutzen. Nach dem österreichischen Nationalökonom Joseph Schumpeter müssen zwei Voraussetzungen erfüllt sein, um von einer Innovation zu sprechen: eine Erfindung und ihre erfolgreiche Übertragung in den wirtschaftlichen Produktionsprozess (Schumpeter 1911). Das bedeutet, dass nach einer Erfindung die langfristig wirtschaftlich erfolgreiche Markteinführung erfolgen muss, damit von einer Innovation gesprochen werden kann. Laut Schumpeter kann nur ein „schöpferischer Unternehmer" Innovationen erzeugen. Die Neuschöpfung erlaubt ihm, sich eine temporäre Monopolstellung zu erarbeiten und Pioniergewinne zu erwirtschaften. Dabei ist bei vielen Erfindungen das Innovationspotenzial nicht unmittelbar sichtbar. Der massentaugliche Anwendungsfall und damit die ökonomische Grundlage müssen erst geschaffen werden. Kein Innovationspotenzial sieht Schumpeter hingegen beim „Arbitrage-Unternehmer", der dem Begriff folgend seinen Gewinn rein aus Preis- oder Kursdifferenzen zieht.

Eine Innovation kann inkrementell oder disruptiv sein.

- Bei inkrementellen Innovationen ist das Problem verstanden und der Markt vorhanden, der Markt ist kalkulierbar. Die Innovation verbessert die Leistung des Angebots.
- Bei disruptiven Innovationen ist das Problem noch nicht in allen Teilen durchdrungen, es handelt sich um einen neuen Markt, das Produkt ist den Kunden unbekannt. Die Innovation stößt tief greifende Veränderungen des Marktes an, der Markt ist unkalkulierbar, und häufig müssen erst noch Geschäftsmodelle für diese Innovation entwickelt werden.

Im heutigen Sprachgebrauch findet eine Proliferation des Begriffs Innovation statt, weil dieser inflationär verwendet wird. Gemeint ist häufig lediglich die erfolgreiche Veränderung von Produkten, Prozessen und Geschäftsmodellen. Wir sind uns der aufgeweichten Begriffsnutzung bewusst und folgen der allgemeinsprachlichen

Anwendung, Innovation als Neuerungen innerhalb des Unternehmens, seiner Produkte und Geschäftsmodelle zu begreifen. Nachfolgend betrachten wir die verschiedenen Möglichkeiten, Innovationsprozesse zu fördern.

### 2.3.1 Learning Journeys

Ein beliebtes Format ist die Inspiration durch *Learning Journeys*. Dabei werden neue Entwicklungen, Geschäftsmodelle und Innovationsansätze durch physische, zeitlich und inhaltlich komprimierte Besuche und Diskussionen beleuchtet. Häufig führen *Learning Journeys* die Unternehmen nach Berlin, ins Silicon Valley oder nach Tel Aviv und London. Ziel der *Learning Journeys* ist es, mit eigenen Augen zu sehen, an welchen Themen und mit welchen Managementmethoden in Forschungseinrichtungen und Digitalunternehmen an Innovationen gearbeitet wird. Im direkten Austausch mit Start-ups gewinnen Unternehmensvertreter einen unmittelbaren Einblick in die Visionen, die Treiber und das Mindset der Mitarbeiter in Digitalunternehmen.

*Learning Journeys* dienen der ersten Auseinandersetzung mit den Themen Innovation, neue Geschäftsmodelle und Arbeit der Zukunft. In einem nächsten Schritt muss der Transfer aus dem digitalen Umfeld in den eigenen Unternehmenskontext geleistet werden, müssen Entwicklungsziele und Maßnahmen gefolgert sowie die Erkenntnisse der *Learning Journey* und die daraus abgeleiteten nächsten Schritte der Belegschaft kommuniziert werden. Letzteres wird häufig vergessen, wodurch ein großes Potenzial des *Knowledge Managements* und der Perspektivenöffnung ungenutzt bleibt.

### 2.3.2 Barcamps/Hackathons

Das veränderte Mindset (kundenzentriert, hierarchiefrei, entscheidungsfähig, netzwerkbasiert, umsetzungsstark), ist für eine produktive Zusammenarbeit im digitalen Wandel nötig. Um es erlebbar zu machen und neue Ideen aus der Belegschaft heraus zu generieren, organisieren immer mehr Unternehmen *Barcamps* und *Hackathons*.

In *Barcamps* kommen Interessierte zusammen, die Mitstreiter für die Lösung einer Fragestellung suchen. Sie pitchen ihre Idee am Anfang der Veranstaltung, stellen sie vor, beschreiben die Unterstützung, die sie gerne hätten, und werben unter den Teilnehmern um Mitstreiter. Die Teilnehmer teilen sich selbst auf die Gruppen auf, an deren Themen sie mitarbeiten möchten. In einem ein- oder zweitätigen Format arbeiten diese Gruppen selbstständig an den Fragestellungen und präsentieren am Ende der Veranstaltung ihre Lösung. Wenn das Barcamp vom Unternehmen vorausschauend organisiert wurde, folgt im Nachgang zum Barcamp eine weitere Phase der Konkretisierung sowie die Umsetzung der Idee. Durch dieses Format setzt das Unternehmen die Kreativität der Mitarbeiter frei. Die Teilnehmer wiederum lernen in einem Barcamp die selbst gesteuerte, silo-übergreifende Lösung von Herausforderungen.

Beim *Hackathon* stellt das Unternehmen beispielsweise Datensätze zur Verfügung oder gibt eine bestimmte Fragestellung vor. Interessierte, darunter meist Data Scientists, Coder und UX/UI-Designer, erarbeiten Erkenntnisse und Lösungen in einem zeitlich sehr beschränkten Zeitraum von häufig ein bis zwei Tagen. Im Hackathon geht es meist um neue Formen der Datenanalysen und daraus ableitbare Erkenntnisse für das Unternehmen. Das Format basiert darauf, dass die Teilnehmer ohne Ablenkung über einen kurzen, aber konzentrierten Zeitraum an Lösungen arbeiten. Erfolg stellt sich ein, wenn die besten Experten auf engstem Raum zusammenkommen, wenn sie ausreichend Datenmaterial nutzen können, um es zu analysieren, eine leistungsfähige Internetverbindung sowie ausreichend Kaffee und Mate Tee vorfinden.

### 2.3.3 Inkubatoren und Acceleratoren

Immer mehr Unternehmen bauen sich eigene *Inkubatoren* oder *Acceleratoren:*

- In *Inkubatoren* werden Ideen für neue digitale Produkte oder Dienstleistungen ausgebrütet und in einem ersten Schritt beim Kunden validiert.
- In *Acceleratoren* werden neue, bereits validierte Ideen mit finanzieller Unterstützung und fachlicher Mentorenschaft in einem kurzen Zeitraum zu einem eigenständigen Geschäftsfeld weiterentwickelt.

Im ersten Fall sind es meist Mitarbeiter aus dem eigenen Unternehmen (wie beispielsweise bei You is now) die Ideen entwickeln und vorantreiben. Im zweiten Fall sind es bestehende Gründerteams mit einer guten, meist zum Unternehmen passenden oder komplementären Idee (wie beispielsweise bei Plug and Play von Axel Springer), die ihre Ideen in kurzer Zeit vorantreiben wollen. Sie arbeiten daraufhin über einen Zeitraum von drei bis zehn Monaten an ihren Projekten.

Inkubatoren und Acceleratoren gründen Firmen meist in den *Digitalen Hubs.* In Deutschland gelten neben Berlin hauptsächlich München, Hamburg, Stuttgart und das Rheinland als solche *Hubs* oder Zentren der Digitalisierung. Firmen genießen an solchen Standorten die Aufmerksamkeit, die sie in der Branche auf sich ziehen, den Zugang zu neuen Ideen, an denen sie sich beteiligen können, und das höhere Innovationspotenzial dank externer Expertise.

Eine Herausforderung dieser Konstruktion stellt die Losgelöstheit vom Unternehmen dar. Die Skepsis der eigenen Mitarbeiter wächst, was eigentlich in den Inkubatoren und Acceleratoren gemacht wird. Oft stellen sie die Frage, welche Auswirkungen dies mittel- bis langfristig auf ihre eigene Position und die ihres Arbeitgebers hat. Des Weiteren findet kein automatischer *Spill-over* (Übertragungseffekt) der Kompetenz aus den Inkubatoren und Acceleratoren auf die Firmen statt. Sie versäumen es oft, den Austausch zwischen externen Innovationseinheiten und der eigenen Organisation sorgfältig und im Sinne eines Know-how-Transfers zu gestalten. Dabei lässt sich der systematische Wissenstransfer von Inkubatoren und Acceleratoren auf das Kernunternehmen deutlich besser gestalten, als dies in vielen Fällen gemacht wird.

### 2.3.4 Gründung von eigenen Corporate Start-ups

Einige Unternehmen versuchen, besonders engagierte Mitarbeiter zur Gründung oder Ausgründung mit eigenen Ideen zu bewegen. Dabei sind vor allem Ideen im digitalen Bereich für die Unternehmen interessant, die komplementär für sie sind, seltener auch disruptive Ideen, die eigene Geschäftsfelder völlig obsolet machen. Die Mitarbeiter werden für eine gewisse Zeit frei gestellt oder dauerhaft in die neuen Einheiten entsandt. Sie bekommen Startkapital und manchmal ehemalige Kollegen aus dem Unternehmen als Teammitglieder.

Dieses Modell hat jedoch bisher nur kaum erfolgreiche Beispiele hervor gebracht. Zum einen fehlt es den Gründern meist an ausreichend Biss und Gründergeist, auch weil sie häufig nicht ausreichend incentiviert sind, beispielsweise durch ausreichende Anteile an dem Start-up. Des Weiteren ist die zukünftige Entwicklung nicht sicher. Erfahrungsgemäß benötigen Start-ups in ihrer Entwicklung immer wieder Investitionen, auch und vor allem zu Zeitpunkten, an denen noch nicht ausreichend klar ist, ob die Geschäftsidee und das dazu gewählte Geschäftsmodell profitabel sein werden. Hier drücken jedoch die Controlling-Abteilungen häufig auf die Bremse, da sie nach den gewohnten *Key Performance Indicators* (KPIs) agieren und diese mit denen von Start-ups nicht kompatibel sind. Gleichzeitig verhindert die Finanzierungsstruktur mit einem Unternehmen als Hauptinvestor das erfolgreiche Gewinnen anderer Investoren, da diese meist an einem gewinnbringenden Exit interessiert sind, dies jedoch aufgrund der Beteiligung eines größeren Unternehmens unrealistisch ist. Obwohl es wenige Beispiele für erfolgreiche Start-ups im Digitalbereich gibt, die aus Unternehmen ausgegründet werden, sieht Johannes Ellenberg, Principal bei der Digitalberatung etventure, dennoch einen anderen Vorteil in den Corporate Start-ups. Seiner Meinung nach stellt die Ausgründung eine Managementmethode dar, mit der Unternehmen ihre Digital- und Gründungskompetenz erhöhen.

## 2.3.5   Investitionen in Start-ups

Unternehmen auf der Suche nach Innovationen können auch in externe Start-ups investieren. Dies ist ein Ansatz, den Firmen wie die Telekom mit dem hub:raum, Otto mit Project A, Axel Springer mit Plug and Play erfolgreich verfolgen, teils über ihre Inkubatoren/Acceleratoren, teils über Einzel-Beteiligungen. Solange die Firmen mit anderen Investoren in Start-ups investiert sind und den Start-ups freie Entwicklungsmöglichkeiten gewähren, können diese ungehindert wachsen und sich weiterentwickeln. Etablierte Unternehmen erschließen sich damit Zugang zu innovativen Produkten, neuen Geschäftsmodellen oder neuen Kundengruppen. Allerdings erfolgt hier in den seltensten Fällen ein Know-how-Transfer ins eigene Unternehmen, sodass es sich durch diese Investition nicht weiterentwickelt.

Steigt ein Unternehmen als alleiniger Investor in ein Start-up ein, passiert meist folgendes: Um Kosten zu senken und Skaleneffekte zu nutzen, wird das Start-up über die Bereiche Einkauf und Finanzen an den Mutterkonzern angebunden. Damit wird der bürokratische Aufwand des Start-ups unverhältnismäßig aufwendig und es verliert an Umsetzungsgeschwindigkeit. In der Folge wird das Start-up stranguliert und in seiner Bewegungsfähigkeit so stark eingeengt, dass es erstarrt. Der Mutterkonzern integriert das Start-up in einem nächsten Schritt häufig als Geschäftsfeld oder Abteilung in den Konzern oder schließt elementare Bereiche, die die Besonderheit des Start-ups ausmachen, wie beispielsweise digitale Vertriebskanäle oder Dienstleistungen. Das bringt das innovative Potenzial des Start-ups zum Erliegen. Es bleiben häufig lediglich Schatten der ursprünglichen Idee übrig – so passiert beim Online-Rechtsberater Smartlaw, dem Online-Supermarkt Emmas Enkel und unzähligen anderen Start-ups.

Wie könnten Unternehmen es besser machen? Sie könnten ihre Start-ups an einer sehr langen administrativen Leine lassen und dafür sorgen, dass das angekündigte Kapital auch tatsächlich fließt und nicht vom mittleren Management blockiert wird. Letzteres passiert häufig aus Angst, dass die eigenen Bereiche irrelevant werden. Die fragile Beziehung zwischen Start-up und Unternehmen sollte vom Vorstand sorgfältig begleitet und gepflegt werden. Eine Führungsaufgabe dabei ist es, unter den Führungskräften und Mitarbeitern des Mutterunternehmens für Verständnis zu werben, welche Bedeutung dieses Start-up mit seiner ungewöhnlichen Herangehensweise für das zukünftige Wachstumspotenzial des gesamten Unternehmens hat.

### 2.3.6  Aufbau von Digital Units

Die Suche nach Innovation und die Frage der Nähe-Distanz-Beziehung prägt auch den nächsten Ansatz für ein Innovationsmanagement im Unternehmen. Mitarbeiter und Organisationseinheiten, die nach (sei es inkrementellen oder disruptiven) Innovationen für das Unternehmen suchen, muss man nach anderen Kriterien arbeiten lassen und an anderen Kennzahlen messen, als die auf Effizienz getrimmten etablierten Unternehmensteile. Viele Unternehmen gründen sogenannte *Digital Units*. Diese sind organisatorisch und räumlich weit weg von der übrigen Organisationsstruktur angesiedelt. Im optimalen Fall erhalten sie ein ausreichend großes und für längere Zeit von der Controlling-Abteilung nicht gemanagtes Budget. Außerdem stellt man ihnen ausreichend interessierte Mitarbeiter und Räumlichkeiten, in denen nach der Kunst des agilen Arbeitens gearbeitet werden kann. Häufig werden die Digital Units in digitalen Hubs wie Berlin oder München eingerichtet. Nordrhein-Westfalen kann sich ebenfalls einiger Digitaleinheiten rühmen, so hat etwa Haniel auf der Zeche Zollverein in Essen seine Digital Unit Schacht One gegründet.

In diesen Digital Units arbeiten meistens freigestellte Mitarbeiter aus den Unternehmen Seite an Seite mit Digitalisierungs-Experten, die ihnen beim Aufbau von Digitalkompetenz und mit Methoden des agilen Arbeitens sowie in der ersten Ideenfindungsphase und beim Bau von Minimum Viable Products helfen. In schneller Abfolge entstehen so Ideen, werden am Kunden getestet, verworfen oder iteriert und in den Markt gebracht. Anhand von KPIs entscheidet das Unternehmen über Fortführung oder Pivot (Anpassung der Idee, des Geschäfts- oder Revenue-Modells). Der Vorteil dieser Vorgehensweise ist, dass sich im geschützten Raum schnell eine große Anzahl von Ideen entwickeln und testen lässt. Die Mitarbeiter sollten dabei als Verbindungsleute Know-how in die Kernorganisation transferieren. Die Kernorganisation sollte die Digital Unit unkompliziert und schnell unterstützen, beispielsweise beim Einstellen von Personal, beim Bestellen von Material und bei der Finanzierung.

Was unterscheidet eine Digital Unit von einer Forschungs- und Entwicklungsabteilung? Die Digitaleinheit sucht nicht nur nach Möglichkeiten, bestehende

Produkte weiter zu entwickeln. Sie sucht nach neuen Produkten und Dienstleistungen, mit denen sich bestehende, aber auch neue Kunden ansprechen lassen. Und sie sucht nach neuen Geschäftsmodellen. Ein wesentliches Unterscheidungsmerkmal einer Digital Unit ist die Interdisziplinarität der Mitarbeiter. Produktentwickler arbeiten in einem Team mit Softwareentwicklern, Data Scientists, Vertrieblern und anderen Funktionen. Hier manifestiert sich im Kleinen, was große Unternehmenslenker von ihren Unternehmen fordern: Teile der Organisation zu Netzwerk- und Schwarmorganisationen zu transformieren.

Beim Aufbau von Digitaleinheiten muss das Unternehmen diese erfolgreich mit dem Kernunternehmen verzahnen, den Know-how-Transfer sorgfältig planen, die Ziele der Digitaleinheit sauber ins Unternehmen kommunizieren und so viele Mitarbeiter wie möglich aus dem Unternehmen physisch in der Digitaleinheit holen, entweder durch Besuche und Diskussionen, besser noch über Projekttage, an denen sie in der Digitaleinheit arbeiten.

# Führung von Mitarbeitern im digitalen Wandel

**3**

## 3.1 Auswirkungen technologischer und gesellschaftlicher Entwicklungen

Die Entwicklungen auf technologischer und gesellschaftlicher Ebene führen in den Unternehmen zu einem Veränderungsdruck auf Unternehmenskultur und Führung gleichermaßen. Die Geschwindigkeit, in der neue technologische Entwicklungen auf den Markt kommen und in der sich das Kundenverhalten ändert, zwingt Unternehmen dazu, schneller zu reagieren und damit agiler zu arbeiten. Dazu müssen Führungskräfte und ihre Teams unabhängig davon, in welchen Bereichen sie arbeiten, ihre Technologiekompetenz und Digitalexpertise ausbauen, um Ideen für die Zukunft ihres eigenen Arbeitsbereichs zu entwickeln. Die neuen digitalen Programme sollten (Wissens-)Arbeit von automatisierbaren Routineaufgaben befreien. Vor allem der Zeitaufwand von Verwaltungsaufgaben kann heute reduziert werden, in dem man viele von ihnen automatisiert oder zumindest digitalisiert. Führungskräfte sollten zur optimalen Aufstellung ihrer Teams auch Cloud- und Sharing-Angebote in Betracht ziehen und sich die Frage stellen, wie sie effizienter und produktiver werden und die Kosten senken können. Und sie sollten ein Verständnis dafür entwickeln, welche Daten sie zukünftig heranziehen wollen, um die Wirkung ihrer Arbeit zu messen. Damit unterstützen Führungskräfte ihre Mitarbeiter dabei, maximal produktiv zu arbeiten.

Eine wichtige Frage für Führungskräfte ist heute, wie sie ihren eigenen Work-Life-Blend und den ihrer Mitarbeiter so flexibel gestalten, dass die Mitarbeiter ihre Arbeit und ihre persönliche Situation unter einen Hut bringen können. Führungskräfte müssen ihren Mitarbeitern den Weg ebnen, dass sie tagsüber zeitweise Kinder oder pflegebedürftige Eltern versorgen und dafür vor und nach den

© Springer Fachmedien Wiesbaden GmbH 2017
U. Creusen et al., *Digital Leadership,*
DOI 10.1007/978-3-658-17812-3_3

üblichen Bürozeiten arbeiten. Außerdem führen wechselnde Arbeitsumfelder zu Kreativitätsschüben, wohingegen die meist inspirationslose Gestaltung der Büros eher ideentötend wirkt.

Eine weitere Aufgabe mit gestiegener Bedeutung ist der Aufbau des eigenen, beruflichen Netzwerks und des Netzwerks rund um das Team. Ideen und Know-how kommen sehr oft aus der Interaktion mit anderen Menschen. Als Experte innerhalb und außerhalb des Unternehmens sichtbar zu sein, ist ein erster Schritt, sich als Influencer zu positionieren, die Königsklasse. Führungskräfte müssen auch dafür sorgen, dass ihr Team in Netzwerke integriert ist. Dabei können zwei einfache Fragen helfen:

- Welche Persönlichkeiten möchten wir gerne einmal kennen lernen?
- Zu welchem Thema möchten wir mehr Know-how aufbauen?

Mit einer kurzen Recherche lassen sich die richtigen Experten finden, die das gewünschte Know-how besitzen. Die Personen gezielt anzusprechen und zu einem Gespräch oder einer Videokonferenz einzuladen, ist sehr einfach. Die direkte Ansprache ist für den gezielten Netzwerkaufbau meist zielführender als der Besuch von Kongressen und Konferenzen, auf denen das Matchmaking über digitale Kanäle häufig noch nicht ausreichend gut organisiert ist. Netzwerken war noch nie so einfach und noch nie so wichtig wie im digitalen Zeitalter.

Visionäre Führungskräfte fordern ihre Teams mit der Frage heraus, was geschehen muss, damit Unternehmen und Abteilung/Projektgruppe/Team sowie jeder Mitarbeiter in fünf Jahren noch relevant sind. Auch Bereiche, die nicht unmittelbar an Entwicklungs- und Produktionsprozessen beteiligt sind, müssen sich mit dieser Frage beschäftigen.

Durch die zunehmende Automatisierung, sich selbst verbessernde, selbstlernende Software und neue „Teammitglieder" wie Bots und andere werden in der nächsten Phase der Digitalisierung vor allem die Wissensarbeiter von den Veränderungen erfasst. Führungskräfte brauchen in dieser Phase ein ausgeprägtes Verständnis für die Stärken sowohl der Menschen als auch der Maschinen. Wenn Maschinen immer mehr und immer komplexere Aufgaben übernehmen, können Mitarbeiter ihre Arbeitszeit für erfüllende und wertsteigernde Tätigkeiten einsetzen. Sie können kreativ sein und experimentieren. Auch für die Führungskraft bedeutet es ein Umgewöhnen, wenn intelligente Maschinen Teil ihrer Teams werden und mitentscheiden. Leontief prognostizierte schon 1983, dass der Mensch als wichtigster Produktionsfaktor in seiner Bedeutung abnehmen und ersetzt werde – so wie Pferde in Landwirtschaft und Transportwesen nach der Erfindung von Autos und Traktoren immer weniger und dann gar nicht mehr gebraucht wurden (Brynjolfsson und McAfee 2015, S. 212). Wege zu finden, wie Maschinen und Menschen in Teams zusammenarbeiten, ist die neue Aufgabe der Führungskräfte. Denn in Kombination sind Mensch und Maschine denjenigen Teams überlegen, die rein aus Maschinen oder Menschen bestehen (Brynjolfsson und McAfee 2015, S. 228). Wenn für die Lösung eines Problems Mensch, Maschine und die richtige Methode zusammengeführt werden, entsteht ein unschlagbares Team. Wer in Zukunft die strategische Führungskompetenz des Menschen mit dem taktischen Scharfsinn der Maschine zusammenbringt, wird den entscheidenden Wettbewerbsvorteil haben. Das könnte bedeuten, dass wir in Zukunft auch danach bezahlt werden, wie gut wir mit Robotern zusammenarbeiten (Kell 2012).

Brynjolfsson und McAfee prognostizieren hoffnungsvoll: Nachdem das erste Maschinenzeitalter die Kräfte der in chemischen Verbindungen gefangenen Energie freigesetzt und mit Innovationen wie der Dampfmaschine die physische Welt umgestaltet hat, verspricht das zweite Maschinenzeitalter die Entfesselung menschlicher Genialität. In welchen Bereichen behält der Wissensarbeiter seine überlegene Stellung? Sicher in den kognitiven Bereichen Fragestellung, komplexe Kommunikation und Kreativität (bisher gibt es noch keine kreativen, unternehmerisch denkenden oder innovativen Maschinen).

Gleichzeitig legen derzeit die meisten Bildungssysteme zu wenig Wert auf die Ausbildung dieser Fähigkeiten. Dabei sollten die Fähigkeit zur Ideenbildung, die breit gefasste Muster-Erkennung und die komplexe Kommunikationsfähigkeit geschult werden. Letztlich bräuchten wir Ansätze im Bildungssystem, wie wir sie aus den Montessorischulen kennen. Schüler lernen dort das selbstständige Lernen, sie folgen ihrer Neugierde und entfalten sich in einem weitgehend unstrukturierten Schulalltag. Es ist daher vielleicht auch nicht verwunderlich, dass die Gründer großer innovativer Firmen alle in diesem Schulsystem ausgebildet wurden: Larry Page und Sergey Brin von Google, Jeff Bezos von Amazon und Wikipedia-Gründer Jimmy Wales. Solange unser Bildungssystem diese Fähigkeiten nicht schult, müssen Führungskräfte den Lernprozess in Unternehmen initiieren und begleiten.

Die Grundvoraussetzung, die Führungskräfte zur Bewältigung dieser Aufgaben entwickeln müssen, ist ein stark gesteigertes Vertrauen in die Mitarbeiter. Schließlich sind Mitarbeiter mündig und wurden aufgrund ihrer Expertise eingestellt. Führungskräfte müssen darauf vertrauen, dass Mitarbeiter intrinsisch motiviert sind, im Sinne des Unternehmens zu agieren und die Zukunftsfähigkeit des Unternehmens sicher zu stellen. Einige von ihnen sind länger als ihre Chefs im Unternehmen und erwarten einen zumindest mittelfristig sicheren Arbeitsplatz. Wer ernsthaft das Ziel verfolgt, die Reaktionsgeschwindigkeit in Unternehmen zu erhöhen, gibt seinen Mitarbeitern mehr Entscheidungsfreiheit und entscheidet nicht mehr alles alleine. Es ist beispielsweise anachronistisch, ein Budget zu allo-kieren und die Experten der Personalabteilung ein externes Trainingsprogramm für Führungskräfte identifizieren zu lassen, um schließlich das Programm doch vom Vorstand freigeben zu lassen. Ein Alltags-Beispiel für fehlendes Vertrauen in die Mitarbeiter und deren Entscheidungsfähigkeit.

Wenn wir uns ansehen, in welcher Form von Organisation heute Arbeit statt-findet, müssen wir dem Erziehungswissenschaftler Sugata Mitra beipflichten. Er stellte fest, dass die Menschen der viktorianischen Epoche großartige Ingenieure waren. Sie entwickelten ein Bildungs- und Arbeitssystem, das so robust war, dass es noch heute fortbesteht. Es bringt ständig weiter standardisiert ausgebildete, austauschbare Menschen hervor. Allerdings für einen Apparat, der gar nicht mehr existiert. Heute können längst Computer die Verwaltungsarbeit erledigen (Bryn-jolfsson und McAfee 2015, S. 235).

Unser heutiges Bildungssystem trimmt Schüler, Auszubildende und Studenten immer noch darauf, schnelle Antworten zu produzieren. Warum? In der Vergan-genheit waren es bisher diejenigen Mitarbeiter, die Antworten auf die neuen Her-ausforderungen geben konnten, die auf höhere Positionen gehoben wurden. Doch heutzutage ist die Fähigkeit, Fragen zu stellen mindestens gleich wichtig gewor-den, um eine Firma voranzubringen. Die Antworten für diese Fragen ergeben sich meist aus dem unternehmensinternen oder unternehmensexternen und persönli-chen Netzwerk. Gute Führungskräfte führen mehr mit Fragen als mit Antworten. Und sie leiten vor allem junge Mitarbeiter dazu an, unermüdlich relevante Fra-gen zu stellen, die bei der Lösungssuche helfen. Im gleichen Maße sind moderne Chefs offen für Antworten, auch für solche, die außerhalb ihres Wohlfühlkor-ridors liegen. Dies ist umso wichtiger, als die kognitive Diversität in deutschen Unternehmen erstaunlicherweise vor allem unter Wissensarbeitern extrem gering ist. Die Antworten sind daher ohnehin extrem homogen. Doch interessante, neue Fragen zu stellen und Ideen zu generieren, ist ein Gebiet, auf dem der Menschen seine Domäne gegenüber Maschinen behaupten kann (Brynjolfsson und McAfee 2015, S. 230). Fördern wir diese Kompetenzen, solange Maschinen nur in der Lage sind, Antworten zu generieren (Brynjolfsson und McAfee 2015, S. 230). Die Haltung von Voltaire wird relevanter denn je: Beurteile die Menschen eher nach der Qualität ihrer Fragen als nach ihren Antworten. Menschen mit guten Ideen begründen auch künftig die Wettbewerbsfähigkeit eines Unternehmens.

Eine weitere Aufgabe für Führungskräfte ist die Analyse, welche Expertise sie zukünftig bei ihren Mitarbeitern benötigen, um diese Expertise zu fördern oder zu rekrutieren. Die MIT-Wissenschaftler Daron Acemoglu und David Autor stellen fest, dass die Nachfrage nach Arbeitskräften, die Routineaufgaben erledigen, am schnellsten zurückgegangen ist – und zwar ungeachtet dessen, ob diese Routineaufgaben kognitiver oder manueller Natur waren. Der Rückgang dieser Nachfrage polarisiert den Arbeitsmarkt: Das Angebot an Jobs im mittleren Einkommensbereich bricht ein, während sich nicht routinemäßige, kognitive Tätigkeiten (wie Finanzanalyse) und nicht routinemäßige manuelle Arbeiten (wie das Friseurhandwerk) im Vergleich gut behaupten können (Brynjolfsson und McAfee 2015, S. 169 ff.). Gepaart mit der demografischen Entwicklung erhöht dies den Wettbewerb um neue Mitarbeiter mit bestimmten Qualifikationen. Mit der niedrigsten Arbeitslosenquote seit 25 Jahren (Bundesagentur für Arbeit vom 3.1.2017) sehen sich Führungskräfte vor einer neuen Herausforderung: ihr bislang ausschreibungsorientiertes Recruiting in ein *Active sourcing* zu ändern und Bewerber aktiv aus anderen, festen Arbeitsverhältnissen abzuwerben. Dies bedeutet auch, dass Arbeitsbedingungen und Arbeitsumgebung attraktiv genug sein müssen.

In einer Welt der neuen Möglichkeiten eröffnen sich immer neue wirtschaftliche Chancen. Die Gesellschaft wird zunehmend liberaler und gibt keinen klaren Korridor für allgemein sozial akzeptables Verhalten mehr vor. Es liegt an Führungskräften, klare Werte zu kommunizieren und vorzuleben. Es ist kein Zufall, dass ausgerechnet im zweiten Maschinenzeitalter menschliche Werte so wichtig wie nie zuvor werden (Brynjolfsson und McAfee 2015, S. 308 f.).

Im Zusammenhang mit dem oben beschriebenen Wandel sind einige neue Managementmethoden entstanden. Dabei haben sich Methoden des agilen Arbeitens in einigen Unternehmen bereits flächendeckend etabliert, Arbeitsumgebungen sind neu konzipiert worden und unterschiedliche Wege werden beschritten, um an Innovation zu gelangen. Diese Ansätze werden im folgenden Teil aus der Führungsperspektive beleuchtet.

## 3.2 Auswirkungen des neuen Managementkontexts auf die Führung

Auf der Suche nach neuen, innovativen Produkten und Dienstleistungen suchen Unternehmen nach neuen Ansätzen und Methoden. In diesem Prozess ändern sich die Aufgaben und Teamstrukturen schnell. Führungskräfte müssen Teamgrenzen deutlich machen, etwa wer für die betreffende Aufgabe zum inneren Zirkel des Teams gehört. Um Kreativität und Geschwindigkeit nicht einzuschränken, vermitteln Führungskräfte dafür am besten den gedachten Kontext. Sie legen dar, welche Vision und welches Ziel sie mit ihrem Team verfolgen und welche Freiheitsgrade die Mitarbeiter auf diesem Weg ausschöpfen können.

Mitarbeiter benötigen darüber hinaus von ihren Führungskräften das Mandat zur Selbstbefähigung. Es sind nicht die Entscheidungen von oben oder Schulungsangebote, mit denen ein Chef seine Mitarbeiter auf die neuen Aufgaben vorbereitet. Am besten bauen sie selbstständig ihre Fach- und Digitalkompetenz auf. Da Digitalkompetenz eine übergreifende Kompetenz ist und derzeit zu den Mangelqualifikationen gehört, tun Firmen gut daran, eine temporäre „digitale Alphabetisierungskampagne" zu organisieren. Digitalkompetenz sollte jedoch ab den 2020er Jahren genauso zum Allgemeinwissen gehören wie das Lesen und Schreiben oder Grundlagen der Arithmetik.

Es ist wichtig zu erkennen, dass es beim Thema Digitalisierung nicht nur um neue Technologien geht und dass es auch kein reines IT-Thema ist. Die Veränderungen, die hinter Schlagworten wie Cloud Computing, Internet der Dinge/Industrie 4.0, Big Data, Enterprise 2.0 und Social Media stehen, betreffen weit mehr als Geschäftsmodelle, Produkte, Dienstleistungen und Prozesse. Sie beeinflussen in hohem Maße auch die Art der Führung eines Unternehmens.

Führungskräfte, die heute in den Unternehmen am Ruder sind, stammen häufig aus der Generation Baby-Boomers oder Generation X. Tamara Erickson beschreibt in ihrem Artikel „The leaders we need now" (Harvard Business Review Mai 2010), dass die Baby-Boomer mit einem klar definierten Katalog an Unternehmensbräuchen und Managementmethoden groß geworden seien – in Bezug auf Entlohnung, Hierarchie und Erwartungen an die Arbeit. Sie seien in einer Welt aufgewachsen, die grundsätzlich zu klein für sie war. Die Infrastruktur konnte mit der plötzlich gestiegenen Zahl an Menschen in dieser Generation nicht schnell genug mitwachsen. Vor allem Führungskräfte, die in den 1950er Jahren geboren sind, kennen es seit ihrer Jugend nicht anders, als mit ihren Gleichaltrigen um alles zu konkurrieren. Zu gewinnen bedeutet ihnen sehr viel.

Die Mitglieder der Generation X (zwischen 1961 und 1981 geboren) haben andere Wertvorstellungen. Sie sind schnell bereit, etablierte Definitionen von Erfolg abzulehnen und ihren eigenen Weg zu suchen. Sie sind durch eine Zeit wirtschaftlicher Unsicherheit und sozialen Wandels geprägt. Sie haben die Aufkündigung der Sozialpartnerschaft zwischen Arbeitnehmern und Arbeitgebern miterlebt. Sie schätzen Wahlmöglichkeiten und legen ihre Eier nicht alle in einen Korb.

Diese beiden Generationen müssen nun Impulse setzen und Entscheidungen für die digitale Transformation treffen, die eine andere Zusammenarbeit voraussetzt, als sie es selbst gewohnt sind. Es geht um Netzwerke innerhalb und außerhalb des Unternehmens, um gebündelte Intelligenz für das Unternehmen. Die Führungskräfte von heute mobilisieren Menschen, ihre Fähigkeiten und Kompetenzen für das neue Innovationsklima einzusetzen.

Laut Erickson sollten Führungskräfte die Herausforderungen auf fesselnde und überzeugende Art präsentieren. Dies unterscheidet sich maßgeblich vom konventionellen Führungskonzept und wirkt als Katalysator für das Unternehmen. Dabei sollten die richtigen Fragen zur Sprache kommen, vor allem solche, die ambitioniert und neuartig sind. Erickson empfiehlt auch, offen mit komplexen Problemen umzugehen und Perspektiven zu suchen, die gängige Sichtweisen infrage stellen und gedankliche Grenzen überspringen. Wahrscheinlich sollten wir uns mit dem Gedanken abfinden, dass es im digitalen Zeitalter keine „richtige" Analyse mehr gibt, die über allen anderen Analysen steht, und auch keine allein gültige, vorherrschende Moral mehr. Gerade in Zeiten zunehmender Wahlmöglichkeiten wird es immer wichtiger, eine sicht- und fühlbare Unternehmensidentität zu formen. Diversität stellt keine Bedrohung, sondern eine Bereicherung dar, sofern wir verschiedene Sichtweisen schätzen und jede Perspektive als zulässig und rechtmäßig anerkennen. Es gibt keinen Grund mehr, nur einem Standpunkt besondere Bedeutung oder Wert beizumessen.

Thomas Vašek fasst die neue Führungskultur in seinem Artikel „Die Zeit der Helden ist vorbei" (Hohe Luft Spezial 4/2016) zusammen und unterscheidet zwischen heroischer und postheroischer Führung. In einer Welt, die immer komplexer wird, seien Chefs gefragt, die nicht nur ihre Ziele, sondern auch sich selbst infrage stellen können – das Ende der „heroischen Führung" sei gekommen.

Heroische Führung ist dadurch gekennzeichnet, dass Führung immer in Verbindung mit einem Ziel betrachtet wird. Führen kann in dieser Logik nur derjenige, der das Ziel kennt und wenigstens eine Vorstellung davon hat, wie man dieses Ziel erreicht. Damit war die Führungskraft die einzige, die wusste oder zu wissen glaubte, wo es langgeht. Sie orientierte sich an Zielen und einem festen Zeitrahmen und plante die notwendigen Maßnahmen und Ressourcen, um Ideen möglichst schnell umzusetzen. Ihr Ziel: Das Unternehmen fit für die Zukunft zu machen.

Historisch betrachtet wurde das Konzept des „Führers" beziehungsweise der Führung stets mit großen Persönlichkeiten, aber auch Genialität, Charisma und Wagemut assoziiert. Im Unterschied dazu verstand man unter dem Begriff „Management" lange Zeit vor allem Planung, Organisation, Leitung und Kontrolle. Aber beides bedingt sich: ohne Management keine erfolgreiche Führung und ohne Führung nur mäßiges Management.

Laut Vašek hat sich dieses Führungsverständnis in den vergangenen Jahren – und verstärkt durch die Digitalisierung – verschoben: Unternehmen agieren als soziale Systeme, die den Faktor Mensch in den Mittelpunkt stellen, statt sich bloß auf Zahlen und Fakten zu konzentrieren. Dies gilt mittlerweile als Voraussetzung für erfolgreiches Management. In Zeiten der postheroischen Führung ist die *Command-and-Control*-Methode ausgedient. Führungskräfte müssen mit Komplexität und Kontingenz rechnen und deshalb stets darauf gefasst sein, dass die Dinge ganz anders laufen als geplant. Sie wissen, dass man nicht alles ständig unter Kontrolle haben kann.

Mark Zuckerberg hat dieses Prinzip eine Weile zur Maxime erhoben: „Move fast and break things". In einem solchen Kontext werden Dialog, Überzeugung und Vertrauen wichtiger als Regeln und formale Autorität. Führungskräfte definieren Verantwortung neu, beispielsweise als die Aufgabe, Mitarbeitern die nötigen Ressourcen zur Verfügung zu stellen, mit denen sie ihre Potenziale entfalten können. An Problemen und Projekten arbeiten alle gemeinsam, ohne Direktiven aus der Chefetage. Dazu vermitteln Führungskräfte ihren Mitarbeitern das Wissen, wie sie sich im Notfall verhalten müssen. Damit sind Mitarbeiter nicht mehr angewiesen auf die Entscheidung der Führungskräfte, um Probleme zu lösen. Auf allen Ebenen des Unternehmens soll ein *Sense of urgency* entstehen, weil es für das Unternehmen von größter Bedeutung ist, bestimmte Dinge möglichst rasch in Angriff zu nehmen. Weder Dauerdruck noch Aktionismus sollen entstehen – vielmehr das Gefühl, dass die Mitarbeiter die Zukunft des Unternehmens mitgestalten. In dieser Haltung fördert der postheroische Vorgesetzte abweichende Meinungen und belohnt sie eventuell sogar, was produktive Konflikte fördert und auch Bedingungen für einen besonderen Schritt schafft: sich selbst als Führungskraft infrage zu stellen. „Wer wirklich führen will, muss auch bereit sein, sich führen zu lassen" (Vašek 2016, S. 6 ff.).

Mitarbeiterbefragungen und Feedback-Gespräche werden wichtiger, um den Transmissionsriemen zwischen Mitarbeiter, Führungskraft und Unternehmen zu stärken. Von Führungskräften wird heute Multifunktionalität erwartet. Sie müssen viele Rollen spielen, die mit klassischem Führen wenig zu tun haben (Mitarbeitergespräche führen, Meetings leiten, Reden halten, Interviews geben, sich als Influencer positionieren).

Nach Reinhard Sprenger haben Führungskräfte die Pflicht, kluge Institutionen zu bauen. Dazu sollen raumöffnende Manager die raumfüllenden ersetzen. Führungskräfte sollten alles unterlassen, was invasiv und zudringlich ist, hohen Rechtfertigungsdruck erzeugt und die Menschen vom Primären ablenkt. Sie sollten nach dem Motto handeln „Raus aus den Prinzipien, rein in die Paradoxien und Widersprüche", so Reinhard Sprenger (vgl. Reinhard und Vašek 2016). Sie sind gut, wenn sie ihre Mitarbeiter in die Verantwortung bringen. Sie lassen Mitarbeiter selbst herausfinden, was für sie wichtig ist, aus welchen Gründen sie etwas tun und was für sie ein gelungenes Arbeitsleben ist. Gute Führungskräfte bauen Unternehmen um kundendefinierte Probleme herum, nicht um Ziele.

Laut Greta Lührs Artikel „Was wir von unseren Chefs erwarten?" (Hohe Luft Spezial 4/2016) wollen wir eine Führung, die vorlebt, was sie von den Mitarbeitern erwartet. Wir erwarten Führung, die transparent, systematisch und selbstreflektiert agiert und sich eigener Stärken und Schwächen bewusst ist; die Mitarbeitern bei Entscheidungen ein Mitspracherecht einräumen. Gleichzeitig sollte gute Führung auf sich vertrauen und auch eigene gute Ideen durchsetzen. Wir erwarten ein vom Gefühl des Miteinanders durchzogenes Arbeitsverhältnis, das nicht nur durch „Über-Mir" oder „Unter-Mir" geprägt ist.

Denkbar für die Zukunft sind demokratische Modelle, in denen beispielsweise jährlich ein neuer Chef gewählt wird, der Mitarbeiter selbst neue Kollegen einstellt, am Gewinn beteiligt wird und über Arbeitszeit und Urlaubstage genauso abstimmen darf wie über Lösungen für auftretende Probleme. Es könnte sich im Idealfall eine Führung ohne Vorgesetzte und Hierarchien herausbilden, die allein auf gegenseitiger Motivation und Förderung basiert.

Führung bedeutet im digitalen Wandel neben digitaler Expertise sowie Netzwerk- und Methodenkompetenz vor allem eine neue Haltung des „Wir gemeinsam" statt des „Ich über euch".

## 3.3    Prognosen des Managementvordenkers Peter Drucker zur Digitalisierung

Peter Drucker prägte bereits Ende der 1960er Jahre den Begriff des Wissensarbeiters und sagte die Ablösung der Industriearbeit durch Wissensarbeit voraus (Niewerth 2014). Seine Thesen werden oder sind bereits Realität, vor allem vor dem Hintergrund der Digitalisierung und ihrer Auswirkungen auf Wissensarbeit.

Drucker prognostizierte, dass effektive und effiziente Wissensarbeiter autonom agieren und sich selbst managen. Sie definieren ihre Aufgaben, sind keine Arbeitskräfte, sondern das Kapital eines Unternehmens. Wissen ist untrennbar an Personen gebunden und steht stets im Kontext von persönlichen Erfahrungen und sozialem Umfeld. Es kann nur schwerlich durch ein Unternehmen, sondern vielmehr durch den Wissensarbeiter selbst gemanagt werden. Wissensarbeit scheitert laut Drucker über kurz oder lang, wenn sie wie ein Baustein in einer Prozesskette gemanagt und eng kontrolliert wird, in Routinen und Standardvorgehensweisen ausartet oder durch hierarchische Strukturen behindert wird. Digitale Arbeitswelten können dank der technischen Möglichkeiten Freiräume erzeugen und Wissensarbeitern die notwendige Agilität verschaffen. Das von Drucker beschworene autonome Agieren finden wir heute in vielen digitalisierten Organisationen. Der Wegfall fester Regeln und zementierter Arbeitsabläufe scheint dort mehr und mehr Realität zu sein.

Niewerth (2014) betont in Bezug auf Wissensarbeit den Weitblick von Drucker, der Wissensarbeiter als selbstverantwortlich für ihre Produktivität und
Innovationskraft sieht. Ein Handeln nach dem Prinzip „Wissen ist Macht" sei
schädlich. Vielmehr bieten Netzwerkorganisationen Wissensarbeitern eine vernünftige Basis, um innovativ und produktiv zu sein. Die Digitalisierung ermöglicht solche Netzwerkorganisationen in einem neuen Ausmaß. Bei genauer
Betrachtung junger und erfolgreicher Internetunternehmen ist die Drucker-These
erlebbare Realität geworden. In Open-Source-Organisationen ist das Teilen von
Wissen in Netzwerken Alltag. Wissensarbeiter begegnen sich in vielen konsequent digitalisierten Unternehmen auf Augenhöhe, stellen bereitwillig ihr Wissen
zur Verfügung und ausschließlich ihre Expertise in den Mittelpunkt. Sie arbeiten immer häufiger ohne hemmende Hierarchien und Regeln. Ihre Innovationskraft zeigt sich darin, dass sie scheinbar mit Leichtigkeit komplexe Produkte auf
Weltklasse-Niveau herstellen und dabei kontinuierlich dazulernen. Hervorragende
Wissensarbeiter entwickeln ihr Wissen stets weiter und setzen dabei ihre Stärken
gezielt ein. Ihnen sind der virtuelle und persönliche Austausch und die Zusammenarbeit mit anderen sehr wichtig, sowohl innerhalb als auch außerhalb des
Unternehmens.

Drucker hat ebenfalls vorhergesehen, dass Wissensarbeiter ihre Produktionsmittel besitzen und damit mobil sind. Niewerth (2014) verweist zur Untermauerung dieser Aussage auf eine Studie des Personalvermittlers Hays, die aufzeigt,
dass auch diese Drucker'sche Vorhersage in den heutigen betrieblichen Realitäten
der Wissensarbeit eingetroffen ist. Hervorragende Wissensarbeiter sind eigenen
Inhalten und eigenem Wissen gegenüber treu, nicht oder zumindest immer weniger ihrem Arbeitgeber. Sie kennen ihren Marktwert und sind jederzeit wechselbereit. Dies trifft vor allem zu, wenn sie sich bei einem neuen Arbeitgeber fachlich
weiterentwickeln können. Die Digitalisierung von Arbeitswelten führt somit insbesondere bei Wissensarbeit und auf Basis neuer Kommunikationstechnologien
zu einer neuen Bedeutung von Mobilität und Mitarbeiterbindung.

Drucker prognostizierte zudem, dass Führungskräfte viel Zeit und Engagement in vielversprechende Wissensarbeiter investieren müssen, Mentoren für
diese werden, auf Augenhöhe mit ihnen kommunizieren, sie anhören, herausfordern und ermutigen. Er wusste schon damals, dass das Steuern von Wissensarbeitern ein ganz anderes Verständnis von Führung voraussetzt als das Führen
von Mitarbeitern in nicht wissensintensiven Bereichen. Die fortschreitende Digitalisierung der Arbeitswelt wird diesen Bedarf nach einer neuen Führung vermutlich weiter verstärken. Auch hier zeigt die Hays-Studie (Niewerth 2014) die
ungeschminkte Wahrheit: Wissensarbeiter werden heute auch in einer teils digitalisierten Welt meist nicht anders geführt als alle anderen Beschäftigen. Oftmals

prägen alte Muster die Führungsrolle. Ein allpräsenter, heroischer Chef, der seiner eigenen Ansicht nach über den höchsten Fundus an Wissen verfügt, versorgt seine Mitarbeiter wohlwollend mit dosierten Informationen, damit sie ihren Job erledigen.

Digitale Wissensarbeit verändert somit die Arbeitswelt und die Menschen. Die bisherigen Ausführungen in Kap. 1 und 2 zur digitalen Wissensarbeit, zu den zukünftigen technischen Möglichkeiten, gesellschaftlichen Entwicklungen sowie Methoden und Prinzipien des Silicon Valleys zeigen auf, welches unendliche technische Potenzial in der Digitalisierung steckt. Sie machen jedoch auch deutlich, welche neuen Herausforderungen Mitarbeiter und Führungskräfte in der digitalen Welt im Vergleich zur klassischen analogischen bewältigen müssen. Diese Herausforderungen haben ihren Ursprung im Wesen der Digitalisierung, das an Tempo und Dynamik nicht zu überbieten ist, in der die Bedeutung von Big Data wächst und wächst, ebenso wie das Bedürfnis nach Vernetzung und Kollaboration in einer Zeit der Automatisierung und der Digitalisierung von Produkten und Märkten.

## 3.4 Führung im Wandel

Eine Bestandsaufnahme macht deutlich, wie viel die Digitalisierung bereits in der digitalen Wissensarbeit verändert hat. Der folgende Abschnitt akzentuiert relevante Neuerungen der Arbeitswelt.

### 3.4.1 Besonderheiten digitaler Unternehmenskulturen

Zu den wichtigen Bausteinen der Führung von Menschen in Unternehmen gehört es, eine zu den organisationalen Aufgaben und Herausforderungen passende Organisationskultur aufzubauen. Es geht darum, diejenigen Werte, Einstellungen und Verhaltensleitlinien zu einer Organisationskultur zu formen, die in den Augen der Führungsmannschaft geeignet sind, um Sinn zu stiften und das Zusammenleben und -arbeiten zeitgemäß zu gestalten.

In dieser Definition können Einstellungen als kurz- bis mittelfristige Verhaltenspräferenzen angesehen werden, Werte als verfestigte, langfristige Einstellungen. Der Begriff „Wert" wird häufig so verwendet, dass er Einstellungen beinhaltet und auf eine Differenzierung der Wirkungsdauer von Verhaltenspräferenzen verzichtet. „Wert" fungiert häufig als Sammelbegriff für bestimmte wünschenswerte Einstellungen. Vertrauen, Respekt, Freiheit, Wahrheit sind Beispiele für Werte mit einem hohen Grad an Konsens. Werte werden durch Regeln, Normen und Standards, aber auch durch Sprache, Rituale, Kleidung oder Architektur sichtbar und operationalisiert. Regeln, Normen und Standards sind in vielen Organisationen für die gemeinsame Orientierung und das Zusammenarbeiten unverzichtbar. Regeln sind aus Werten abgeleitet. Werte, die meistens aus abstrakten Begriffen bestehen, werden so konkretisiert, verständlich, greif- und erlebbar.

Werte treten in Unternehmen häufig als Plattitüden und Schreibtischparolen in Erscheinung. Es ist auch wichtig, die gewünschte Einstellung, das gewünschte Verhalten in einer Organisation zu kommunizieren. Die tatsächlich gelebten Werte sind es jedoch, die wirksam eine neue Kultur bilden. Werte können nicht einfach ausgetauscht werden wie andere funktionale Regeln, die im Unternehmen gelten. Sie sind fundamentaler. Letztlich ist die Frage maßgeblich, ob die Mitarbeiter die Werte, auf die sich ein Unternehmen im Laufe der Zeit verständigt hat, mehr oder weniger als seine eigenen akzeptiert. Tun sie das nicht, wird eine Zusammenarbeit auf Dauer schwierig. Identifizieren sie sich mit den Werten, so empfinden die Mitarbeiter das kulturelle Wertebündel eines Unternehmens als Leitlinie, als Anknüpfungspunkt zur Identifikation, als Quelle von Motivation und Commitment. Viele nehmen sogar Einiges in Kauf, um die akzeptierten und bewährten Werte einer Organisation zu erhalten. Ein Wert wie Vertrauen oder Freiheit enthält offensichtlich etwas in sich, das sich nicht gegen anderes aufrechnen lässt. Man könnte auch sagen: Ein derart gelebter Wert ist ein Wert, weil er sich selbst begründet.

Eine wirksame Organisationskultur kann nicht herbeibefohlen und angeordnet werden. Sie kann gefordert und gefördert werden. Auch wenn gewünschte Werte, Einstellungen und Verhaltensrichtlinien effektiv in einer Organisation verdeutlicht werden, ist noch nicht gewährleistet, dass die gewünschte Kultur auch tatsächlich entsteht, wirklich verhaltensbeeinflussend ist und von einem Großteil der Organisationsmitglieder gelebt wird. Ob eine starke Kultur entsteht, hängt vor allem von den bereits vorhandenen individuellen Grundhaltungen der Mitarbeiter und Führungskräfte in dieser Organisation ab.

Die Kultur einer Organisation ist somit mit den Wünschen und Haltungen der Mitarbeiter und Führungskräfte in Einklang zu bringen. Gelingt dies, so dient sie der Orientierung im Unternehmen, schafft Identifikation und erzeugt Bindung, für Mitarbeiter und Führungskräfte gleichermaßen. Der kulturelle Kontext lässt Ziele und Richtung einer Organisation verstanden und anerkannt werden. Er führt dazu, dass die Mitglieder einer Organisation ihre eigenen Ziele in die Hierarchie der Organisationsziele integrieren. Starke Kulturen nehmen beinahe alle Organisationsmitglieder mit, wenn diese die Kultur verstehen, wertschätzen, erklären, verteidigen können und letztendlich ihr Verhalten den Erfordernissen dieser Organisation anpassen.

Unsere individuellen kulturellen Voraussetzungen sind generationsabhängig unterschiedlich. Wir erfahren lang andauernde Sozialisationsprozesse im Rahmen der Erziehung durch Eltern oder andere, Einfluss ausübende Personen sowie auf Basis eigener Erlebnisse. Vor diesem Hintergrund hat die Personalrekrutierung, die Auswahl von Bewerbern mit passenden Werten und Einstellungen, einen erheblichen Einfluss auf die angestrebte Organisationskultur.

Es gibt keine plausible Begründung für die Annahme, dass digitale Organisationen weniger starke Wertegemeinschaften sind als herkömmliche Unternehmen. Es kann vielmehr angenommen werden, dass in digitalisierten Arbeitswelten die Unternehmenskultur grundsätzlich ähnlich auf das Gesamtgefüge wirkt wie in der *Old Economy*. Menschliches Verhalten hängt generell von Werten und Einstellungen ab. Nur sind dies vermutlich andere, zur Digitalisierung von Organisationen passende Werte, Einstellungen, Regeln, Normen und Standards, die dort Sinn stiften, Verhalten prägen und Orientierung geben, wo die Digitalisierung die Arbeitswelt erheblich prägt.

Berücksichtigt werden muss auch, dass sich Werte von Generation zu Generation verändern. Einer Organisation, die vorwiegend aus Digital Natives besteht, steht eine kulturelle Revolution bevor, deren Parameter sich nur erahnen lassen. Deutlich erkennbar ist jedoch, dass auch digitale Unternehmen oder diejenigen, die eine digitalisierte Organisation werden wollen, Leitbilder und Unternehmensgrundsätze haben und nutzen, die eine Wunschkultur zum Ausdruck bringen. Die empirischen Grundlagen, auf die sich die meisten Ausführungen zu neuen Wertvorstellungen, Motivationsanreizen und Verhaltensleitlinien in digitalen Organisationen stützen, sind meist Erfahrungsberichte aus Start-up-Szenen oder Beschreibungen von einzelnen Unternehmen, deren Digitalisierung extrem oder zumindest weit fortgeschritten ist. Oftmals finden sich diese Beispiele in unterschiedlichen Ländern, entsprechend unterschiedlichen kulturellen Kontexten und Arbeitswelten wieder. Vieles, was derzeit über die organisationskulturellen Auswirkungen der Digitalisierung zu erfahren ist, stammt beispielsweise aus den USA (Keese 2014; Isaacson 2011). Manche Beschreibungen einzelner Merkmale digitaler Organisationskultur erscheinen übertrieben und gehypt (Asghar 2014). Auch darüber, ob die Digitalisierung zu einer global identischen oder zumindest ähnlichen digitalen Arbeits- und Organisationskultur führt, kann derzeit nur spekuliert werden.

Ein Ort, an dem besondere digitale Organisationskulturen entstanden und beobachtbar sind, ist mit Sicherheit das in diesem Buch bereits ausführlich beschriebene Silicon Valley. Dort treffen in außergewöhnlichem Maße digitale Führungs- und Organisationskulturen auf die Grundhaltungen, Werte und Einstellungen einer neuen, digital nativen Generation von anders denkenden und anders agierenden Menschen.

Im Folgenden werden die relevanten Merkmale einer digitalen Organisationskultur zusammenfassend aufgelistet (Keese 2014; Asghar 2014; Leitl 2016):

**Empfänglichkeit für Visionen und ambitionierte Ziele**
Christoph Keese (2014) beschreibt in seinem Buch Silicon Valley die kulturellen Besonderheiten Nordkaliforniens und seiner Menschen. Als typisches Kennzeichen einer digitalen Kultur erscheint eine eigene, neue Moral: eine Moral der
Machbarkeit mit dem Schwerpunkt auf Visionen – diese Moral will einen Gegenpol zur amerikanischen seelenlosen Form des Kapitalismus darstellen. Keese
bezeichnet die digitalen Protagonisten als nonkonformistisch, unkonventionell,
gleichzeitig als sehr ambitioniert, gepflegt und anständig.

Die positive Wirkung und Ansteckungsgefahr von ambitionierten Zielen und
Visionen basiert auf dem Verständnis, dass Individuen in ihrer Weise des Seins
eine individuelle Lebensvision haben, die als ihr Persönlichkeitsmerkmal, als ihr
innerer Antrieb und Wegweiser fungiert. Erlebnisse, die der eigenen Vision entsprechen, empfinden wir positiv. Eine Vision mag abstrakt, machtvoll, wegwei-
send, einfach und klar sein. Doch sie beschreibt immer unseren Lebenszweck,
eine Richtung und einen Lebenssinn oder deuten dies zumindest an. Visionäre
in diesem Sinne wollen in der Welt etwas Positives schaffen. Visionsgeleitete
Arbeitsbelastung führt zu positivem Stress, zu produktivem Flow; visionsfremde
Belastungen eher zu negativem Stress und zur Gefahr von Burn-out. Menschen
verlieren oft den Zugang zu ihrer eigenen Vision, wenn sie zu etwas eingeladen,
überredet, gezwungen werden. Beispiele individueller Lebensvisionen sind das
Streben nach Geborgenheit, Freiheit, Liebe, Erfolg oder auch Macht und Über-
windung.

Eine Vision ist die Antwort auf die Fragen „Was will ich erreichen?", „Was
macht mich glücklich?", „Wozu arbeite ich?", „Wozu Geld verdienen?", „Wozu
Kinder?" oder „Was treibt mich an?". Wenn es gelingt, die gebündelten Lebens-
visionen einer Belegschaft mit den ambitionierten organisationalen Zielen, der
Organisationsvision, zu verbinden, stellt dies eine starke Quelle für Commitment,
Motivation und Leistung dar. Dies geht uns allen so. Doch die neue Generation an
Ysilonern und Ztlern scheint in Verbindung mit den schier unbegrenzt wirkenden
Möglichkeiten und Freiheiten innovativer digitaler Organisationen dafür beson-
ders empfänglich zu sein. Alles, was digitalisiert werden kann, wird digitalisiert
werden. Deshalb gilt: „Alles erscheint möglich!" Dies ist der Nährboden für eine
neue, visionsorientierte Generation an Führungskräften und Mitarbeitern.

**Offenheit und Veränderungsbereitschaft**

In vielen Unternehmen arbeiten Menschen als Einzelkämpfer an Aufgaben und Problemlösungen. Ganze Abteilungen agieren aus Gründen der Vertraulichkeit, der Geheimhaltung oder des Wettbewerbs mit anderen – internen oder externen – Organisationseinhalten weitgehend abgeschottet. Weil Entscheidungen und Prozessabläufen so jedoch blockiert werden, bekämpft man Ineffektivität und Ineffizienz und treibt mit viel Aufwand Lösungen voran. Schnittstellen zu den erforderlichen Kompetenzen und Ressourcen müssen organisatorisch aufwendig geschaffen werden. Vor allem der Fortschritt in komplexen Entwicklungsprozessen und Wissensarbeit brauchen in dieser Kultur der Einzelkämpfer ihre Zeit.

Vor diesem Hintergrund beschreibt Keese (2014) digitale Organisationen, die sich mit innovativer Wissensarbeit befassen, als extrem anders. Das Silicon Valley diskutiert Ideen mit erstaunlicher Offenheit in den Netzwerken und evaluiert Relevanz und Marktchancen gemeinsam. Das größte Risiko beim Gründen eines Start-ups besteht schließlich darin, etwas bereits Vorhandenes neu zu erfinden oder das Neue nicht bis ins letzte Detail zu durchdenken. Auch Ideen entwickeln sich Schritt für Schritt und verändern sich dabei zum Teil komplett. Diesem Risiko kann man durch Offenheit im Umgang mit neuen Ideen und Lösungen während der Entwicklungsphase begegnen.

Es wird auch deutlich, dass Offenheit und Veränderungsbereitschaft der Beteiligten eine wichtige Voraussetzung für digitales und agiles Arbeiten sind (beispielsweise Leitl 2016).

**Vertrauen als Basis**

Vertrauen ist jene Urerfahrung, die jeder Neugeborene macht und die wir als selbstverständlich im Umgang mit Menschen und Dingen werten würden, da das Bedürfnis nach Vertrauen tief im Inneren des Menschen verankert ist und ihn nicht verlässt. Wir vertrauen oft auch deshalb, weil wir gar nicht anders können, sei es nur, wenn wir der Technik vertrauen, indem wir einen Fahrstuhl besteigen. Wir vertrauen darauf, dass Entscheidungen umgesetzt werden, dass Kollegen sich kooperativ verhalten und zu ihren Zusagen stehen. Dieses Vertrauen ist kein blindes Vertrauen, denn jeder hat auch schon negative Erfahrungen gemacht. Es ist nicht grenzenlos und hier und da auch brüchig geworden. Jeder, der Entscheidungen bewusst auf Vertrauensbasis trifft, könnte sich auch anders entscheiden.

Konkrete Aufgaben und Lösungen zu komplexen Problemen lassen sich am besten in kleinen Teams oder engen Netzwerken mit hoher Geschwindigkeit und vor allem in hoher Intensität angehen. Superdichte Netzwerke sind nicht nur Garant für Schnelligkeit, sondern bieten auch das Vertrauen, das für den schnellen und unkomplizierten Austausch von Informationen erforderlich ist. Dort entstehen starke Ideen und Kreativität. Relevante Informationen werden unkompliziert und auf direktem Wege transparent gemacht und ausgetauscht, Probleme schnell und kurzfristig besprochen und gelöst. Individuen, die in derartig extremen Teamsituationen erfolgreich agieren wollen, benötigen neben den erforderlichen fachlichen Kompetenzen und Fähigkeiten ein hohes Maß an Offenheit sowie eine soziale Grundhaltung zum Aufbau von Vertrauen und Nähe zu anderen Teammitgliedern.

Die grundsätzliche Wirkungsweise und Bedeutung von Vertrauen ist in digitalen Organisationen nicht anders. Digitalisierung verschärft sogar die Notwendigkeit von Vertrauen. Wer in Netzwerken kooperieren will, muss sich auf seine Netzwerkpartner verlassen können. Die Wirtschaft erneuert sich, wird digitaler, transformiert und verändert sich. Ohne Vertrauen lässt sich dabei nicht effizient zusammenarbeiten. Je vielfältiger, komplexer, internationaler und schneller die Prozesse in Organisationen und Kooperationspartnerschaften werden, desto mehr steigt der Wechselkurs von Vertrauen als Währung. Das Neue dabei: Vertrauen entwickelt sich vor dem Hintergrund digitaler Kommunikation und Abstimmung nicht mehr so sehr aus Vertrautheit, aus persönlicher Nähe. Im Umkehrschluss: Vertrauensvolles Zusammenarbeiten in digitalen Organisationen braucht einen Gegenpol, der vertrauensbildend wirkt, indem er beispielsweise persönliche Nähe und Erfahrungen mit anderen Organisationsmitgliedern ermöglicht. Mitarbeiter von digitalen Organisationen sollten die Einstellung und Fähigkeit haben, Vertrauen und Bindung zu anderen aufzubauen.

**Fähigkeit zu Konzentration und Fokussierung**
Auffallend für das „Phänomen Silicon Valley" ist die immer wieder betonte starke Fokussierung und Konzentration auf eine Aufgabe oder ein Problem (Keese 2014). Insbesondere in kreativen Entwicklungsphasen digitaler Wissensarbeit erscheint das Fokussieren und volle Konzentrieren als ein Hebel, um Enthusiasmus und Engagement in Produktivität umzuwandeln. So verzetteln sich die Beteiligten nicht, vergeuden keine Zeit und engagieren sich nicht für Unwichtiges. Ein gewisser Tunnelblick ermöglicht den *Flow,* den man als notwendiges und dennoch stressloses Vertiefen in ein Thema beschreiben könnte. Erforderlich dafür ist ein starker Wille, sich für eine bestimmte Zeit voll und ganz auf das Lösen eines Problems zu konzentrieren. Komplexe Wissensarbeit in engen, fokussierten Netzwerken und Teams erfordert die Bereitschaft aller, komplett einzutauchen und andere, nachrangige oder private Herausforderungen, Aufgaben und Ziele völlig auszublenden.

**Technikkult**

Eine weitere Säule einer digitalen Organisationskultur ist der Technikkult. Dieser basiert auf der Einstellung, dass auch die noch so komplexesten Probleme mit digitaler Technik gelöst werden können und dass Fortschritt exponentiell verläuft. Diese Einstellung schließt ein Vertrauen in Technik, in digitale Entscheidungssysteme und in Big Data ein. Der feste, beinahe etwas starrsinnig wirkende Glaube daran, dass alles was digitalisierbar ist, eines Tages auch digitalisiert sein wird, ist Ausdruck dieses Technikkults. Ihm gehören nicht nur Techniker mit beinahe sportlichem Ehrgeiz und Interesse an innovativen und digitalen Lösungen an.

**Durchhaltevermögen und Selbstmotivation**

Keese (2014) beschreibt Menschen in digitalen Organisationen als Pioniere, die extreme Veränderungen im Übergang von einer analogen Gegenwart zu einer digitalen Zukunft anstoßen, als kämpferisch, agil und flexibel. Mit technischen Innovationsprozessen gehen immer auch Rückschläge einher. Das erfordert Führungspersönlichkeiten und Teams, die eine Vision nicht sofort über Bord werfen, wenn Probleme auftreten oder sich grundlegende Annahmen als falsch herausstellen.

Die Schnelligkeit und häufige Transformation in digitalen Organisationen erfordert Organisationsmitglieder, die selbst bei radikalen Veränderungen in der Vorgehensweise konsequent an ambitionierten Zielen oder Visionen festhalten, die nicht aufgeben und sich dabei selbst motivieren. Mitarbeiter in derartigen Arbeitssituationen brauchen ein entsprechendes Maß an Ehrgeiz, Belastbarkeit, Frustrationsresistenz und Durchhaltevermögen. Technische Herausforderungen, die stark mit ambitionierten Organisationszielen und Visionen verknüpft sind, dienen ihnen als Quelle von Inspiration und sind nicht der Ausgangspunkt von Angst oder Verunsicherung. Mitarbeiter und Führungskräfte sind in der Lage, eine gemeinsame Sache in den Vordergrund zu rücken. Nur dann ist gewährleistet, dass ambitionierte Ziele und Visionen ihre positive, richtungsweisende und motivierende Wirkung nicht bereits beim Auftreten der ersten technischen Barrieren verlieren.

**Teamfähigkeit**

Die digitale Welt führt auch Unterschiede in der Teamarbeit ein und akzentuiert diese neu. Teams funktionieren besonders gut, wenn alle an einem Strang ziehen sowie ein und dasselbe Ziel, eventuell sogar dieselbe Vision verfolgen. Zum Team dazuzugehören, hat für alle eine hohe Priorität. Wettbewerb soll nicht innerhalb des Teams, sondern nach außen entstehen. Ein Team akzeptiert weitgehend Regeln und Normen; dazu gehören das vertrauensvolle, offene Kommunizieren, der gute Informationsaustausch und die Praxis, einander direktes und ehrliches Feedback zu geben. Basis für all das ist ein starkes Vertrauen untereinander. Fehlt dieses Vertrauen, kann man allenfalls von einer arbeitsteiligen Gruppe sprechen. Keese (2014) beschreibt erfolgreiche Teams in kalifornischen Start-ups nach diesem Bauplan. Mitarbeiter digitaler Organisationen sollten aufgrund der großen Bedeutung von Teams die vorhandenen Teamregeln nicht nur akzeptieren, sondern sich in derartigen Teams wohlfühlen und deren Regeln und Gepflogenheiten internalisieren.

**Risiko- und Fehlerkultur**
Auch die Notwendigkeit und Akzeptanz einer Fehlerkultur ist genetischer Bestandteil vieler digitaler Organisationen. „Fail Fast, Fail Forward" (Asghar 2014)! Erfolgreiche Mitarbeiter in digitalisierten Organisationen sind zu hoher Geschwindigkeit und zu hohem Risiko bereit. So treiben sie Aufgaben voran. Keese (2014) spricht in diesem Zusammenhang von Hochgeschwindigkeitsökonomie und Risikokultur. Beides bedeutet die Abkehr vom Perfektionismus sowie das Akzeptieren von Fehlern. Mitarbeiter und Führungskräfte sind gleichermaßen darauf bedacht, sich zu fokussieren, sie planen Projekte mit hoher Schnelligkeit und konzentrieren sich auf das Wesentliche. Sie sind sich bewusst, dass sie beim Beschleunigen auch Fehler provozieren und akzeptieren dies. Diejenigen, die schnell, konzentriert und mit hohen Risiken antreiben, dürfen sich nicht blamieren, wenn Fehler auftreten. Mitglieder digitaler Organisationen mit einem hohen Maß an innovativer Entwicklungs- und Wissensarbeit sollten diese Grundhaltung der Toleranz und Akzeptanz von Fehlern mitbringen.

Es versteht sich von selbst, dass im Silicon Valley ein Mantra wie „Fail Fast!", „Fail Often!" oder „Fail Forward!" nicht als explizite Aufforderung zum absichtlichen Begehen möglichst vieler Fehler verstanden werden darf. Rob Asghar (2014) erläutert den missverständlichen Hype um die häufig diskutierten Failure-Mantras folgendermaßen: „On a visit I made to Silicon Valley last week, one entrepreneur, who preferred that his name not be used, explained the drill in frank terms. ‚Many people here do talk about embracing failure, but that's usually just hype,‘ he said. ‚Many of them fear any kind of failure, and the pressure to succeed is so intense that some new businesses instead find themselves looking for shortcuts.‘"

**Kreativität**
Das Postulat „Be visual" löst Anforderungen an Mitarbeiter aus, die vor dem Hintergrund der Digitalisierung betont werden müssen, aber nicht grundlegend neu sind. Den technisch-digitalen Möglichkeiten geschuldet, bekommen Ton,

Bild, Grafik, Animation – auch die Gamifizierung – einen herausgestellten Platz in der digitalen Arbeitsrealität. Der Kern ist, Information attraktiv und fassbar zu machen und dadurch Komplexität und Intransparenz zu reduzieren. Neben dem Beherrschen der technischen Hilfsmittel ist hierzu vor allem Kreativität gefragt, wenn es um das Präsentieren geht.

Kreativität und Vorstellungsvermögen ist aber auch bei der Entwicklung neuer oder gar disruptiver digitaler Geschäftsmodelle mitsamt ihren enthaltenen Visionen, ambitionierten Zielen, innovativen Lösungen und Begeisterungspotenzialen gefordert. Dies betonte Steve Jobs immer wieder (Isaacson 2011). Schon für Jobs' erste Apple-Phase galten höchste Ansprüche an Kreativität, Inspiration und Schönheit durch zeitloses Design. Jobs betrachtete Kreativität als notwendigen Gegenpool zu den Computer-Nerds mit Tunnelblick. Kreativität ist die Fähigkeit, nicht nur für eine und schon gar nicht nur für die eigenen Sache zu brennen. Jobs suchte stets die Kreativität von Teams mit hoher Diversität, bestehend aus Musikern, Poeten, Künstlern, Zoologen und Historikern, die zufällig zugleich die besten Informatiker der Welt waren.

Die aufgezeigten Einstellungen und Werte in den Köpfen der Mitglieder bestehender Organisationen zu erzeugen oder bewährte Organisationsmitglieder durch junge Digital Natives zu ersetzen, stellt sicherlich eine der größten personalen Herausforderungen der digitalen Transformation einer Organisation dar. Vor allem die Forderung nach dem konsequenten Aufbau eines digitalen Technikkults sorgt bei der Generation X und vorhergehenden Generationen für Irritationen oder wird vielleicht sogar als Provokation empfunden.

### 3.4.2   Bedeutung kultureller Besonderheiten der Digital Generations

Hochdigitalisierte Unternehmen werden sich das, was sie bereits wissen und kennen, zukünftig in perfekter Weise zunutze machen. Künftige Algorithmen ihrer Computer und Roboter werden erstaunliche Fähigkeiten entwickeln. Sie werden menschliches Verhalten auf Basis von Daten und Algorithmen prognostizieren und Strukturen, Prozesse und Entscheidungen simulieren – auch Menschen in Organisationen. Dennoch wird der Mensch, werden seine Einstellungen, Werte und Verhaltensweisen selbst im Falle derart hoch entwickelter digitaler Wissensarbeit ein wichtiger Bestandteil der zukünftigen betrieblichen Realität bleiben.

Ohne den Menschen wird die Auskunft fehlen, wie genau eine Einzelfall-Entscheidung zustande gekommen ist und welche menschliche Motivation ihr zugrunde lag. Die Mitarbeiter und Führungskräfte in Organisationen werden auch in Zukunft biologische Wesen sein, die fest mit ihrem Wissen und mit ihren Motiven verbunden und als Menschen mit einem freien Willen ausgestattet sind. Der Mensch mit seinen Einstellungen, Vorstellungen und Werten markiert damit eine Grenze der Digitalisierung, verkörpert deren Beschränktheit. Wichtige menschliche Erfolgsfaktoren sind für das Funktionieren von Organisationen wichtig und deshalb nicht unmittelbar von der Digitalisierung berührt: Vertrauen, Sympathie, Freundschaft sowie gemeinsame, emotionale Erfolgserlebnisse im Team sind nicht digital. Wenn es um den persönlichen Umgang mit Veränderungen, um das laufende Bewältigen neuer Herausforderungen und den damit verbundenen Stress geht, sind auch die Mitarbeiter in umfassend digitalen Organisationen in gewisser Weise auf sich selbst gestellt. Resilienz ist der Fachbegriff für Stressfestigkeit im Umgang mit massiven Veränderungen. Digitalisierung macht Resilienz nicht überflüssig. Sie erfordert in hohem Maße Resilienz von allen Beteiligten.

Veränderte gesellschaftliche Rahmenbedingungen oder Wertekonflikte zwischen unterschiedlichen Generationen wirken sich im Rahmen der Digitalisierung erheblich aus (Gebhardt et al. 2015) und müssen genauer betrachtet werden. Netzwerke ersetzen oder ergänzen viele auch bewährte personale Strukturen in Organisationen, die hierarchische Autorität in Führungsebenen infrage stellen. Informelle Organisationsstrukturen sind im Vormarsch.

Das bereits von Drucker angedeutete postheroische Management ist Ausdruck einer gesellschaftlichen Neuentwicklung. Neue Generationen, digitale Transformation, Globalisierung, Genderthematik, Frauen in Führungspositionen, moderne Lebensentwürfe und Patchwork-Konstellationen haben die neue Kohorte an gegenwärtigen und zukünftigen Leistungsträgern gründlich verändert. „Digital First" beschreibt ein neues Denken über die Zukunft von Unternehmen und die Rolle von Menschen in Unternehmen. Das in vielen Organisationen vorherrschende Vorbilddenken patriarchalischen Ursprungs ist an einen früheren Erziehungskontext gebunden. Das Führungsmodell von Ehrfurcht und Distanz zwischen Mitarbeitern und Vorgesetzten ist somit überholt.

Vielen Unternehmen und Organisationen, die einschneidende Digitalisierungs-Herausforderungen zu bewältigen haben, steht eine deutliche Verjüngung ihrer Akteure bevor. Der spürbare Generationswechsel geht mit neuen Kommunikationsweisen und einem veränderten Arbeitsverhalten einher. Die junge, medienaffine Generation praktiziert soziale Vernetzung, fordert vehement Wissenstransparenz und prallt dabei im Büro auf ältere Generationen, die im Modus der Wettbewerbsorientierung ausgebildet und unter starkem Wettbewerbsdruck sozialisiert wurden (Gebhardt et al. 2015). Die jungen Talente der Generationen Y oder Z sind frisch ausgebildet und haben neue Ideen. Sie werden für die Lösung digitaler Wissensarbeit gebraucht. Sie denken anders als vorhergehende

Generationen, agieren anders, nicht nur im Umgang mit digitalen Medien. Viele Angehörige dieser neuen Generation verfolgen auch andere persönliche Ziele in ihrer Lebensplanung. Deren Motivation lässt sich entsprechend tendenziell immer weniger mit herkömmlichen materiellen und immateriellen Anreizen wecken.

Der Aufbau einer passenden digitalen Organisationskultur gelingt nur, wenn die Einstellungen und Werte der meisten Mitglieder dieser Organisation in die gemeinsame, organisationale Kultur integriert werden können. Hierzu gehört auch, unterschiedliche Gruppierungen mit unterschiedlichen Denkhaltungen innerhalb einer Organisation aufeinander abzustimmen, Abschottung sowie kulturbedingte Konflikte und Reibungen zu vermeiden.

Dies stellt vor allem in Organisationen, die eine digitale Transformation zu bewältigen haben, eine große personale Herausforderung dar. In vielen Büros treffen zwei Generationen mehr oder weniger schmerzhaft aufeinander, die sich zwar grundsätzlich positiv gegenüberstehen, sich jedoch in einigen Grundhaltungen und Verhaltensweisen überhaupt nicht ähneln (Gebhardt et al. 2015; Werle 2013).

Da sind einerseits die Generation X und die Babyboomer, vor den 1980er Jahren geboren, die meist eine Organisation aufgebaut und den Erfolg der Vergangenheit erarbeitet, dabei häufig ihr Lebenskonzept den organisationalen Anforderungen untergeordnet und durchwegs verantwortungsvolle Positionen im Unternehmen ergattert haben. Als Belohnungskonzept dienen dieser in der Industrieökonomie sozialisierten Generation X Machtbefugnisse, Privilegien sowie materielle Anreize. Übergeordnete Führungskräfte, deren Machtgefüge und Erfolg werden traditionell heroisiert, deren Verhalten nachgeahmt. Auf hierarchisch übergeordneten Ebenen getroffene Entscheidungen stellt diese Generation nicht infrage. Ein gewisses Maß an Zeit verwendet sie dafür, Kolleginnen oder Kollegen im internen Wettbewerb auszustechen.

Auf der anderen Seite finden sich in den Büros vermehrt Digital Natives, Angehörige der Generationen Y oder Z, nach den 1980er Jahren geboren, sehr technikaffin und mit Internet und mobiler Kommunikation aufgewachsen. Diese Generation fühlt sich vergleichsweise freier und unabhängiger. Sie verehrt und bewundert machtbeflissene Vorgesetzte in geringerem Ausmaß und strebt vor allem nach Selbstwirksamkeit und Partizipation auf Augenhöhe. Sie lehnt ein Arbeitsethos basierend auf Fleiß, Disziplin und Gehorsam tendenziell ab und beurteilt Ziele und Aufgaben mehr nach Sinnhaftigkeit und persönlichem Lerninteresse. Als wichtiger Motivationstreiber dieser Generation gilt die Möglichkeit, berufliches Schaffen mit individuellem Lebenssinn zu verknüpfen, dabei bleibende, auch kollektive Werte zu erzeugen und vielleicht sogar die Welt ein bisschen besser zu machen (Keese 2014).

Materielle Belohnungen empfinden die Angehörigen dieser neuen Generation im Vergleich zu vorhergehenden tendenziell in geringerem Ausmaß als Anreiz. Als starke positive Anreize empfinden sie wertvolle persönlichkeitsentwickelnde Erfahrungen und Respekt, schnelles eigenverantwortliches Arbeiten und Selbstwirksamkeit, konstruktives Feedback und den Umstand, sich bei alledem nicht quälen zu müssen. Dies sollten wir jedoch nicht mit Faulheit gleichsetzen. Vielmehr ist es ein Anliegen dieser Generation, mit Körper, Gesundheit, Belastungen und Zeit konsequent und angemessen umzugehen. Ihre Eltern haben häufig bewiesen, wie wenig freudvoll und familienvereinbar ein Workaholic-Leben ist. So wie ihre Eltern wollen viele Ypsiloner nicht leben.

Die Generation Z unterscheidet sich von der Generation Y vorwiegend dadurch, dass die Ztler von Anfang an mit digitalen Medien wie dem Internet oder dem Smartphone aufgewachsen sind. Sie empfindet dementsprechend keine Angst oder Scheu im Umgang mit digitalen Medien und ist nicht erst wie die Generation Y im frühen Jugendalter digital sozialisiert worden. Relevante, zu berücksichtigende Verhaltensunterschiede können jedoch dadurch nicht identifiziert werden und finden deshalb auch in der weiteren Betrachtung keine Berücksichtigung (Schütz 2015).

Julia Frohne (2015) fasst in einer Studie des Kienbaum-Instituts das Verhalten und die Wünsche der Generation Y sehr detailliert zusammen:

- Die Generation Y stellt vielfältige Anforderungen an ihre beruflichen Aufgaben, wünscht sich Freiheit und Unabhängigkeit beim Erledigen und ein regelmäßiges, entwicklungsförderndes Feedback.
- Kollegiale Arbeitsatmosphäre und die Möglichkeit zu einer ausgeglichenen Balance zwischen beruflichen Anstrengungen und privaten Interessen stellen wichtige Merkmale ihres Wunsch-Jobs dar.
- Bedeutsame Werte und Ziele der Generation Y sind ausreichend Freizeit, Gesundheit, Zeit für Familie und Freunde, Reisen und Einblicke in fremde Kulturen, Entwicklung und die Möglichkeit zur Selbstverwirklichung.
- Wenn dies der eigenen Entwicklung dient, ist die Generation Y bereit, berufliche Herausforderungen anzunehmen und sich ihnen komplett hinzugeben.

Als besonders karrieremotivierend führt die Kienbaum-Studie (Frohne 2015) vor allem folgende Merkmale, Werte und Ziele einer Tätigkeit auf:

- Aufgaben sollen mit Prestige verbunden sein, einen Zusammenhang mit der persönlichen Entwicklung oder einem Aufstieg beinhalten und mit Anerkennung durch den Vorgesetzten oder andere verbunden sein.

- Erfolg und Karriere werden an individuellen Entwicklungsmöglichkeiten, guter Bezahlung und der Möglichkeit zur Übernahme von Verantwortung fest gemacht. Auch Chancen auf individuelle Entfaltung motivieren.
- Möglichkeiten einer Einflussnahme, etwas zu entwickeln und zu verändern, spielen eine große Rolle.

Die Generationen Y und Z lassen sich in starren, von Macht und Einfluss geprägten Hierarchien und mit einem Plädoyer für Disziplin und Gehorsam kaum motivieren. Sie bevorzugen flexible und flache Strukturen. Sie wollen in Projektteams mit anderen auf Augenhöhe arbeiten, inhaltlich Aufgaben ganzheitlich bis zum Erfolg führen, sich mit einer höheren Sache identifizieren. Unternehmenskultur und Arbeitsatmosphäre erscheinen somit als Schlüssel zur Motivation der Generation Y und Z. Viele typische Elemente konsequent digitaler Arbeitswelten harmonisieren mit den Einstellungen, Werten und Anforderungen der Generationen Y und Z:

- das Denken und der Austausch in starken Netzwerken
- der schnelle und unkomplizierte Zugang zu Wissen
- eine Kultur der direkten Kommunikation auf Augenhöhe
- die durchgehende Nutzung digitaler Medien und sozialer Netzwerke
- ausreichend Freiräume zur Selbstentwicklung
- ein von Raum und Zeit entkoppelter Arbeitsplatz für Wissensarbeit

Vor allem letzteres erscheint als wichtiges Kriterium für einen attraktiven Arbeitgeber, da es eine Ausbalancierung privater Interessen mit beruflichen Aufgaben in Aussicht stellt. Kein Vertreter der Generation Y und Z will Zeit im Büro absitzen, wenn gerade keine Aufgaben anstehen, nur weil dies der aktuellen Einsatzplanung entspricht.

Andererseits stellen die starke Zunahme an Arbeitsgeschwindigkeit und -intensität sowie gestiegene Anforderungen an Flexibilität ein Problem dar. Oftmals empfinden Mitarbeiter als belastend, wenn sie sich im Büro voll auf eine Aufgabe konzentrieren sollen. Auch die permanente Erreichbarkeit und eine eventuell fehlende Abgrenzung von beruflichem zu privatem Leben stellt für viele Angehörige der von bösen Zungen „Kuschelkohorte" (vgl. Werle 2013) genannten Generation ein Problem dar. Die Zunahme an Stress, der durch digitale Wissensarbeit ausgelöst werden kann, entspricht häufig nicht den idealistischen, ichbezogenen Vorstellungen von Arbeitsatmosphäre und Work-Life-Balance. Digitale Führungsmaßnahmen müssen genau hier ansetzen und dies berücksichtigen.

## 3.4.3   Führungskultur im Wandel

Mit den Veränderungen der Führungskultur, die vor allem durch den technischen Wandel und die Digitalisierung ausgelöst werden, setzt sich seit Mitte September 2012 das ergebnisoffene Projekt „Forum Gute Führung" auseinander. Es wird im Rahmen der Initiative Neue Qualität der Arbeit gefördert (Kruse 2014). Der aktuelle Monitor mit Ergebnissen aus einer umfangreichen Befragung von Führungskräften konzentriert sich bewusst auf die veränderten Herausforderungen, Einstellungen und Werte von Führungskräften. Denn im Wettbewerb um qualifizierte, digital denkende und agierende Fachkräfte wird kompetente Führung für Unternehmen zum entscheidenden Faktor.

Die Befragung sollte das implizite Wissen von 400 ausgewählten Führungsverantwortlichen sichtbar machen und zeigen, welche Wertemuster ihr Führungshandeln beeinflussen. Die Ergebnisse überraschen in ihrer Ehrlichkeit und Deutlichkeit. Führungskräfte erkennen Veränderungsnotwendigkeiten und konstatieren ein Umsetzungsdefizit.

Im Rahmen der Studie wurden 400 Tiefeninterviews mit Führungskräften durchgeführt. Die Führungskräfte dienten als intuitive Expertinnen und Experten, um ein differenziertes Bild der Führungskultur in Deutschland zu zeichnen. Ziel dieser Kulturstudie war es herauszufinden, welche unbewussten Wertvorstellungen und kollektiven mentalen Muster das Handeln der Führungskräfte bestimmen. Außerdem haben die Teilnehmer die tatsächliche Entwicklung der Führungspraxis bewertet und die Herausforderungen genannt, die Führungskräfte für die Zukunft erwarten.

Die Befragungsergebnisse lassen sich zu zehn Kernaussagen guter Führung verdichten (Kruse 2014):

**1. Flexibilität und Diversität sind weitgehend akzeptierte Erfolgsfaktoren**
Das Arbeiten in beweglichen Führungsstrukturen, mit individueller Zeiteinteilung und in wechselnden Teamkonstellationen ist aus Sicht der meisten Führungskräfte bereits auf einem guten Weg. Die Idee ist in den Unternehmen angekommen, dass man Unterschiedlichkeit fördern sollte. Beiträge zur Führungskultur aus weiblichen Erfahrungswelten bewerten die Befragten äußerst positiv.

**2. Prozesskompetenz ist für alle das aktuell wichtigste Entwicklungsziel**
100 % der interviewten Führungskräfte halten die Fähigkeit zur professionellen Gestaltung ergebnisoffener Prozesse für eine Schlüsselkompetenz. Angesichts instabiler Marktdynamik, abnehmender Vorhersagbarkeit und überraschender Hypes erscheint ein schrittweises Vortasten erfolgversprechender als das Ausrichten des Handelns an Planungen, deren Verfallsdatum ungewiss ist.

**3. Selbst organisierende Netzwerke sind das favorisierte Zukunftsmodell**
Die meisten Führungskräfte sind sich sicher, dass die Organisation in Netzwerkstrukturen am besten geeignet ist, um die Herausforderungen der modernen Arbeitswelt zu bewältigen. Mit der kollektiven Intelligenz selbst organisierender Netzwerke
verbinden diese Führungskräfte die Hoffnung auf mehr kreative Impulse, höhere
Innovationskraft, beschleunigte Prozesse und verringerte Komplexität.

**4. Hierarchisch steuerndem Management wird mehrheitlich eine Absage
erteilt**
Die meisten Führungskräfte stimmen überein, dass es in der komplexen und
dynamischen Arbeitswelt von morgen nicht mehr angemessen ist, zu steuern
und zu regeln. Mehr Volatilität und weniger Planbarkeit lassen ergebnissichernde
Managementwerkzeuge wie Zielemanagement und Controlling als wenig tauglich
erscheinen. Die meisten Mitarbeiter lehnen die klassische Linienhierarchie klar
ab und stilisieren sie geradezu zum Gegenentwurf von „guter Führung".

**5. Kooperationsfähigkeit hat Vorrang vor alleiniger Renditefixierung**
Mehr als die Hälfte der interviewten Führungskräfte geht davon aus, dass traditi-
onelle Wettbewerbsstrategien die Grenzen ihrer Leistungsfähigkeit erreicht haben
und das Prinzip Kooperation weiter an Bedeutung gewinnt. Nur noch 29,25 % der
Führungskräfte präferieren ein effizienzorientiertes und auf die Maximierung von
Profiten ausgerichtetes Management als ihr persönliches Idealmodell von Führung.

**6. Persönliches Coaching ist ein unverzichtbares Werkzeug für Führung**
Mit dem Übergang zur Netzwerkorganisation schwindet der selbstverständliche
Schonraum hierarchischer Strukturen. Eigene Vorstellungen über Anweisun-
gen durchzusetzen, werde immer schwieriger oder sei gar nicht mehr möglich.
Mächtig sei nur, was auf Resonanz trifft. Einfühlungsvermögen und Einsichts-
fähigkeit werden dadurch immer wichtiger. Alle Akteure, ob nun Führungskraft
oder geführte Mitarbeiterinnen und Mitarbeiter, bräuchten im Unternehmen mehr
Reflexion und intensive Entwicklungsbegleitung.

**7. Motivation wird an Selbstbestimmung und Wertschätzung gekoppelt**
Führungskräfte gehen davon aus, dass die motivierende Wirkung von Gehalt
und anderen materiellen Anreizen tendenziell abnimmt. Persönliches Engagement assoziieren sie mehr mit Wertschätzung, Entscheidungsfreiräumen und
Eigenverantwortung. Autonomie werde wichtiger als Statussymbole, und der
wahrgenommene Sinnzusammenhang einer Tätigkeit bestimme den Grad der
Einsatzbereitschaft.

**8. Gesellschaftliche Themen rücken in den Fokus der Aufmerksamkeit**

Führungskräfte schenken der Stakeholder-Perspektive eines Ausgleichs der Ansprüche und Interessen von verschiedenen gesellschaftlichen Gruppen intuitiv mehr Raum. Mehr als 15 % aller Freitext-Beschreibungen im Führungskontext beschäftigen sich mit Fragen der gesellschaftlichen Solidarität und der sozialen Verantwortung von Unternehmen.

**9. Führungskräfte wünschen sich Paradigmen-Wechsel in der Führungskultur**

Mehr als drei Viertel der 400 interviewten Führungskräfte sind davon überzeugt, dass der Standort Deutschland ohne eine grundlegende Änderung in der aktuellen Führungspraxis weit unter seinen Möglichkeiten bleibt. Die Studie setzt retrospektiv auch die Entwicklung der Führungspraxis seit 1950 in Relation zu den Führungsanforderungen von gestern, heute und morgen. Das macht in vollem Umfang deutlich, dass sich die Führungskultur in Deutschland ändern muss. Die Schere zwischen Führungspraxis und Führungsanforderungen öffnet sich seit Jahren immer stärker. Ein Großteil der Führungskräfte sieht den typisch deutschen Führungsstil als einen entscheidenden Nachteil im Ringen um Talente, die man gewinnen und binden will. Sie vermuten auch bei den Mitarbeitern ein vergleichbar hohes Kritikpotenzial an der Führungsrealität in den Unternehmen.

**10. Führungskultur wird kontrovers diskutiert**

Zusammengefasst: Viele der 400 interviewten Führungskräfte sehen die Führungspraxis in Deutschland in großer Distanz zu den Führungsanforderungen, die sich tatsächlich durch den Wandel der Arbeitswelt ergeben. Trotz der im europäischen Vergleich guten Wirtschaftslage sehen die Führungskräfte die Kriterien, die ihnen im Kontext „guter Führung" wichtig sind, nicht einmal zur Hälfte verwirklicht (mittlerer Erfüllungsgrad 49,3 %). Sie kritisieren eine seit Jahren bestehende Fehlentwicklung der Führungskultur. Die Situation sei mit einem anfahrenden Zug vergleichbar: Die Gefahr, den Anschluss zu verpassen, nehme kontinuierlich zu.

Zudem kann Kruse (2014) in diesem ergebnisoffenen Prozess individuelle Unterschiede in der inhaltlichen Verortung guter Führung identifizieren und fünf unterschiedliche Präferenztypen der Führung mathematisch eindeutig voneinander trennen. Ohne Anspruch auf statistische Repräsentativität gibt diese Typisierung eine erste Einschätzung über die prozentuale Verteilung der Präferenzen, die Deutschlands Top-Manager für das Bewältigen zukünftiger Führungsherausforderungen setzen:

**Typ 1 (13,5 % der Befragten): „Traditionell absichernde Fürsorge"**
Eine gute Führungskraft hat die Fähigkeit, Menschen im direkten Kontakt Sicherheit zu geben und ihnen persönlich den Rücken zu stärken. Gute Führung ist authentisch, kompetent und besitzt natürliche Autorität. Loyalität und Zufriedenheit der Mitarbeiter sind das Ergebnis persönlicher Vorbildfunktion und der Übernahme von Verantwortung. Zentrales Ziel ist, langfristig die Arbeitsplätze der Menschen im Unternehmen sowie stabile Beziehungen und Organisationsverhältnisse zu sichern.

**Typ 2 (29,5 % der Befragten): „Steuern nach Zahlen"**
Eine gute Führungskraft ist in der Lage, Menschen so zu organisieren, dass sie auf der Basis eines bestehenden Geschäftsmodells maximalen Profit erwirtschaften. Gute Führung erhöht die Wettbewerbsfähigkeit des Unternehmens über Strategie, Zielemanagement und ein professionelles, auf Kennzahlen gestütztes Controlling. Zentrales Ziel ist, eine attraktive Rendite für die Kapitaleigner zu gewährleisten.

**Typ 3 (17,75 % der Befragten): „Coaching kooperativer Teamarbeit"**
Eine gute Führungskraft unterstützt und begleitet die Zusammenarbeit in dezentral organisierten, sich flexibel verschiedenen Aufgabenstellungen anpassenden Teams. „Gute Führung" fördert eine höhere interne Diversität, sorgt für maximale Transparenz von Information und gemeinsame Reflexion von Zusammenhängen. Zentrales Ziel ist, Synergiepotenziale im und zwischen Unternehmen zu heben.

**Typ 4 (24 % der Befragten): „Stimulation von Netzwerkdynamik"**
Eine gute Führungskraft lässt viel Raum für Eigeninitiative und begünstigt das ungehinderte, hierarchiefreie Vernetzen aller Akteure im Unternehmen. „Gute Führung" vereint Menschen mit unterschiedlichen Lebensentwürfen unter einer attraktiven Vision und vertraut auf ihre Fähigkeit zur Selbstorganisation. Zentrales Ziel ist, die Komplexität vernetzter Märkte durch eigene Netzwerke zu bewältigen.

**Typ 5 (15,5 % der Befragten): „Solidarisches Stakeholder-Handeln"**
Eine gute Führungskraft motiviert hauptsächlich über persönliche Wertschätzung, Freiräume und die Sinnhaftigkeit gemeinsamer Arbeitszusammenhänge. „Gute Führung" ist offen für basisdemokratische Teilhabe. Themen gesellschaftlicher Solidarität und sozialer Verantwortung sind im Alltagshandeln präsent und wichtig. Zentrales Ziel ist, die Interessen aller relevanten Stakeholder optimal zu balancieren.

Das „Forum Gute Führung" betont die Ergebnisoffenheit im Forschungs-
prozess. Die Studie ist deshalb nur eine Momentaufnahme und ein Zwi-
schenergebnis. Sie liefert sehr gute Erkenntnisse über die Veränderungs- und
Handlungsfelder, die Führungskräfte in deutschen Unternehmen im Rahmen ihrer
personalen digitalen Transformation bewältigen müssen. An der zunehmenden
Bedeutung neuer, offener und agiler Strukturen, dem Wandel der Führungsrolle
zum Coach auf Augenhöhe lässt auch die von Kruse dargestellte Studie keinen
Zweifel. Sie verdeutlicht außerdem, dass Organisationen sich gegenüber externen
Netzwerken und der Gesellschaft öffnen müssen.

### 3.4.4  Vormarsch der Netzwerke

Die wachsende Konkurrenz durch US-IT-Konzerne wie Google und Apple zwingt
das traditionelle Automobilunternehmen Daimler, schneller zu agieren und Strukturen zu überdenken. Daimler-Chef Zetsche (2016) setzt dafür auf Schwarmorganisation. Dieses Prinzip soll seine Organisation komplett revolutionieren, Daimler
zurück an die Spitze der Premium-Autobauer bringen und den Konzern fit für die
gegenwärtigen und zukünftigen Herausforderungen der Digitalisierung machen.
Mitarbeiter, die nicht in strikte Hierarchien eingebunden sind, werden hierzu
wie in einem Netzwerk für bestimmte Themen verknüpft. In dieser neuen Kultur
agieren Mitarbeiter und Führungskräfte unabhängig von Abteilungsgrenzen sehr
autonom vernetzt, ohne Beschränkung auf Projekte, auch dauerhaft. Drei bis vier
Prozent der Mitarbeiter sollen laut Zetsche in einem Schwarm tätig sein, der sich
mit der Mobilität der Zukunft beschäftigt.

Daimler reagiert auf neue Herausforderungen, die nicht nur in der Digitalisierung und dem Wertewandel neuer Generationen begründet sind. Anspruchsvolle,
digitale Wissensarbeit erfordert von den Organisationen, in denen sie stattfindet,
ein hohes Maß an Schnelligkeit und Flexibilität. Mitarbeiter und Führungskräfte
müssen Ideen, Möglichkeiten, Kreativität und vor allem Fachkompetenz, über
welchen Kanal auch immer, voll einbringen können. Dominanz und Stellung von
Führungskräften im hierarchischen Machtgefüge dürfen nicht dazu führen, dass
beteiligte Leistungsträger zu Fügsamkeit gedrängt und somit in ihrer individuellen Leistungsfähigkeit eingeschränkt, beschnitten oder verlangsamt werden. Nur
so können die humanen Ressourcen einer digitalen Organisation genutzt werden.
Führung erfordert heutzutage ein sehr viel höheres Maß an Offenheit und Flexibilität. Die passenden Organisationsformen für digitale Wissensarbeit sind daher
tendenziell eher flach, mit wenig Hierarchiestufen ausgestattet und von einer
hohen Dominanz von Team- und Projektarbeit zulasten aufwendiger Hierarchien

gekennzeichnet. Diese flachen Organisationen sind wesentlich flexibler und agiler als die traditionellen Organisationsstrukturen mit ihrer klaren Aufgaben- und Verantwortungstrennung in einer hierarchischen Linienstruktur.

Dabei ist zu betonen, dass Hierarchien auch in digitalen Arbeitswelten nicht grundsätzlich hinderlich und schlecht sind. Eine Hierarchie an Zielen, Unterschiede in den Kompetenzen und in den Aufgaben sowie aufeinander abzustimmende Prozesse haben auch digitale Organisationen. Sie lassen sich nicht wegdiskutieren. Jedes Management kann ein gewisses Mindestmaß an Hierarchie erfordern. Hierarchie wird dabei verstanden als ein sinnvolles Instrument, Komplexität zu reduzieren. Hierarchien definieren Strukturen, Positionen, Prozesse und Entscheidungskompetenzen. Sie sollen vermeidbare Entscheidungen und eine vermeidbare Intransparenz überflüssig machen. Dieses funktionale Verständnis von Hierarchie, Macht und Entscheidungskompetenzen ist durchaus mit den Anforderungen an Flexibilität und Agilität von digitalen Organisationen vereinbar, zumindest in bestimmten geeigneten Funktionsbereichen. So erscheint in großen Unternehmen eine funktionale Gliederung in Vertrieb, Human Resources oder Marketing durchaus sinnvoll. Hierarchische Strukturen sind für die Orchestrierung einer Vielfalt an Themen, Entscheidungen, Prozessen sowie deren Inhabern notwendig. Innerhalb dieser Strukturen muss jedoch für mehr Schnelligkeit, Flexibilität und Agilität gesorgt werden.

Mehr Flexibilität und Agilität kann vor allem durch den gezielten Aufbau einer sinnvollen Netzwerkkultur erzeugt werden. Sinnvoll meint dabei nur dort, wo eher Kreativität, Schnelligkeit und Agilität erforderlich sind und weniger die Klarheit einer Struktur. Dies kann durch folgende Grundhaltungen und Maßnahmen bei beteiligten Mitarbeitern und Führungskräften gefördert werden (Keese 2014; Petry 2016; Frank und Hübschen 2015):

- Der Netzwerkgedanken wird stärker und das Arbeiten schneller, unkomplizierter und strukturübergreifend, wenn alle Mitarbeiter und Führungskräfte einer Organisation jederzeit und überall, im Alleingang oder auch gemeinsam mit Kollegen, auf einen ausgewählten Großteil der relevanten Informationen zugreifen können. Wissens-Silos, die einer Machthierarchie entstammen, blockieren digitale Wissensarbeit und gehören der Vergangenheit an. Mitarbeiter und Führungskräfte müssen Kooperationsbereitschaft und Fähigkeit zu vertrauensvollem Zusammenarbeiten mitbringen. Vor allem Führungskräfte müssen loslassen können.
- Positive Effekte auf die Netzwerkkooperationen ergeben sich zudem, wenn Mitarbeiter aus unterschiedlichen Hierarchiestufen langfristig in Projekt- und Teamstrukturen eingebunden sind. Der systematischen strukturübergreifenden

Projekt- und Teamarbeit gehört die Zukunft. Mitarbeiter und Führungskräfte müssen diese hierarchielose Konstellation in Teams akzeptieren und die Fähigkeit entwickeln, hierarchisch bedingte soziale Distanzen und Beklemmungen abzubauen – und zwar in beide Richtungen.

- Technische und personale Voraussetzungen für effektive Netzwerkarbeit müssen geschaffen werden. Dies kann zum Beispiel im Rahmen eines unpersönlichen Wissensaustauschs durch Nutzung digitaler Medien erfolgen oder mittels Wissenstransfer auf Basis persönlicher Kontakte. Wissensmanagement, Meetings zum systematischen Wissensaustausch, eine Öffnung für Expertenwissen von außen oder einfach mehr persönliche Nähe zu erfahrenen Wissensträgern und Kollegen spielen in Zukunft eine größere Rolle. Das erfordert Offenheit und Zugänglichkeit.

- Für konzentrierte und kreative Teamarbeit stellt die Unendlichkeit der großen virtuellen Netzwerke eher eine Grenze oder Belastung dar. Übertriebene und komplexe virtuelle Kommunikation in großen Netzwerken, beispielsweise durch häufige Videokonferenzen, permanente Erreichbarkeit, virtuelle Pin-Wände oder Soziale Netzwerke, hemmen konzentrierte, kreative Prozesse und Wissensarbeit. Diese ist eher in sehr dichten Netzwerken mit großer Nähe und Vertrautheit möglich, teils sogar auf engstem physischem Raum. In derartig dichten und kleinen Netzwerken können starke Ideen und Kreativität entstehen. Beteiligte Mitarbeiter und Führungskräfte benötigen die Fähigkeit, diese Nähe zuzulassen.

Aus den Erfahrungen von Start-ups lässt sich ableiten, dass kleine digitale Organisationen am besten wie agile Teams planen und handeln, wenn sie schnell, effektiv und effizient sein wollen. Jedoch auch große Konzernstrukturen können flexible und agile Teams für bestimmte Themen ausgliedern. Diese Teams müssen die Freiheit erhalten, anders als in den bestehenden Leitungshierarchien und Strukturen zu arbeiten. Sie können immer dann schnell und agil sein (Petry 2016), wenn sie losgelöst von den üblichen Verantwortungs- und Entscheidungs-Hierarchien arbeiten – und losgelöst von Planungs- und Reporting-Routinen. Idealerweise sind sie mit eigenen Verantwortungs- und Entscheidungs-Spielräumen sowie mit eigenen Kommunikationswegen ausgestattet, arbeiten sehr fokussiert auf ein Ziel hin und dies meist sehr kundenzentriert. Solche agilen Teams können selbst entscheiden, wie sie ein Ziel erreichen wollen. Sie sind geeignet für das Bearbeiten von Themen, die einen eindeutigen internen oder externen Kunden haben (Product Owner), strategisch relevant und/oder repräsentativ sind. Die Teammitglieder müssen dafür die richtigen Fähigkeiten und Kompetenzen mitbringen: die Bereitschaft und Fähigkeit zu eigenverantwortlichem Denken und

Handeln, zur Übernahme von Verantwortung, zur Selbstmotivation und zu konzentriertem und intensivem Arbeiten im Team.

Kleine Teams, die sich mit geringem bürokratischem Aufwand selbst organisieren und mit gemeinsamen Zielen und konzentrierter Verantwortung agieren, erzeugen am ehesten Agilität und Flexibilität (Petry 2016). Beim Gestalten der Organisation sollte man deshalb beachten, dass solche Teams die volle Unterstützung der sie umgebenden Gast- oder Dachorganisation (Host-Organisation) brauchen. Idealerweise erhalten sie diejenigen Kompetenzen und Funktionen als Shared Services angeboten, die nicht unmittelbar relevant für das Erreichen ihrer Ziele sind. Im Team lassen sich so Einbußen an Agilität, unnötiger Overhead, unnötige Gemeinkosten und Anstrengungen vermeiden. Shared Services, die für die erfolgreiche und agile Arbeit von Teams notwendig sind und typischerweise extern abgebildet werden, sind beispielsweise Back-Office und Administration, Controlling, Einkauf, IT, Facility-Management oder Human Resources Management. Diese innen liegenden Funktionsbereiche einer großen Organisation sind prädestiniert dafür, ihre Services für kleine, agile Einheiten anzubieten.

Mit den beweglichen und agilen Organisationsformen sind in gewisser Weise auch Versprechen an die neuen, heranrückenden Job-Generationen Y und Z verbunden (Frank und Hübschen 2015, S. 121). Sie erwarten, die aus dem privaten Leben gewohnte digitale Vernetzung auch beruflich fortzuführen. Diese Generation hat verinnerlicht, dass es für alles und jeden Suchmaschinen gibt, mit deren Hilfe jede Art von relevantem Wissen rund um die Uhr nutzbar ist.

## 3.5 Führung in digitalen Unternehmen und Organisationen

Im Folgenden werden unterschiedliche Bausteine zur Führung von Menschen in digitalen Organisationen vorgestellt. Einiges erscheint nicht neu – ist es auch nicht. Im digitalen Kontext sollten wir es lediglich neu betrachten und akzentuieren.

### 3.5.1 Transformationale Führung

Konsequentes Digitalisieren einer Organisation geht mit Vielem einher, das auf eine Zunahme an Komplexität schließen lässt: Arbeiten in großen Netzwerken, geringerer Einfluss von Strukturen und Hierarchien, mehr Geschwindigkeit, mehr Diversität in Teams, mehr Globalisierung, komplexere Wissensarbeit und vieles mehr.

Die neue Komplexität lässt die Dinge schwieriger oder komplizierter erscheinen, weil immer mehr Faktoren Einfluss nehmen. Es gibt mehr Wirklichkeiten und Perspektiven für das Bewältigen von Aufgaben oder für das Lösen eines Problems als vorher. Zur Führungskompetenz in digitalen Organisationen gehört es, mit dieser neuen Komplexität umgehen zu können.

Bei einfachen Angelegenheiten oder Problemen hilft systematisches Vorgehen. Eine Minimalanforderung an eine strukturierte Vorgehensweise ist der Dreischritt – ob bewusst oder unterbewusst: Problem beschreiben, Problem analysieren und Problem lösen. Bei einfachen Aufgaben ist das Problem erkennbar beziehungsweise bekannt und lösbar; die vertrauten Methoden sind erfolgreich und sinnvoll. Beim Umgang mit komplexen Problemen in undurchsichtigeren Sachverhalten oder Systemen wird es jedoch komplizierter, vor allem dann, wenn eine Vielzahl an unterschiedlichen Ursache- und Wirkungsmechanismen beteiligt sind.

Das Fokussieren auf gemeinsame Visionen oder ambitionierte Ziele scheint gerade in diesen komplexen Arbeitswelten zu den Erfolg versprechenden Führungskonzepten zu gehören. Komplexitätsreduktion resultiert aus dem Bündeln aller Aktivitäten auf eine Vision oder ein ambitioniertes Ziel als richtungsweisenden Leuchtturm. Im Fokus steht alles, was die Vision unterstützt oder zum Ziel führt. Alles, was lediglich geringfügig zum Ziel beiträgt, kann man vernachlässigen oder auf später verschieben.

Wie Ziele positiv Verhalten steuern, beschreibt die Zielsetzungstheorie von Locke. Sie ist eines der bedeutsamsten, praxisrelevanten motivationstheoretischen Konzepte (Locke et al. 1984; Locke und Latham 2002; Robbins et al. 2014). Die Kernaussage ist, dass Ziele einen Menschen grundsätzlich motivieren, indem sie in ihm einen positiven Spannungszustand erzeugen, der Richtung aufzeigt, Orientierung gibt und Handlungen aktiviert.

Ziele müssen herausfordernd und präzise gestaltet sein sowie eine regelmäßige Rückkopplung über Fortschritte zulassen. Hochgesteckte spezifische Ziele beeinflussen die Leistung, indem sie auf die Anstrengung, die Ausdauer, die Richtung und das sinnvolle Anwenden von Problemlösungsstrategien wirken.

Folgende Kriterien spielen im Zielsetzungsprozess eine Rolle (Robbins et al. 2014):

- *Zielbindung und Zielentschlossenheit* müssen groß, das Commitment möglichst mehrdimensional, rational und emotional begründet sein.
- Ziele wirken besonders, wenn sie *anspruchsvoll* sind und der Geführte das Formulieren der Ziele mit beeinflussen konnte. In Teams erzeugt die *Mitwirkung* aller Teammitglieder am Zielsetzungsprozess eine positive Leistungsbereitschaft.

- Ziele müssen *öffentlich bekannt und anerkannt* sein. Im Idealfall sind sie verständlich visualisiert und dadurch gut begreifbar.
- Kurzfristiges und zuordenbares *Feedback* stellt eine weitere Voraussetzung für die Wirksamkeit von Zielen dar. Dabei muss das Feedback nicht immer von Vorgesetzten oder anderen kommen. Selbstüberwachung und die Fähigkeit zur Reflexion sind oft stärkere Motivatoren als die Rückmeldung von Dritten.
- Das *Gefühl der Partizipation,* bei relevanten Entscheidungen mitreden und sie beeinflussen zu können, ist ebenfalls eine Voraussetzung für die Motivationswirkung von Zielen.
- Schließlich erzeugt *Selbstwirksamkeit* einen positiven Effekt. Darunter ist die Einschätzung einer Person über ihr Vermögen zu verstehen, die nötigen Handlungen zu organisieren und auszuführen. Menschen mit hoher Selbstwirksamkeit setzen sich selbst höhere Ziele, fühlen sich mehr verbunden mit den gesteckten Zielen, finden bessere Problemlösungsstrategien (und nutzen diese auch) und reagieren besser auf negatives Feedback.

Auf die positive verhaltensbeeinflussende Wirkung von Zielen und Visionen baut auch das Konzept der transformationalen Führung auf (Robbins und Judge 2010; Bass und Riggio 2006). Führung durch Transformation stellt einen Gegensatz zur transaktionalen Führung dar.

- Die transaktionale Führungsaufgabe sucht den sozialen Austausch zwischen Führungskraft und Mitarbeiter mit dem Ziel, Motivation zu erzeugen und auf gesteckte Ziele hinzuarbeiten, wobei eine Belohnung in Aussicht steht. Die Versorgung mit relevanten Ressourcen und Informationen ist ebenfalls ein wichtiger Baustein.
- Führung durch Transformation beschreibt hingegen eine Führung, die Mitarbeiter durch ambitionierte Ziele und Visionen inspiriert. Motivation entsteht, indem die Geführten die Ziele und Visionen internalisieren und diesen ihre persönlichen Ziele unter- oder zuordnen.

Das berühmte Zitat von Antoine de Saint-Exupéry (1956) aus seinem Buch „Die Stadt in der Wüste" kann als ausdrucksstarkes Plädoyer für transformationale Führung angesehen werden: *„Wenn Du ein Schiff bauen willst, trommle nicht Männer zusammen, um Holz zu beschaffen, Aufgaben zu vergeben und die Arbeit einzuteilen, sondern lehre die Männer die Sehnsucht nach dem weiten, endlosen Meer."*

Mitarbeiter, die transformational geführt werden, sagt man mehr Kreativität und Innovationsbereitschaft nach, sie verfolgen ambitionierte Ziele stärker und beständiger und sie geben ein stärkeres Commitment für gemeinsame Ziele ab. Transformationale Visionen erzeugen ein realistisches, glaubwürdiges Bild der Zukunft, eine klare Vorstellung der Marschrichtung und dadurch auch Orientierung, Sicherheit und Vertrauen bei Untergebenen – alles wichtige Kriterien der Selbstführung und -motivation. Im Extremfall erzeugen Visionen so viel Energie, dass sie die Zukunft regelrecht vorwegnehmen und diese schon in der Gegenwart spürbar wird. Transformationale Führung ist für alle Hierarchiestufen und Arbeitssituationen geeignet, auch für kleinere Teams. Sie benötigt jedoch Nähe zwischen Managern und Geführten.

Führung durch Transformation und Führung durch Transaktion sind unterschiedliche, aber keine gegensätzlichen Konzepte. Transformationale Führung setzt vielmehr auf transaktionale Führung auf, macht aus der Pflicht die Kür.

An eine besondere Führungspersönlichkeit geknüpft, kann transformationale Führung auch zur charismatischen Führung werden. Charisma entsteht, wenn eine starke Vision und eine stark heroisch wahrgenommene Person aufeinander treffen. Das Heldentum einer charismatischen Führungsperson hat häufig mit unternehmerischem Mut und persönlicher Risikoübernahme sowie mit einem Höchstmaß an Einfühlungsvermögen und Emotionalität gegenüber Untergebenen zu tun. Außergewöhnliche, von der Norm abweichende, aber dennoch authentisch wirkende Verhaltensweisen der Führungspersönlichkeit verstärken den positiven Motivationseffekt. Charismatische Manager haben eine Aura, die manchmal durch Optimismus, Leidenschaft und Enthusiasmus, oft auch durch persönliche Präsenz, aktive Körpersprache und eine für andere inspirierende, oft bildliche Sprache gekennzeichnet ist.

In der Welt der digitalen Start-ups, im Silicon Valley, gibt es genügend Beispiele charismatischen Manager. *Jeff Bezos (Amazon), Steve Jobs (Apple)* oder *Elon Musk (Tesla)* sind die berühmtesten. Die vielen anderen unbekannten Charismatiker des Silicon Valleys müssen hier leider unerwähnt bleiben.

Auch Christoph Keese (2014) beschreibt die Kraft und die besondere Rolle der Vision dieser Region in seinem Erfahrungsbericht aus dem Silicon Valley. Drei zentrale Kriterien transformationaler Führung nennt er als sehr erfolgversprechend und typisch für digitale Arbeitswelten:

- **Die Fähigkeit, eine Vision zu entwickeln und zu artikulieren:**
  Steve Jobs gilt dafür sicherlich als Maßstab. Er war in der Lage, seine Mitarbeiter durch den Glauben an eine höhere Sache bei der Stange zu halten, auch wenn die Situation aussichtslos erschien und seine Organisation

finanziell beinahe am Ende war. Steve Jobs wusste stets, wohin die Reise ging, und konnte dies auch hin- und mitreißend vermitteln.

- **Die Fähigkeit, eine besondere Form des Ehrgeizes zu entwickeln:**
  Damit ist die Kunst gemeint, den Geführten zu vermitteln, dass die Marke und jeder einzelne Mitarbeiter wichtiger sind als der Chef oder die Eigentümer. Die gemeinsame Sache und der damit verbundene Erfolg des Unternehmens stehen im Vordergrund. Die Mitarbeiter würden nicht auf Sieg und Erfolg „ihrer" Organisation setzen und sich – jeder nach seinen Möglichkeiten und in seiner individuellen Art und Weise – voll einbringen, wenn der Manager eitel wäre und es offensichtlich nur um seinen persönlichen Profit ginge.
- **Die Kompetenz, die Vision in die Tat umzusetzen:**
  Neben der Vision sind auch Ausdauer und die Fähigkeit erforderlich, genau zu wissen, wie die Vision umgesetzt werden kann. Es geht hier um reine Fachkompetenz sowie um Intoleranz gegenüber Inkompetenz. Damit verbunden ist die Forderung, Mitarbeiter mit Minderleistung oder Inkompetenz konsequent aus den Teams zu entfernen. Das ist das Postulat zur permanenten Selbstentwicklung einer Organisation. Visionen zu realisieren, erfordert einen nie endenden Lernprozess, ein laufendes Weiterentwickeln und Aktualisieren der eigenen Kompetenzen. Auch der Manager muss ständig auf dem neuesten Stand sein, nicht um die Dinge selbst zu erledigen, sondern vor allem um Inkompetenz in seinen Teams zu erkennen und zu entfernen.

Steve Jobs beschreibt in seiner Autobiografie (Isaacson 2011), dass einer der vielen Erfolgsfaktoren für die einzigartige Entwicklung von Apple die Tatsache war, dass es ihm auch in Krisenzeiten gelungen ist, die begabtesten Programmierer zu halten und weiterhin für seine Vision zu begeistern.

## 3.5.2  Ambidextrie als Führungsherausforderung

Der Druck nach technologischer Veränderung und digitaler Transformation in Unternehmen führt dazu, dass der explorative, kreative und häufig auch schneller wachsende Teil im Unternehmen an Bedeutung zunimmt und entsprechend akzentuiert beziehungsweise auf mehr Mitarbeiter verteilt wird. Organisationen, die versuchen, die Balance zwischen kreativ und effizienzgetrieben zu halten, bezeichnen O'Reilly III und Tushmann (2008) als *Ambidexterous Organizations*. Die Untersuchungen der beiden Wissenschaftler zeigen das Spannungsfeld einer Organisation während der Transformation – es gilt

- intern neue Wachstumsbereiche zu erkunden sowie neue Produkte und Dienstleistungen zu entwickeln
- und gleichzeitig das bisherige Angebot wirtschaftlich weiter zu verwerten.

Ambidextrie, übersetzt Beidhändigkeit, beschreibt eine organisatorische Fähigkeit, teils gegensätzliche Ziele und Prinzipien in einer Organisation auszubalancieren. Nach O'Reilly III und Tushman (2008) ist Ambidextrie die Fähigkeit eines Unternehmens, gleichzeitig zu forschen (Exploration) und zu optimieren (Exploitation), um langfristig anpassungsfähig zu sein. Es bedeutet, dass ein Unternehmen seine derzeitigen Angebote optimal auf den Markt bringt und dabei effizient agiert, während es auf der anderen Seite adaptiv genug ist, neue Wege zu erkunden, um auf Veränderungen im Markt zu reagieren, und somit seine Zukunft sicherstellt. O'Reilly III und Tushmann (2008) unterscheiden dabei zwischen drei Arten von Ambidextrie:

- **Sequenziell:** Das gesamte Unternehmen wechselt zwischen kreativen und effizienten Phasen. Dieses Vorgehen war in der Vergangenheit vor allem in kleineren Unternehmen möglich. In der heutigen schnelllebigen Zeit und bei großen Unternehmen wäre *sequenzielle Ambidextrie* zu langsam.
- **Strukturell:** In dieser Form der *Ambidextrie* treiben Unternehmen sowohl die *Exploration* (Neuentwicklung) als auch die *Exploitation* voran (effizientes Abschöpfen des vorhandenen Angebots) – in getrennten Geschäftsbereichen.
- **Kontextuell:** In dieser Form der *Ambidextrie* entwickelt ein Geschäftsbereich Neues und steigert gleichzeitig seine Effizienz. Voraussetzung dafür ist, dass die involvierten Mitarbeiter weitgehend frei entscheiden können, wann sie sich auf welchen Bereich konzentrieren.

Viele Entscheidungen und Verantwortungsbereiche beinhalten oder orientieren sich immer an zwei Aspekten, zwei Richtungen, die es zu vereinen gilt. Beispielsweise findet Führung im Hier und Heute statt und muss sich gleichzeitig auf morgen und zukünftige Herausforderungen einstellen. Bei strategischen Entscheidungen äußert sich ambidextrisches Vorgehen darin, dass neben Kosten und Profit auch Innovation und Wachstum berücksichtigt werden. Neben Effektivität und Effizienz braucht eine Organisation mehr denn je auch Flexibilität und Veränderungsfähigkeit. Die Struktur einer Organisation erfordert einerseits ein gewisses Maß an formaler, mechanistischer und effizienter Form und andererseits adaptive, agile und lose Formen, die Innovation begünstigen (Gibson und Birkinshaw 2004; O'Reilly III und Tushman 2008).

Dieses Spannungsfeld in Zukunft immer im Blickfeld zu haben und effektiv sowie effizient zu managen, ist eine wichtige Führungsaufgabe. Sie obliegt nicht nur dem Top Management. Die Führungskräfte aller relevanten Funktionen des Unternehmens wie Vertrieb, Finanzen, HR, Recht usw. müssen sich dieser Aufgabe bewusst sein und unterstützende Angebote entwickeln.

Digital geführte Unternehmen stoßen sehr schnell auf die Notwendigkeit, sich mit dem Thema *Ambidextrie* zu befassen. Da ist auf der einen Seite der Ruf nach Öffnung, mehr Tempo, Vernetzung, flexiblerem Arbeiten, Experimentierfreude und Innovation. Auf der anderen Seite brauchen auch digitale Organisationen ein gewisses Maß an formalen Strukturen, Klarheit, Routinen, Standards, Risikomanagement und Hierarchie, um effektiv und effizient zu sein und vor allem um nicht im Chaos zu enden. Kontrolle zu reduzieren und mehr Freiheit zu gewähren, bedeutet nicht, dass alle Mitarbeiter agieren dürfen, wie sie wollen. Gerade aufgrund der offenen Kultur mit freier und direkter Kommunikation, mehr Partizipation, möglichst freiem und direktem Informationszugang, mehr Selbstverantwortung, höherer Transparenz und dem Anspruch, Wissen zu teilen, sind digitale Organisationen immer schwerer zu steuern (Petry 2016, S. 47). Es ist dabei kein *Trade-off* zwischen gegensätzlichen Zielen möglich. Ein Spagat ist gefordert, ein Sowohl-als-auch zwischen Offenheit und klarer Führung. Digital Leadership und die sich daraus ergebende Kultur heißt oft, den richtigen Punkt zu treffen – zwischen Effizienz und Risiko, zwischen heute und morgen.

Diesen Spagat schaffen digitale Leader, indem sie zwar die Kontrolle nicht aufgeben, aber nicht das Arbeiten, sondern das Erreichen von Zielen konsequent kontrollieren. Sie geben übergeordnete Ziele und Problemstellungen vor, statten ihre Mitarbeiter und Teams mit notwendigen Kompetenzen und Freiräumen aus und sorgen dafür, dass diese selbstständig arbeiten können. Sie moderieren Teamprozesse und verzichten auf eine Detailsteuerung und präzise Kontrolle, weil sie sonst den Weg und nicht das Ziel vorgeben würden. Um die Details kümmert sich der Mitarbeiter im Rahmen seiner Selbststeuerung oder der sozialen Kontrolle in den Teams und Communitys. Es versteht sich von selbst, dass es nach wie vor (oder sogar mehr denn je) notwendig ist, das Erreichen von Zielen zu überprüfen (Petry 2016, S. 46 ff.).

*Ambidextrie* führt auch zwischen Hierarchie und Netzwerken nicht zu Entweder-Oder-, sondern zu Sowohl-als-auch-Entscheidungen. Es ist nicht anzunehmen, dass Hierarchien in konsequent digitalen Organisationen komplett abgeschafft werden. Nicht alle Themen und Aufgaben sind dafür geeignet, offen und transparent kommuniziert zu werden. Zudem ist es nicht realistisch, dass in allen Bereichen Partizipation sämtlicher Beteiligter sinnvoll ist.

**Tab. 3.1** Ambidextrie als Herausforderung für digitale Organisationen. (In Anlehnung an O'Reilly III und Tushman 2008)

|  | Bestehendes effizient anwenden und nutzbar machen | Neues effektiv erschließen und entwickeln |
|---|---|---|
| Strategiefokus | Kosten, Gewinn | Innovation, Wachstum |
| Kritische Aufgaben | Effizienz, schrittweise Innovation | Anpassungsfähigkeit, Durchbruchsinnovation |
| Kompetenzen | Operational | Unternehmerisch, visionär |
| Struktur | Formal, mechanistisch | Adaptiv, lose |
| Kontrolle, Belohnung | Umsatzziele, Gewinnmargen, Produktivität | Ambitionierte Ziele, Meilensteine, Innovation, Wachstum |
| Kultur | Effektivität, Effizienz, niedriges Risiko, Kundenfokus | Risiko, Geschwindigkeit, Experimentierfreude |
| Führungsrolle | Autoritär, Top-Down, soziale Distanzen | Visionär, auf Augenhöhe, involviert |

In manchen Bereichen ist sicherlich nicht Agilität die richtige Rezeptur, sondern eher Detailplanung und strukturierte Problemlösung. In welche Richtung das Pendel ausschlägt, hängt von vielen Aspekten in der Organisation ab: Branche, Komplexität, Innovationsgrad, Wettbewerb, staatliches oder privatwirtschaftliches Engagement und vieles mehr. Kotter (2012) spricht in diesem Zusammenhang von zwei Betriebssystemen mit zwei unterschiedlichen Geschwindigkeiten, die beide ihre Berechtigung haben. Einerseits klassische Hierarchien und Managementprozesse mit hoher Arbeitsteilung, Spezialisierung, Strukturierung und Kontrolle. Andererseits kleine agile, sich selbst steuernde Organisationseinheiten mit Netzwerkcharakter. Erfolgreiche Führung im Zeitalter der Digital Economy verlangt, je nach Aufgabe und Situation, das richtige Betriebssystem auszuwählen oder mit beiden führen zu können. Hier den richtigen Mix zu finden, gehört sicherlich zu den großen Herausforderungen des Digital Leadership (Petry 2016, S. 48 ff.) (vgl. auch Tab. 3.1).

### 3.5.3 Teamführung als Basisaufgabe

Für Daniel Kahneman (2011), Nobelpreisträger in Wirtschaftswissenschaften, sind Organisationen Fabriken, in denen Entscheidungen produziert werden. Er empfiehlt, Entscheidungen der gleichen Qualitätskontrolle zu unterwerfen, wie sie Produkte erfahren würden. „Organizations can be regarded as factories for producing decisions. The organization might produce other things, but it produces decisions at all levels. Thinking about decisions as a product is a useful way to think about it, because it immediately raises the issue of quality control. As an organization, whenever you have a product you take measures to ensure that your product meets certain standards."

Plausiblerweise hebt Kahnemann (2011) hervor, dass es für den Erfolg einer Organisation auf die Qualität der Entscheidungen ankommt, die in dieser Organisation getroffen werden. Herkömmliche Organisationen erscheinen aus diesem Betrachtungswinkel eher suboptimal für das Treffen qualitativ hochwertiger Entscheidungen. Bewusst überzeichnet und übertrieben negativ ausgelegt sind mit „herkömmlichen Organisationen" diejenigen gemeint, in denen einzelne Organisationsmitglieder ihre Karriere dadurch antreiben, dass sie möglichst viel Wissen, Macht und Verantwortung horten. Oder dadurch, dass sie die Erwartungen ihrer Vorgesetzten genau analysieren und versuchen, diese zu erfüllen. Mit taktischer Fügsamkeit beschneiden sie sich dabei in ihrer Individualität, Kreativität und Potenzialentfaltung. Die Intensität ihrer Arbeit machen sie vom Erfüllungsgrad von Zielen und Meilensteinen abhängig. Sie gehen ungern Risiken ein, damit sie keine Fehler machen oder zumindest keine zugeben müssen. Individuelle Karrierelogik und -taktik beeinflussen die organisationale Entscheidungsfindung negativ. Dies gilt auch für die Arbeit hoch spezialisierter Individuen in Gruppen. Derartig geleitete Organisationen treffen keine optimalen Entscheidungen.

Die Digitalisierung und die damit verbundenen Möglichkeiten zu Vernetzung, Schnelligkeit, Offenheit und Transparenz eröffnen eine neue Sichtweise auf die Entscheidungsfindung in Organisationen. Führende digitale Organisationen stellen die Entscheidungsfindung in Teams und damit eine hohe Bedeutung der Teamarbeit in den Mittelpunkt. Die Verbesserung der Entscheidungsqualität in Teams basiert dabei vor allem auf einer größeren Vielfalt an Wissen und Betrachtungswinkeln, dem gemeinsamen Verfolgen eines organisationalen Ziels und dem kooperativen Arbeitsstil im Gegensatz zum kontraproduktiven Wettbewerb.

Larry Page und Sergey Brin, die Gründer von Google, schufen eine Organisation mit vorwiegend kleinen, hoch konzentrierten Teams (Robbins et al. 2014). Die Teamstrukturen von Google ermöglichen eine Beteiligung der Mitarbeiter in einem sehr viel stärkeren Ausmaß als dies bei starren Strukturen mit traditionellen Linienautoritäten der Fall ist. Arbeitsteams planen und führen ihre Aufgaben auf eine Art und Weise aus, wie sie es selbst für richtig halten, und tragen volle Verantwortung für ihre Leistungen und Ergebnisse. In großen Organisationen ergänzen Teamstrukturen typischerweise funktionale oder divisionale Organisationsstrukturen. Das ermöglicht, sowohl die Effizienz von Routinen und Bürokratie, als auch die Flexibilität von Arbeitsteams zu nutzen.

**Tab. 3.2**  Gruppen versus Teams in digitalen Organisationen. (In Anlehnung an Katzenbach und Schmith 2005)

| Teams | Arbeitsgruppen |
| --- | --- |
| Die Führungsrolle wird geteilt. Der Teamleiter schafft das Umfeld für kreative und innovative Arbeit | Eine Führungskraft hat eine klare Zielsetzung und Verantwortung |
| Die Motivation, im Team dabei zu sein, ist eher intrinsisch. Die Aufgaben an sich begeistern | Die Motivation im Team zu sein, ist eher extrinsisch. Das Team ist Mittel zum Zweck |
| Es herrscht eine starke Vertrauenskultur | Es besteht geringes Vertrauen untereinander |
| Die Teammitglieder sind sich selbst und dem Team verantwortlich | Die Teammitglieder sind vor allem sich selbst verantwortlich |
| Die Aufgaben werden gemeinsam abgestimmt und erledigt. Jeder bringt sein Bestes ein | Die Arbeit wird in Teilaufgaben gesplittet, vom Teamleiter delegiert und einzeln erledigt. Jeder bringt das zum Erreichen der individuellen Ziele Notwendige ein |
| Die Kommunikation im Team ist schnell, offen und direkt. Jeder bekommt Zugang zu relevanten Informationen | Die Kommunikation im Team muss vor allem effizient sein. Hierzu gibt es Routinen und Standards. Es wird teils offen, teils verdeckt kommuniziert |
| Leistungen sind am Teamergebnis auszumachen | Leistungen werden an individuellen Beiträgen festgemacht |
| Teams können schnell gebildet, umorientiert und wieder aufgelöst werden | Die Einzelnen verteidigen ihren Status quo und zeigen sich wenig flexibel |

Im Einzelnen lassen sich folgende differenzierenden Merkmale eines echten Leistungsteams im Vergleich zu einer Gruppe von Einzelkämpfern darstellen (in Anlehnung an Katzenbach und Schmith 2005; Fazzari und Mosca 2009; Barbuto und Scholl 1998) (vgl. auch Tab. 3.2):

- In wirklichen Teams **ziehen alle an einem Strang.** Sie verfolgen gemeinsam dasselbe Ziel, haben im Idealfall die gleiche inspirierende Vision internalisiert. In Gruppen von Einzelkämpfern hingegen hemmen unterschiedliche Interessen und Zielsetzungen die Offenheit, Zusammenarbeit und Bereitschaft, sich bestmöglich einzubringen.
- Teams kennzeichnen sich durch einen **großen Zusammenhalt** und ein starkes Gemeinschaftsgefühl. Die Zugehörigkeit zum Team ist für jeden Einzelnen wichtig. Im Idealfall entwickeln Teammitglieder ein gewisses Ausmaß an

Stolz. Die Konkurrenz und alle kämpferischen Kräfte sind nach außen gerichtet. In Gruppen dagegen ist die Zugehörigkeit eher nachrangig. Im schlimmsten Fall konkurrieren die Gruppenmitglieder untereinander und verwenden darauf sehr viel Energie.

* Die Motivation in Teams ist eher **intrinsisch** begründet. Die Teamaufgabe und auch die davon abgeleitete Rolle des Einzelnen an sich ergibt Sinn und macht allen Spaß, weil sie den internen Einstellungen und Idealen der Teammitglieder entspricht. In der Gruppe aber kommt die Motivation eher von außen. Die Gruppenmitglieder betrachten die Gruppe als Mittel zum Zweck und genügen durch ihre Gruppenzugehörigkeit eher Anforderungen, die aus dem Umfeld kommen, meist von deren Vorgesetzten.

* In Teams herrscht starkes **Vertrauen** untereinander. Darauf aufbauend sind Kommunikation und Wissensaustausch offen und ehrlich. Jeder bringt Informationen und Feedback nach bestem Wissen, Gewissen und Möglichkeiten ein. In Gruppen besteht wenig Vertrauen untereinander. Offene Kommunikation ist nicht ausgeschlossen, es kommt aber häufig zu verdeckter Kommunikation, Einzelne halten Informationen und Wissen zurück. Das Verhalten ist individuell motiviert und taktisch.

Im Allgemeinen müssen eine Reihe von Merkmalen vorhanden und Rahmenbedingungen erfüllt sein, damit effektive und effiziente Hochleistungsteams entstehen. An diese Kriterien lehnen sich Teamführungsaufgaben an. Folgendes kennzeichnet erfolgreiche Teams (Robbins et al. 2014):

* *Klare Ziele:*
  Leistungsstarke Teams haben klare Ziele, die alle Teammitglieder kennen und mit großem Engagement verfolgen. Alle Teammitglieder wissen, mit welchen Beiträgen sie die Ziele erreichen können.
* *Relevante Fähigkeiten:*
  Erfolgreiche Teams bestehen aus kompetenten Teammitgliedern. Gemeint sind sowohl fachlich-technische als auch soziale Kompetenzen. Starke Teams verzichten lieber auf den besten Spezialisten, wenn er kein Teamplayer ist.
* *Gegenseitiges Vertrauen:*
  Vertrauen bedeutet, an die Fähigkeiten und den Charakter der anderen Teammitglieder zu glauben. Erfolgreiche Teams überwachen und pflegen ihre Vertrauensverhältnisse.
* *Gemeinsames Engagement:*
  Das Team ist bereit, sich mit außergewöhnlicher Energie dafür einzubringen, alles Bestmögliche dafür zu unternehmen, um die Teamziele zu erreichen. Sein Engagement zeigt sich in einem hohen Ausmaß an Loyalität.

- *Gute Kommunikation:*
  Effektive Teams kommunizieren klar und verständlich verbal und nonverbal und geben einander hilfreiches Feedback. Missverständnisse korrigieren sie sofort. Alle Teammitglieder sind in der Lage, Informationen, besondere Ideen, aber auch Gefühle schnell und effektiv auszutauschen und zu artikulieren.
- *Verhandlungsgeschick:*
  Erfolgreiche Teams passen sich laufend den jeweiligen Anforderungen und Rahmenbedingungen an. Diese Flexibilität erfordert Veränderungsbereitschaft und Verhandlungsgeschick im gesamten Team, da es sich immer wieder auf neue Situationen und Unterschiede einstellen muss.
- *Interne und externe Förderung:*
  Eine gute Infrastruktur, Trainingsmöglichkeiten, Beurteilungssysteme für Gruppenleistungen, Anreizsysteme und die erforderlichen Ressourcen sind relevante Ausstattungsmerkmale leistungsstarker Teams.
- *Geeignete Führung:*
  Gute Teamführer vermitteln klare Zielvorgaben, demonstrieren laufend den Fortschritt und positiven Wandel im Team und fördern das Selbstbewusstsein ihrer Teammitglieder. Sie fungieren dabei als Coach und Unterstützer und üben kaum Kontrolle oder Druck aus. Studien haben gezeigt, dass authentisch agierende Teamführer, die positive und negative Gefühle zeigen, besonders erfolgreich mit ihren Teams sind *(Van Kleef 2009)*.

In führenden digitalen, teamorientierten Organisationen scheint sich die Rolle von Führungskräften in besonderem Maße zu verändern. Erfolgreiche Führungskräfte nehmen weniger die Rolle des starken und vorauspreschenden Leithengsts ein als in herkömmlichen Organisationen. Auf den Punkt bringt dies Lazlo Bock (2011), der innovative Senior Vice President Human Resources von Google: „Our best managers have teams that perform better, are retained better, are happier – they do everything better. So the biggest controllable factor that we could see was the quality of the managers, and how they sort of made things happen. The question we then asked was: What if every manager was that good?"

Interne Analysen bei Google haben ergeben, dass es große Unterschiede bei den Führungsqualitäten von Teams in der Organisation gibt. Diejenigen Teammitglieder, die mit den besten Managern zusammengearbeitet haben, waren leistungsstärker, glücklicher, motivierter und verweilten länger auf ihren Positionen und im Unternehmen. Im Projekt Oxygen analysierte Google das Führungsverhalten dieser Manager deshalb genau. Hierbei ließen sich relevante Qualitätsmerkmale der Führung von digitalen Teams identifizieren.

Für Google definiert Bock (2011) acht unterschiedliche „Qualities of Leadership". Sie basieren auf einer umfangreichen Datenanalyse und sind im Folgenden nach ihrer in der Studie ausgemachten Bedeutung für erfolgreiche digitale Führung geordnet (Bryant 2011):

- Be a good coach
- Empower your team and don't micromanage
- Express interest in your team members success and well-being
- Be productive and results-oriented
- Be a good communicator and listen to your team
- Help your employees with career development
- Have a clear vision and strategy for the team
- Have technical skills so you can advise the team

## 3.5.4  Führung von Netzwerken

Die begriffliche Abgrenzung von virtuellen Teams zu Netzwerken ist sehr undeutlich. Unterscheidungsmerkmale sind unter anderem Größe, Zugang und Abschottung nach außen. Fakt ist, dass Netzwerke in digitalen Organisationen eine zentrale Rolle spielen und ihre Bedeutung wächst. In Zeiten einer zunehmenden Kollaboration über Organisationsgrenzen hinweg und vor dem Hintergrund der wenig hierarchieorientierten, aber netzwerkaffinen Generation Y gibt nicht mehr alleine das Team Informationen und Unterstützung, immer häufiger kommt beides über weitverzweigte Netzwerke. In ihnen finden sich nicht nur interne Mitarbeiter und Führungskräfte, sondern zunehmend auch externe Personen mit relevanten Wissensbeiträgen. Sie üben Einfluss aus durch Unterstützung, Informationen, Feedback oder Meinungen zu bestimmten Sachverhalten oder können auch passende Ressourcen zur Verfügung stellen. Derartige externe Quellen von Expertenwissen können Projektlaufzeiten erheblich reduzieren und Ergebnisse verbessern. Netzwerke sind die Teams der Zukunft. Will man dieses Expertenwissen nutzen, darf es keine Abschottung geben.

Netzwerken war bislang keine typische Managertätigkeit. Karriereleitern wurden nach hierarchischen und wettbewerbsorientierten Prinzipien und nach Fachkompetenz erklommen. In digitalen Organisationen kommt es zunehmend darauf an, nicht nur mit Kompetenz und analytischen Fähigkeiten, sondern auch mit der Fähigkeit, professionell und strategisch mit anderen Menschen zu kommunizieren ausgestattet zu sein. Müller (2013) bezeichnet diese Fähigkeit als Beziehungsintelligenz. Ab der Generation Y – und von erfahrenen, international agierenden Wissensarbeitern schon lange als gewinnbringend erkannt und genutzt – müssen nun auch Führungskräfte lernen, professionelle Netzwerke zu leiten.

Die Psychologin Eva Müller (2013) nennt vor diesem Hintergrund eine wichtige Änderung in der grundlegenden Haltung zum Führen von Menschen. Das Streben nach Dominanz und hierarchischer Distanz in Führungssituationen ist nicht mehr produktiv. Hinzu kommt heute die Notwendigkeit zu verstehen, dass Teilen in Netzwerken eine große Rolle spielt. Neben Ideen, Wissen und Ressourcen sind auch Führung und Lenkung teilbar. Erforderlich ist dafür ein Verständnis dafür, dass jeder aktive Netzwerkteilnehmer potenziell kleine Führungsaufgaben übernehmen kann, nicht nur der Network Leader. Wir müssen akzeptieren, dass Netzwerke oft basisdemokratisch verfahren, was zu überraschenden Entscheidungen führen oder Entscheidungswege verlängern kann, wenn die Network Leader zu inaktiv sind. Auf Leistung muss es im Netzwerk keine direkte Gegenleistung geben. Erfolgreiche Netzwerke verfügen über Key Player oder Network Leader mit diesen Grundeinstellungen. Sie verfügen nicht über wettbewerbsorientierte und machthierarchisch agierende Führungskräfte.

Die Beziehungsintelligenz für das Leiten von Netzwerken umfasst

- *Vermitteln* (Menschen zusammenbringen),
- *Koordinieren* von Projekten,
- *Moderieren* (in Konflikten beispielsweise) und
- *Unterstützen* des Netzwerks, Systeme aufzubauen, Kommunikationsprozesse zu definieren und benötigte Ressourcen zu schaffen.

Müller (2013) leitet von den besonderen Erfordernissen und Herausforderungen beim Führen von Netzwerken fünf soziale Kernkompetenzen für erfolgreiche Netzwerk-Leader ab:

- *Beziehungskompetenz:*
  die Fähigkeit, zwischenmenschliche Beziehungen nicht nur wahrzunehmen, sondern diese auch zu managen und sich mit der Frage auseinanderzusetzen, was man tun kann, damit eine Beziehung funktioniert.
- *Organisationskompetenz:*
  die Fähigkeit, eine gesteigerte Organisationskomplexität und Vielzahl an neuen, spezialisierten Organisationen nicht nur zu meistern, sondern mit Geschick und Intelligenz zusammenzuführen.
- *Systemkompetenz:*
  die Fähigkeit, in Zeiten der Vernetzung konsequent Kommunikation und richtigen Umgang zwischen Mitarbeitern und Vorgesetzten zu fördern.

- *Reflexionskompetenz:*
  die Fähigkeit, Gefühle, Erfahrungen, Prozesse und Ergebnisse zu beschreiben sowie zu beurteilen, zu kommunizieren und zu hinterfragen und sich mit unterschiedlichen Perspektiven und Sichtweisen auseinanderzusetzen.
- *Entwicklungskompetenz:*
  die Fähigkeit, Menschen dazu zu bringen, sich persönliche Werte und Visionen bewusst zu machen, diese abzugleichen und systematisch die Organisation daran auszurichten, um die Möglichkeit für Innovationen zu fördern.

Es wird deutlich, dass der Lenker von Netzwerken neben einer außergewöhnlichen Fachkompetenz auch einen umfassenden Einblick in die Organisation, einen Überblick über vorhandene personale, strukturale und technische Ressourcen sowie die aufgeführten sozialen Kompetenzen besitzen muss.

## 3.5.5 Förderung von Innovation

Digitalisierung und digitale Transformation fordern Veränderungsbereitschaft und Veränderungsfähigkeit. In vielen digitalen Organisationen kommt es darauf an, dass ihre Teams kreativ und innovativ sind. Kreativität bezeichnet dabei die Fähigkeit, Ideen auf einzigartige Art und Weise zu kombinieren oder ungewöhnliche Assoziationen zu verschiedenen, auch neuen Ideen herzustellen (Robbins et al. 2014). Kreativität allein führt jedoch noch nicht zum Erfolg. Erst wenn Kreativität zu einem brauchbaren Output führt, zum Beispiel in Produkte oder Prozesse mündet, ist die Basis für eine Innovation geschaffen. Eine kreative Organisation muss somit die Fähigkeit aufweisen, ihre Kreativität in sinnvolle Ergebnisse umzuwandeln. Dies stellt eine der relevantesten Herausforderungen für Teams dar, die in der dynamischen digitalen Welt laufend kreative Leistungen in Innovationen verwandeln sollen.

Die Voraussetzungen, die gegeben sein müssen, damit Teams kreativ und innovativ sind, lassen sich in strukturelle, personale und kulturelle Faktoren differenzieren (Robbins et al. 2014).

- *Strukturelle Faktoren:*
  Innovative Teamarbeit erfordert organische statt starre oder technokratische Strukturen, eine gute Ausstattung mit Ressourcen, gute Kommunikation im Team und auch zwischen beteiligten Bereichen, minimalen Zeitdruck sowie ausreichend Unterstützung innerhalb und außerhalb der Teamarbeit.

- **Personale Faktoren:**
  Die personalen Bedingungen sind besonders gut, wenn es eine starke Verpflichtung für permanente Weiterentwicklung, für Trainings und Schulungen besteht, wenn eine hohe Arbeitsplatzsicherheit gewährt wird, und selbstverständlich, wenn die Teammitglieder kreativ sind.

- **Kulturelle Faktoren:**
  Die relevanten kulturellen Faktoren, Einstellungen und Werthaltungen im Team sind die Akzeptanz von Mehrdeutigkeit, Toleranz für das Unbequeme, Unpraktische sowie keine Scheu vor Risiken und Konflikten, eine geringe Anzahl externer Kontrollen, eine gewisse Zweckorientierung, offene Systeme und letztlich viel positives und konstruktives Feedback.

Hill et al. (2015) beschreiben die Entstehung von Innovationen als ein Zusammenkommen von unterschiedlichen Menschen, um gemeinsam Ideen zu entwickeln, die in einem Prozess des Geben und Nehmens verfeinert und weiterentwickelt werden. Innovationen entstehen auch, wenn zwei Ideen zu etwas Neuem verknüpft werden, auch wenn sich beide Ideen auf den ersten Blick auszuschließen scheinen. Oftmals entsteht Innovation durch Versuch und Irrtum. Manchmal tasten sich innovative Teams Schritt für Schritt voran, ohne zu wissen, wie die nächsten Schritte aussehen oder wo der Weg hinführt. Hierbei kommt es häufig zu gegensätzlichen Meinungen, Spannungen, Stress, einem Aufeinanderprallen von kreativen Persönlichkeiten. Manche Teamleiter versuchen dann, solche Konflikte und Meinungsverschiedenheiten zu vermeiden, zwischen den Streitenden zu vermitteln und einen Kompromiss, einen größten gemeinsamen Nenner, zu finden. Sie sorgen damit für Einklang, ersticken aber auch den freien Austausch von Ideen und produktive Debatten, ohne die Innovationen nicht entstehen. Es ist vielmehr die Aufgabe von Führungskräften, Spannungen zu managen und ein Umfeld zu schaffen, das angenehm genug ist, um die Teammitglieder nicht in ihrer Kreativität und Individualität einzugrenzen, aber das gleichzeitig auch genügend Streitkultur hervorbringt, um kreative Ideen zu verbessern und neue Denkanstöße hervorzubringen.

Obwohl Ergebnisoffenheit Kreativität und Innovation fördert, arbeiten viele Teams mit festen und ambitionierten Zielen, erstellen einen Plan, vergeben Verantwortlichkeiten, arbeiten Meilensteine ab und reporten über ihren Fortschritt, bis sie das Ziel erreicht haben. „Genau das gilt als gute Managementpraxis – allerdings nicht bei Innovationen" (Hill et al. 2015). Auch die kraftvolle Wirkung einer Vision gerät in Teams besonders dann an ihre Grenzen, wenn Problemfelder und Ansätze völlig unbekannt und gänzlich neu sind. Die Marschrichtung vorzugeben, funktioniert nur, wenn die Lösungen für ein Problem bekannt und leicht verständlich sind. Erfordert eine Problemstellung jedoch einen komplett neuen Ansatz oder ein noch nie da gewesenes Denken, kann niemand im Voraus entscheiden, wie dies auszusehen hat. „Hier kann es schon per Definition nicht darum gehen, eine Vision zu entwickeln, sie dem Team vorzustellen und es bei der Umsetzung anzuleiten." Hill et al. (2015) proklamieren deshalb das Ende der Zeiten, in denen Führungskräfte vor allem Visionäre sein mussten. Ist kontinuierliche Innovation gefordert, müssen Führungskräfte sich eher als Wegbereiter positionieren, statt allein die Richtung vorgeben zu wollen.

In ihrer Studie finden Linda Hill, Greg Brandeau, Emily Truelove und Kent Lineback (Hill et al. 2015) heraus, dass innovative Lösungen vor allem dann entstehen, wenn folgende, bereits beschriebene Gegensätzlichkeit gemanagt wird. Einerseits müssen die Geistesblitze der einzelnen Mitarbeiter freigesetzt werden, andererseits müssen diese gezähmt werden, damit daraus „gemeinschaftliches Genie" (Hill et al. 2015, S. 50) entsteht. Das Freisetzen ist notwendig, damit neue Ideen und Optionen entstehen können. Das Zähmen ist die Voraussetzung dafür, dass diese Ideen und Optionen zu Innovationen umgeformt werden, damit aus Enthusiasmus schließlich Produktivität wird.

Hill et al. (2015) benennen sechs unterschiedliche „Paradoxien der Innovation", die jeweils beide gemanagt werden müssen:

- einzelne Mitarbeiter – und die Gruppe bestätigen
- unterstützen – und Konfrontationen fördern
- experimentieren und lernen – und Leistung gewährleisten
- improvisieren – und strukturieren
- Geduld beweisen – und Druck aufbauen
- Bottom-up-Initiativen fördern – und top-down eingreifen

In der dynamischen digitalen Welt müssen Führungskräfte dafür sorgen, dass sich in der Organisation ausreichend echte Gemeinschaften und Teams aufbauen, die in der Lage sind, in den relevanten Themen und Aufgabenbereichen kontinuierlich Innovationen hervorzubringen. Hill et al. (2015) identifizieren zwei Kernaufgaben der Führung, die hierzu zu bewältigen sind:

- Innovation erfordert einen starken Gemeinschaftsgeist und ein Innovationsklima. Am besten gemeinsame Ziele, Werte und Regeln entwickeln.
- Innovation erfordert auch die Fähigkeit für Innovationen. Hierzu gehört eine Art kreative Reibung, mit der Diskussionen und Debatten zu kreativen Ideen führen. Die Führungskraft sollte das Team dazu bringen, unterschiedliche

oder gegensätzliche Ansätze zu vereinen, und es in die Lage versetzen, Ideen schnell zu testen, Ergebnisse zu analysieren und Anpassungen vorzunehmen.

Digitalisierung und die mit ihr einhergehende permanente Veränderung der Wirtschafts- und Arbeitswelten erfordern in den Organisationen eine neue Art von Innovationsführer. Ressourcenreichtum alleine reicht nicht aus. Das Plädoyer von Hill et al. (2015, S. 55) lautet folgerichtig: „Innovationslenker sehen ihre Aufgabe nicht darin, Richtungen oder gar Lösungen vorzugeben. Sie wollen stattdessen einen Rahmen schaffen, in dem Mitarbeiter sich dazu ermutigt fühlen, Innovationen zu entwickeln. … Bei der heute verbreiteten Führungskräfteentwicklung bleiben die Innovationsführer von morgen häufig unentdeckt. Die Aufgabe besteht darin, diese Führungskräfte der Zukunft in Positionen zu bringen, in denen sie ihre Fähigkeiten zeigen können. Und wir müssen ihnen die nötigen Instrumente an die Hand geben, mit denen sie das kleine Stück Genie freisetzen, das in jedem Menschen steckt."

Birkinshaw und Haas (2016) unterstreichen die hohe Bedeutung einer Fehlerkultur in Teams insbesondere dann, wenn diese innovativ sein und schnell wachsen sollen. Problematisch dabei ist, dass die meisten Führungskräfte zwar wissen, dass sie Misserfolge bei Innovation und Wachstum tolerieren oder sogar fördern sollten, dies in der Praxis aber nicht tun. Sie versuchen im Gegenteil, Misserfolge zu vermeiden. Der Erkenntnisgewinn aus Fehlern bleibt so aus. Die Aufgabe der Führungskraft ist es deshalb, bei Fehlschlägen den gewonnenen Nutzen aufzuzeigen und in der Organisation zu kommunizieren. Dadurch können sie die interne Akzeptanz von Fehlern und damit auch die Risikobereitschaft erhöhen. Das Potenzial digital vernetzter Teams und Netzwerke kann besser genutzt werden – in einer solchen positiven Fehlerkultur, geprägt von Vertrauen und ohne störenden Wettbewerb (vgl. Abb. 3.1).

### 3.5.6 Umgang mit Stress

Viele Mitarbeiter und Führungskräfte stehen unter großem Druck beim Bewältigen der Anforderungen, die in digitalen Arbeitswelten vorherrschen. Jederzeit erreichbar zu sein, jederzeit Zugang zu relevanten Informationen und Neuigkeiten zu haben, die teils hohe Geschwindigkeit oder die fordernde Umgebung einer vernetzten Wissensarbeit können zu einer Zunahme von psychologischem Stress und physischen Belastungen führen (Reid und Ramarajan 2016).

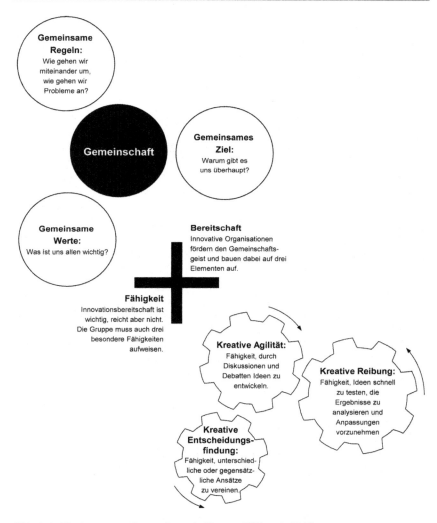

**Abb. 3.1**  Förderung von Innovationen in Teams. (Hill et al. 2015)

In einer Studie können Reid und Ramarajan (2016) aufzeigen, dass Mitarbeiter in Organisationen und Teams mehr Einsatzfreude haben, offenere Beziehungen im Netzwerk pflegen und erfolgreicher sind. Voraussetzung: Sie spüren nicht
den Druck, der „ideale Mitarbeiter" sein zu müssen, der seine individuellen Ziele

völlig der Organisation unterstellt und sich mit großen, individuellen Anstrengungen und Belastungen einbringt. Um dem gegenzusteuern, empfehlen die beiden Autoren, folgende Rahmenbedingungen für Führung zu schaffen:

- Mitarbeiter und Führungskräfte müssen die Möglichkeit erhalten – wenn sie dies wollen –, eine vielseitige Identität in ihrem Leben zu entwickeln. Neben der Entwicklung des beruflichen Ichs soll auch eine positive Entwicklung in anderen Bereichen möglich sein. Besteht die Option, sich auch gesellschaftlich, sportlich oder familiär zu engagieren und die eigene Identität nicht nur an die berufliche Identität in einer Organisation anzuknüpfen, so verläuft das Leben ausgeglichener, besser und zufriedenstellender. Davon kann jede Organisation nur profitieren. „Menschen, die privaten Interessen nachgehen – zum Beispiel, indem sie ehrenamtliche Aufgaben in der lokalen Politik übernehmen oder sich in der Schule ihres Kindes engagieren –, gewinnen dadurch Erfahrungen und Fachwissen und verschaffen sich Zugang zu Netzwerken – was unerreichbar für sie wäre, hätten sie sich die ganze Zeit im Büro verkrochen" (Reil und Ramarajan 2016, S. 57).
- Es wird empfohlen, die Leistung von Mitarbeitern in Organisationen nicht zeitbasiert zu bewerten. In der Praxis kommt es immer wieder zu fehlerhaften und ungerechten Leistungsbewertungen, wenn diese vom Zeitaufwand und der damit verbundenen Belastung abgeleitet wird. Durch nicht-zeitbasierte Vergütungen können sich Mitarbeiter auf Qualität konzentrieren, sie können ihre Ressourcen frei einteilen und sich ihrem Talent entsprechend voll einbringen. Qualität und nicht Quantität der Leistung rückt in den Vordergrund. Mitarbeiter können ihren Arbeitsstress reduzieren, wenn sie die Möglichkeit erhalten, Ziele in der erwarteten Qualität mit einem eventuell geringeren Zeitaufwand zu erreichen, der an ihre individuellen Fähigkeiten angepasst ist.
- In vielen Organisationen ist es den Mitarbeitern selbst überlassen, die Grenze zwischen Privat- und Arbeitsleben zu ziehen. Führungskräfte sollten diese Möglichkeit nutzen, über den Schutz des Privatlebens eine vielseitige Identität ihrer Mitarbeiter zu fördern. Dies gelingt etwa durch den vertraglichen Urlaubsanspruch, regelmäßige Auszeiten und vernünftige Arbeitszeiten. Extreme Arbeitsbelastung, unvorhersehbare Arbeitszeiten und der Rückfall in den Habitus des vormals „idealen Mitarbeiters", der sich bis zu seiner individuellen Grenze für das Unternehmen einbringt, müssen vermieden werden. Auch bewusst definierte Phasen der Nicht-Erreichbarkeit von Mitarbeitern können als sinnvoller Schutz der privaten Identität angesehen werden.

Digitale und agile Unternehmen bleiben nur funktionsfähig und erfolgreich, wenn sie laufend die eigene Organisation entwickeln und sich an ein dynamisches Umfeld anpassen. Leitl (2016) zeigt in diesem Zusammenhang auf, dass aus der Notwendigkeit, sich laufend zu entwickeln und zu verändern, für Beteiligte sehr viel Stress entstehen kann. Dies gilt insbesondere, wenn Beteiligte wahrnehmen, dass Veränderungen in ihrer Arbeitswelt auch zu Veränderungen ihrer Gewohnheiten und ihrer Persönlichkeit führen. Auch die Zunahme an Freiheit, Autonomie und Veränderungsgeschwindigkeit sowie die Notwendigkeit von Vertrauen können bei Mitarbeitern und Führungskräften in digitalen Arbeitswelten zu Belastungen und Stress führen. Als allgemeine Gründe hierfür gibt Leitl (2016) Folgendes an:

- Neuem und Unbekanntem begegnen viele Mitarbeiter und Führungskräfte zögerlich und misstrauisch, weil sie Entwicklungen nicht vorhersehen können und weil diese mit Bedrohungen verbunden sein könnten.
- Die Vorstellung, etwas Angestammtes zu verlieren, führt bei vielen Menschen zum Gefühl von Angst und Hilflosigkeit und letztlich auch zu Widerstand. Das Gefühl, neue Prozesse und Entwicklungen nicht einschätzen und die eigenen Rollen und Verhältnisse nicht mehr kontrollieren zu können, kann das Verhalten in agilen Organisationen negativ prägen.
- Zudem kann die schnelle und fordernde Umgebung in agilen und selbstbestimmten Teams die Angst zu versagen fördern. Dies kann zu Frustration und Existenzängsten führen.

Die menschliche Psyche ist nur bedingt zur Veränderung bereit. Wirklich agil und flexibel können Menschen immer nur in Teilbereichen ihres Schaffens sein. Dies sind meist die Bereiche, in denen ihre Talente, Interessen und Fähigkeiten liegen. Zudem hängt die Veränderungsbereitschaft und -fähigkeit auch von individuellen Lebensphasen ab. Vor allem in jüngeren Jahren können das hohe Tempo und die Intensität des beruflichen Wandels sehr reizvoll sein. Bei älteren Beteiligten rückt oft in den Vordergrund, dass sie Verantwortung für ihre Familie übernehmen.

Eine weitere Quelle von vermeidbaren Belastungen und Stress ist die ungleiche Verteilung von Aufgaben und Arbeit, zu der es in der digitalen Arbeitswelt häufig kommt. Cross et al. (2016) kommen in unterschiedlichen Studien zum Ergebnis, dass in vielen Organisationen gerade die beliebten Teamplayer zu Unzufriedenheit neigen, weil die Arbeitsbelastungen in den Teams oft ungleichmäßig verteilt sind. Je qualifizierter, offener und hilfsbereiter ein Mitarbeiter ist, desto größer ist die Wahrscheinlichkeit, dass er bei wichtigen Fragen und Projekten hinzugezogen, mit verantwortungsvollen Rollen ausgestattet oder einfach nur um seine Meinung oder seinen Rat gefragt wird. Herausragenden

Teammitgliedern wird meist mehr abverlangt als durchschnittlichen Kollegen.
Zu extremen Ungerechtigkeiten kommt es, wenn dies in einer Kultur des Nicht-
Akzeptierens von Fehlern passiert. Denn wer viel macht, macht meist auch mehr
Fehler als diejenigen, die lieber in Deckung gehen. In vorwiegend agil und flexi-
bel arbeitenden, autonomen Teams kann dieses Problem verstärkt auftreten.

Leitl (2016) betont vor diesem Hintergrund unter anderem die große Rolle von
Vertrauen und von klaren, Sicherheit bietenden Regeln durch Führungskräfte.
Klare Regeln der Zusammenarbeit in flexiblen und agilen Organisationseinheiten sind unabdingbar. Dies umfasst vor allem Urlaubszeiten, Entlohnungen und
Arbeitszeiten, aber auch in Regeln des Miteinanderumgehens und Kommunizie-
rens. Die Regeln dienen nicht dem Schutz der Organisation, sondern dem Schutz
der Teammitglieder vor Missverständnissen und zu großem sozialen Druck, der
zu einem Arbeitsrausch im negativen Sinne führen kann.

Digitale Leader sollten diese Quellen von Stress bei ihrer Führungsarbeit
berücksichtigen und gegensteuern. Eine effektive und effiziente, schnelle und
unkomplizierte Mitarbeiterkommunikation kann die Basis hierzu darstellen.

## 3.6    Praktische Beispiele digitaler Führung

Ausgewählte praktische Beispiele untermauern im Folgenden die aufgezeigten
Bausteine eines digitalen Führungskonzepts. Die Führungsprinzipien und Unter-
nehmensleitsätze von Google als global herausragender digitaler Organisation
nehmen dabei eine Vorreiterrolle ein. Eine ähnliche Einsicht in die digitale Kultur einer kleineren Organisationseinheit bieten die unter Abschn. 3.6.2 dargestellten Leitsätze der Apple-Design-Abteilung. Einen weiteren Einblick in die Praxis
des digitalen Business liefern Interviews mit ausgewählten Führungskräften aus
der digitalen Praxis. Martin Sinner, Gründer von Idealo und Kenner der Start-up-
Szene in Deutschland, stellt seine Sichtweise der Digitalisierung von Unternehmen dar. Esther Löb, Head Recruiting Microsoft Germany, gibt Einblicke in die
Welt des Softwareanbieters. Ein von Microsoft und dem Beratungsunternehmen
Gallup entwickelter Leitfaden über flexibles und mobiles Arbeiten rundet die
praktischen Fallbeispiele digitaler Führung ab.

### 3.6.1    Führungsprinzipien von Google

Lazlo Bock, Senior Vice President of People Operations bei Google, hat das
Unternehmen bei seinem Aufstieg zu einem erfolgreichen globalen Player

begleitet. Seit seinem Eintritt bei Google ist sein Arbeitgeber von 6000 auf mehr als 60.000 Mitarbeiter gewachsen. Dabei gilt Google – seit 2015 als Holding mit dem Namen Alphabet Inc. organisiert – heute als einer der attraktivsten Arbeitgeber weltweit. Für diesen Erfolg macht Bock zehn „Work Rules" aus, die im Folgenden dargestellt werden (Feloni 2015; Bock 2015). Diese Führungsgrundsätze repräsentieren Einstellungen, Werte, Standards, Regeln und Normen, die eine Richtungsvorgabe des Google-Managements für die Gestaltung von Führungsverhalten und für das Miteinanderumgehen in der Organisation und in der Community sind. Aufgrund des Charakters einer allgemeinen Zielsetzung dürfen diese Führungsgrundsätze in Teilen auch übertrieben, idealistisch oder gar unrealistisch erscheinen.

**Give meaning to your employees' work**

Eine Organisation kann nicht konstantes Wachstum erreichen oder gar Marktführer werden, wenn Mitarbeiter und Führungskräfte nur für einen Gehaltsscheck oder das Erreichen wirtschaftlicher Ziele arbeiten. Die Tätigkeiten in der Organisation müssen mit einem höheren Zweck, einer inspirierenden, begeisternden Vision verknüpft sein.

Aus diesem Grund hat Google ein Mission Statement mit einem kaum erreichbaren, nahe an der Utopie liegenden Ziel. Bei der Suche nach Mitarbeitern hilft dieses Mission Statement, Google als eine Organisation darzustellen, die eher mit einem moralisch übergeordneten Ziel oder einer überzeugenden Vision verbunden ist, als mit den üblichen wirtschaftlichen Zielen. Das Statement lautet: „Organize the world's information and make it universally accessible and useful".

**Trust your team**

Es ist die Aufgabe eines Managers, seine Mitarbeiter in ihrer Entwicklung zu unterstützen und hierzu vor allem direktes und ehrliches Feedback zu ihren Leistungen zu geben. Dies bedeutet aber nicht, Mitarbeiter exzessiv bis ins Detail zu korrigieren und zu überwachen oder ihnen gar detaillierte Hinweise zu geben, wie sie die Aufgaben genau zu erledigen haben. Ein Manager fungiert eher in der Rolle eines Coachs, der mit hohem Vertrauen gegenüber seinem Team ausgestattet ist. Schließlich hat er es im Normalfall auch selbst zusammengestellt.

Vertrauen und Offenheit im Umgang mit Leistungen muss in beide Richtungen vorhanden sein. Google beurteilt halbjährlich die Leistungen seiner Manager auf Basis einer anonymen Befragung in den Teams. Manager sind stark angehalten, die Befragungsergebnisse offen und ehrlich mit ihren Mitarbeitern zu diskutieren.

**Only hire people who are better than you**

Bock betont, dass es bei der Rekrutierung von Personal keine faulen Kompromisse bei der Einhaltung der extrem hohen Google-Qualitätsstandards geben darf. Dies gilt unabhängig von Dringlichkeit oder Situation, in der eine Position besetzt werden muss. Manager sind vor allem angehalten, Mitarbeiter zu finden, die eine Aufgabe besser als sie selbst erledigen können.

„A bad hire is toxic, not only destroying their own performance, but dragging down the performance, morale, and energy of those around them," schreibt Bock. „If being down a person means everyone else has to work harder in the short term, just remind them of the last jerk they had to work with."

**Keep conversations about development separate from performance reviews**

Wenn Mitarbeiter Feedback zu ihrer Leistung ausschließlich halbjährlich oder jährlich in eigens dafür vorgesehenen Feedbackgesprächen bekommen, beginnen sie, Kritik als generelle Niederlage zu interpretieren. Dies muss ein Vorgesetzter vermeiden.

Bock empfiehlt regelmäßige Gespräche mit Mitarbeitern über ihre Arbeit und ihre Leistung. Performance Reviews müssen strikt von solchen laufenden Feedbackgesprächen getrennt werden. „If you're doing this well, the performance discussions will never be a surprise because you'll have had conversations all along the way, and the employees will have felt your support at each step."

**Pay attention to your best and worst performers**

Manager sollten ihre Mitarbeiter auf der Glockenkurve einer Normalverteilung darstellen, hiermit die Besten und Schlechtesten identifizieren und diesen besondere Aufmerksamkeit widmen. Bock empfiehlt, genau zu analysieren, was die High-Performer so exzellent macht. Die Mitarbeiter werden angehalten, ihre besonderen Ideen und Fähigkeiten den anderen Teammitgliedern zu vermitteln. Bock plädiert für laufende Lernen-durch-Lehren-Effekte im Team.

Die Low-Performer müssen ebenfalls genau analysiert werden. „Remember why you hired them, and then determine if the role they're in simply isn't tapping their talent or if they turned out to be a bad fit for the company." Im Fall, dass die Rolle im Team einfach nicht zu deren Stärken und Talenten passt, bekommen Low-Performer eine neue Chance in neuen, passenden Verantwortlichkeiten. Falls jemand als nicht passend für das Unternehmen identifiziert wird, empfiehlt Bock sich konsequent zu trennen – nicht nur im Sinne des Teams, sondern auch im Interesse des Mitarbeiters.

**Be selectively generous**

Bock zeigt auf, dass viele Vergünstigungen oder Leistungen für Mitarbeiter bei Google nur geringe Kosten verursachen und oft komplett kostenlos sind. Beispielsweise gibt das Unternehmen wenig Geld für teure Trainingsprogramme aus, außer wenn sie einen nachweislichen Beitrag für eine dringend erforderliche Qualifizierung von Mitarbeitern beinhalten. Stattdessen nutzt Google seine besten Mitarbeiter als Trainer oder lädt Freunde und Partner aus dem Sozialen Netzwerk als Gastredner und Teilnehmer an Podiumsdiskussionen oder anderen Wissensaustausch-Veranstaltungen ein. Lernen durch Lehren und die individuelle Selbstverpflichtung, sich permanent weiterzuentwickeln und neue Entwicklungen und Trends zu erforschen, genießen einen hohen Stellenwert.

„Save your heavy expenses for the perks that really matter, like health benefits and retirement plan matching contributions," betont Bock. Bei Google werden neben hohen Löhnen und Gehältern, Zuschüssen für Gesundheits- und Altersvorsorge auch weitere kostenlose Leistungen angeboten, wie Mittagessen, Shuttle-Services oder ausgewählte Freizeitaktivitäten. Diese Leistungen haben sich allesamt als geeignet herauskristallisiert, um Zufriedenheit und Wohlgefühl im Unternehmen zu steigern. Sie sind jeden Cent wert.

**Pay unfairly**

Es gibt Teams bei Google, in denen ein Teammitglied ein Aktienpaket über 10.000 US\$, ein anderes Teammitglied eines über 1.000.000 US\$ erhält, obwohl sie beide eine ähnliche oder beinahe dieselbe Rolle im Team einnehmen. Der Unterschied liegt darin, dass ein Mitarbeiter eher durchschnittlich, der andere hingegen exzellent agiert hat. Bock stellt zum besseren Verständnis eine Analogie zum professionellen Baseball her. „To understand the logic, think of it like a professional baseball team. The Detroit Tigers, for example, pay Justin Verlander \$28 million because he's a Cy Young Award-winning pitcher that they don't want to see on the roster of another team." Google lässt sich nicht von der Gefahr von aufkommendem Neid abschrecken. Die positive Wirkung von außerordentlichen Erfolgsstorys unter den Mitarbeitern steht im Mittelpunkt dieser Überlegungen.

Bock gibt zu, dass Google über den Luxus einer großen Kriegskasse im Kampf um die weltweit besten Talente und Spezialisten verfügt. So kann das Unternehmen für besondere Aufgaben stets besondere Menschen akquirieren. Allerdings könne die gleiche Logik der unfairen Entlohnung auch für kleinere Unternehmen gelten.

**Nudge your employees in the right direction**

Die besten Manager bei Google unterstützen ihre Mitarbeiter nicht dadurch, dass sie gewünschte Verhaltens- oder Vorgehensweisen einfordern oder eine bestimmte Entwicklung oder Veränderung erzwingen. „Lead the way with subtle gestures," sagt Bock. Die Motivation, ein bestimmtes Verhalten zu zeigen, muss stets auf Freiwilligkeit und innerer Einsicht basieren.

„If, for instance, you'd like to encourage more collaboration among your employees, you could begin sending team-wide emails pointing out individuals' successes and ask for ideas on how to build off them."

**Ease into change**

Es passieren meist Fehler, wenn Manager ohne Abstimmung versuchen, die Performance ihres Teams mit neuen Ideen und Ansätze zu verbessern. Relevante Verbesserungen und Veränderungen sollten im Team gut abgestimmt oder zumindest dem Team gegenüber transparent dargestellt und artikuliert werden. Betroffene sind immer zu beteiligen.

„If you're going to try an experiment, be transparent about your approach with your employees. … That will help transform them from critics to supporters, and they'll extend you more benefit of the doubt if things go awry," schreibt Bock.

**Keep things fun and innovative**

Es ist für jeden Manager wichtig einzusehen, dass es keinen perfekten Team-Workflow und keine perfekte Teamkultur gibt. Manager experimentieren am besten permanent und probieren neue Ideen aus. Dieses Streben nach permanenter Veränderung sollte sich dabei nicht wie eine lästige Pflicht, sondern eher wie eine laufende Suche nach neuen, interessanten und motivierenden Herausforderungen anfühlen.

„What's beautiful about this approach is that a great environment is a self-reinforcing one: All of these efforts support one another, and together create an organization that is creative, fun, hardworking, and highly productive," betont Bock.

Bocks „Work Rules" sind ein deutliches Plädoyer für visionsorientierte transformationelle Führung auf der Basis von großem Vertrauen und Transparenz. Auch er betont Teamarbeit. Seine Regeln verschmelzen zu einem Führungsmix, der die permanente Entwicklung und das Wachstum von Google ermöglicht und fördert:

- der hohe Anspruch an die Personalqualität
- die Forderung nach Exzellenz und besonderen Talenten

- das Betonen einer permanent stattfindenden und ehrlichen Feedbackkultur
- die besondere Belohnung von Spitzenleistung einerseits
- aber auch die konsequente Entlassung von geringen Leistungsträgern andererseits
- sowie das konsequente Fördern von Selbstentwicklung, Freiwilligkeit und Motivation aus einem inneren Antrieb heraus

Dieser Führungsmix erscheint zudem besonders geeignet für eine neue Generation an digitalen Wissensarbeitern, die zu Spitzenleistungen bereit sind, sich aber nicht in engen Strukturen und Zwängen begrenzen lassen.

Das generell hohe Entlohnungsniveau, die aufgezeigte und außerordentliche Großzügigkeit bei der Bezahlung von Spitzenleistungen und der besondere Aufwand, den Google für das Anwerben und die Auswahl von besonderen Talenten und Spitzenleistungsträgern betreibt, ergänzt und verstärkt diesen Führungsmix. Diese Bausteine der digitalen Führung sind richtig und plausibel, scheinen aber auch der besonderen Finanzausstattung eines einzigartig erfolgreichen globalen Players geschuldet.

### 3.6.2   Leitsätze bei Google

Die Informationen über Einstellungen, Werte, Regeln, Standards, Prinzipien, Normen und alles, was eine starke Organisationskultur ausmacht, sind richtungsweisend, komplex und vielfältig zugleich. Das legt eine Aggregation auf das Wesentliche nahe, um den Mitgliedern einer Organisation die Kultur zu vermitteln und zu kommunizieren. Leitsätze stellen ein geeignetes Instrument hierzu dar. Sie bringen es auf den Punkt, wie eine Organisation tickt.

Die teils offenen Netzwerkstrukturen und der entsprechend leichte Zugang zu Informationen erschweren ein zielgruppenspezifisches Formulieren und Artikulieren interner Organisationsleitlinien. Vielmehr kommt es in digitalen Organisationen verstärkt darauf an, dass die Leitlinien langfristig gültig und durchhaltbar sind und sowohl allen internen, als auch allen externen Stakeholdern im offenen digitalen Netzwerk als Richtungsvorgabe, Identifikations-Anknüpfpunkt und Orientierungshilfe dienen.

Googles Leitlinien sind in diesem Sinne als Plädoyer an alle Google-Mitarbeiter, Führungskräfte und externe Interessierte und Stakeholder zu verstehen. Das Google-Management fordert von seinem Team weltweit, sich auf den Kunden zu fokussieren. Das Streben nach Exzellenz und Schnelligkeit, Wirtschaftlichkeit, Seriosität und vieles mehr ist fest verankert. Dies sorgt auch bei Externen für

Aufmerksamkeit und Begeisterung. Auf seiner Corporate Website stellt Google diese Leitlinien vor und interpretiert die Auswirkungen auch im Sinne des Kunden oder anderer Stakeholder (Google Unternehmensleitlinien 2016).

Google präsentiert seine Leitsätze mit folgendem Kommentar (Google Unternehmensleitlinien 2016): „Diese zehn Grundsätze haben wir bereits für uns festgeschrieben, als es Google erst wenige Jahre gab. Von Zeit zu Zeit überprüfen wir, ob die Liste weiterhin aktuell ist. Wir hoffen, dass dies der Fall ist – und Sie uns weiterhin daran messen können."

Die Google-Leitsätze und ihre Erläuterung vermitteln allen internen und externen Stakeholdern ein klares und richtungsweisendes Bild und Verständnis darüber, wie das Unternehmen tickt und welche typischen Vorgehens- und Verhaltensweisen das Management von Google erwartet. Die Leitsätze können somit als Leuchtturm angesehen werden, der Interessierten und Beteiligten den Weg zur besonderen Google-Kultur weist.

**Der Nutzer steht an erster Stelle, alles Weitere folgt von selbst**
Seit der Unternehmensgründung konzentriert sich Google darauf, dem Nutzer eine optimale und einzigartige Erfahrung zu bieten. Von der Entwicklung eines neuen Internetbrowsers bis hin zum letzten Schliff am Design der Startseite ist es höchster Anspruch, dass in allererster Linie die Nutzer von diesen Verbesserungen profitieren, nicht das Unternehmen. Die Benutzeroberfläche ist deshalb übersichtlich und schlicht und die Seiten sind schnell zu laden. Platzierungen in den redaktionellen Suchergebnissen können unter keinen Umständen gekauft werden und Anzeigen sind nicht nur klar als solche gekennzeichnet, sondern bieten außerdem relevante Inhalte, sodass sie nicht von der eigentlichen Suche ablenken. Neue Tools und Anwendungen sollen stets so gut funktionieren, dass die Nutzer keinen Gedanken daran verschwenden, was man hätte anders machen können.

**Es ist am besten, eine Sache so richtig gut zu machen**
Google ist auf Suchanfragen spezialisiert und verfügt über eine der größten Forschungsabteilungen weltweit, die sich ausschließlich darauf konzentriert, Probleme im Zusammenhang mit Suchanfragen zu lösen. Bei auftretenden Schwierigkeiten lässt diese Abteilung nicht locker, löst komplexe Probleme und nimmt kontinuierlich Verbesserungen vor, sodass Millionen von Nutzern Informationen schnell und mühelos finden können. Nach dem Engagement für eine optimierte Suchfunktion konnten die erworbenen Kenntnisse auch auf neue Produkte wie Gmail und Google Maps angewendet werden. Google will den Erfolg seiner Suche auch auf bisher unerforschte Bereiche übertragen, damit Nutzer

einen noch größeren Teil der ständig steigenden Informationsmenge effizient für sich nutzen können.

**Schnell ist besser als langsam**

Zeit ist für alle Menschen sehr wertvoll. Wer etwas im Web sucht, will die Antwort sofort. Dieser Erwartungshaltung möchte Google bei jeder Nutzung gerecht werden. Google ist wahrscheinlich das weltweit einzige Unternehmen mit dem ausdrücklichen Ziel, dass Nutzer die Website so schnell wie möglich wieder verlassen. Immer wieder gelingt es der Suchmaschine, eigene Geschwindigkeitsrekorde zu brechen, da die Forscher daran arbeiten, jedes überflüssige Bit und Byte von den Seiten zu entfernen und die Effizienz der Server-Infrastruktur zu erhöhen. Die durchschnittliche Antwortzeit bei einer Suche beträgt aktuell nur noch den Bruchteil einer Sekunde. Bei jeder neuen Produktentwicklung ist Schnelligkeit eines der wichtigsten Kriterien, unabhängig davon, ob es um eine mobile Anwendung oder einen Browser wie Google Chrome geht, der für die Geschwindigkeit des modernen Internets optimiert ist. Die Mitarbeiter entwickeln kontinuierlich weiter, um alles noch ein bisschen schneller zu machen.

**Demokratie im Internet funktioniert**

Das Konzept von Google funktioniert, da es auf Millionen von einzelnen Nutzern basiert, die auf ihren Websites Links setzen und so mitteilen, welche anderen Websites wertvolle Inhalte bieten. Die Suchmaschine wendet mehr als 200 Signale und hoch spezialisierte Technologien an, um die Wichtigkeit jeder Website einzuschätzen. Von besonderer Bedeutung ist dabei der PageRank™-Algorithmus, der analysiert, welche Websites von Anbietern anderer Seiten im Internet für gut befunden werden. Diese Methode wird immer besser, je mehr das Internet wächst, da jede Website eine weitere Informationsquelle darstellt. Zugleich fördert Google die Entwicklung von Open-Source-Software, die dank der gemeinsamen Leistung zahlreicher Programmierer den Weg für neue Innovationen ebnet.

**Man sitzt nicht immer am Schreibtisch, wenn man eine Antwort benötigt**

Die Mobilität nimmt weltweit zu: Informationen sollen überall und ständig verfügbar sein. Google entwickelt innovative Technologien und neue mobile Lösungen, mit deren Hilfe Menschen weltweit umfangreiche Funktionen auf ihrem Handy nutzen können. Das reicht vom Abrufen von E-Mails und Terminen über das Ansehen von Videos bis zu den zahlreichen Möglichkeiten der Google-Suche. Mit Android, einer kostenlosen Open-Source-Plattform für Mobilgeräte, macht Google Nutzern auf der ganzen Welt eine weitere Innovation und die ganze

Offenheit des Internets zugänglich. Android bietet nicht nur eine größere Auswahl an innovativen mobilen Lösungen für Nutzer, sondern eröffnet auch Umsatzmöglichkeiten für Mobilfunkanbieter, Hersteller und Entwickler.

**Geld verdienen, ohne jemandem damit zu schaden**

Google ist ein Wirtschaftsunternehmen. Die Firma erzielt Umsätze, indem sie anderen Unternehmen Suchtechnologien anbietet und Anzeigen verkauft, die auf der Website von Google und anderen Websites im Internet geschaltet werden. Hunderttausende von Kunden werben weltweit mit Google AdWords für ihre Produkte und Hunderttausende von Webpublishern nutzen das Programm Google AdSense zur Bereitstellung relevanter Anzeigen für ihre Webinhalte. Google will, dass alle Nutzer zufrieden sind – unabhängig davon, ob sie Werbekunden sind. Aus diesem Grund gelten eine Reihe von Prinzipien für Werbeprogramme:

Google erlaubt beispielsweise das Schalten von Werbung auf den Suchergebnisseiten nur dann, wenn sie für den Inhalt relevant ist, bei dem sie geschaltet wird. Anzeigen können nützliche Informationen enthalten – falls, und nur falls, sie relevant sind für das, was der Nutzer sucht. Darum ist es auch möglich, dass bei bestimmten Suchanfragen gar keine Anzeigen zu sehen sind.

Google zielt auf Werbung ab, die effektiv und gleichzeitig unaufdringlich ist. Google akzeptiert keine Pop-up-Anzeigen, die den gesuchten Inhalt verdecken könnten. Man hat herausgefunden, dass Textanzeigen mit Relevanz für den Suchenden viel höhere Klickraten erzielen, als Anzeigen, die nach dem Zufallsprinzip geschaltet werden. Jeder Inserent, ob Einzelunternehmer oder Großkonzern, kann von dieser zielgerichteten Art zu werben profitieren.

Anzeigen sind bei Google immer deutlich als solche gekennzeichnet, damit die Integrität der Suchergebnisse stets gewahrt bleibt. Rankings werden niemals manipuliert, um für Google-Partner einen höheren Platz in den Suchergebnissen zu erzielen. Niemand kann sich einen besseren PageRank erkaufen. Die Nutzer sollen auf die Objektivität von Google vertrauen können. Kein kurzfristiger Nutzen für Google soll es rechtfertigen, dieses Vertrauen zu brechen.

**Irgendwo gibt es immer noch mehr Informationen**

Als Google mehr Webseiten indiziert hatte als jeder andere Suchdienst, wandte sich die Marke den Informationen zu, die nicht so einfach im Web auffindbar waren. Manchmal ging es nur um das Einbeziehen neuer Datenbanken, etwa das Hinzufügen einer Telefonnummern- und Adresssuche oder eines Branchenverzeichnisses. Bei anderen Dingen war mehr Kreativität gefragt, beispielsweise beim Hinzufügen der Funktion für das Durchsuchen von Nachrichten-Archiven, Patenten, wissenschaftlicher Literatur, Milliarden von Bildern und Millionen von

Büchern. Das Forschungsteam von Google sucht weiter nach Möglichkeiten, wie alle weltweit verfügbaren Informationen erschlossen werden können.

**Informationen werden über alle Grenzen hinweg benötigt**

Das Unternehmen wurde zwar in Kalifornien gegründet, hat sich dennoch zum Ziel gesetzt, den Zugang zu Informationen weltweit und in jeder Sprache zu vereinfachen. Zu diesem Zweck hat Google Standorte in mehr als 60 Ländern, verfügt über mehr als 180 Internet-Domains und liefert mehr als die Hälfte seiner Ergebnisse an Personen außerhalb der USA. Die Benutzeroberfläche der Google-Suche ist in mehr als 130 Sprachen verfügbar, und Nutzer können die Suchergebnisse auf ihre Sprache eingrenzen. Das Ziel ist es, auch die übrigen Produkte und Apps in so vielen Sprachen und so barrierefrei wie möglich anzubieten. Mithilfe von Übersetzungstools können Nutzer außerdem Inhalte entdecken, die nicht in ihrer Sprache verfügbar sind. Dank dieser Tools und der Mitarbeit von ehrenamtlichen Übersetzern wurde sowohl die Vielfalt als auch die Qualität der Dienste stark verbessert, sodass sie nun sogar Nutzern in den abgelegensten Ecken der Welt zur Verfügung stehen.

**Seriös sein, ohne einen Anzug zu tragen**

Google wurde mit dem Grundsatz gegründet, dass Arbeit eine Herausforderung sein soll, die Spaß macht. Die Unternehmensleitung ist davon überzeugt, dass die richtige Unternehmenskultur die beste Basis für innovative und kreative Ideen ist – und damit sind nicht nur Lavalampen oder Gummibälle gemeint. Erfolgreiche Teamarbeit ebenso wie hervorragende Einzelleistungen sind die Schwerpunkte, die den Gesamterfolg von Google ausmachen. Die Mitarbeiter sind dabei das Wichtigste: motivierte, leidenschaftliche Menschen mit unterschiedlichen Lebensläufen und einer kreativen Sicht auf die Arbeit und das Leben. In einer ungezwungenen Atmosphäre können Ideen in der Warteschlange im Café, während eines Team-Meetings oder im Fitnesscenter entstehen. Diese Ideen werden in einem unglaublichen Tempo ausgetauscht, getestet und in die Praxis umgesetzt. Und manchmal sind sie sogar der Beginn eines weltweit erfolgreichen Projekts.

**Gut ist nicht gut genug**

Google sieht seine Spitzenstellung als Ausgangspunkt und nicht als Endpunkt. Seine Teams setzen sich ehrgeizige Ziele, um die eigenen Erwartungen immer wieder zu übertreffen. Ein gut funktionierendes Produkt verbessert Google durch kontinuierliche Innovationen in oft unerwarteter Weise immer weiter. Zum Beispiel funktionierte die Suche recht schnell und gut bei richtig geschriebenen

Wörtern, aber was passierte bei Wörtern mit Rechtschreibfehlern? Ein Entwickler erkannte dieses Problem und implementierte eine Rechtschreibprüfung, wodurch die Suche noch intuitiver und besser wurde.

Selbst wenn man nicht genau weiß, wonach man sucht: Google sieht es als seine Aufgabe an, im Internet eine Antwort zu finden. Dabei versuchen die Betreiber, Bedürfnisse ihrer Nutzer weltweit zu erkennen, bevor diese explizit ausgesprochen sind, und diesen Bedürfnissen mit Produkten und Diensten gerecht zu werden, die immer wieder neue Maßstäbe setzen. Als der E-Mail-Nachrichtendienst Gmail startete, bot er mehr Speicherplatz als jeder andere E-Mail-Dienst. Heute haben wir uns an diese Speicherplatzmenge bei E-Mail-Diensten gewöhnt. Solche Veränderungen will Google als Schrittmacher einer Branche erreichen und sucht gleichzeitig immer nach neuen Herausforderungen. Das permanente Hinterfragen und die Unzufriedenheit mit dem gegenwärtigen Stand der Dinge ist die treibende Kraft hinter dem Auftrag von Google.

### 3.6.3 Leitsätze der Designabteilung bei Apple

Ihre Wirkung entfalten Leitsätze nicht nur dann, wenn sie prominent kommuniziert und weltweit gültig sind. Auch kleinere Organisationseinheiten nutzen Leitsätze, um die gewünschten Einstellungen und Werte eines Teams allen Beteiligten zu vergegenwärtigen. Jonathan Ive (Grabmeir 2014) benennt als wesentliches Merkmal seiner Arbeit als Chef-Designer bei Apple folgende Prinzipien, die als Leitgedanken für jeden Designer dienen und die Grundlage seiner Arbeit bilden. Es fällt auf, wie sehr die Leitgedanken die organisationskulturellen Merkmale einer digitalen Arbeitswelt, vor allem die Plädoyers für Visionsorientierung, Fokussierung und Teamorientierung widerspiegeln.

**Sich kümmern**
Der erste Leitsatz lautet kurz und bündig, sich zu kümmern. Dieses Prinzip gilt immer, nicht nur für Designer. Bei Designern ist jedoch leichter zu erkennen, wann der Designer mit vollem Herzen hinter seiner Arbeit steht und wann nicht. Ive interpretiert diesen Leitgedanken sogar so weit, dass er Nachlässigkeit beim Design eines Produkts als persönliche Beleidigung des Kunden ansieht.

**Fokus**
Das zweite Prinzip beschreibt, dass jedes einzelne Detail beim Design eines Produkts wichtig ist. Materialien, Formfaktor, Aussehen, Handhabung – alles spielt eine Rolle und jedes Detail kann am Ende das Ergebnis des Designprozesses komplett verändern.

**Bereitschaft, alles neu zu machen**
Das dritte Prinzip, dem Jony Ive folgt, ist, dass ein Designer jederzeit bereit sein müsse, eine Idee oder ein ganzes Design zu verwerfen, wenn es nicht funktioniert. Manche Dinge sind einfach nicht zu retten. Dies muss frühzeitig erkannt und korrigiert werden, auch wenn das einen kompletten Neuanfang bedeutet.

**Enge Zusammenarbeit im kleinen Team**
Außerdem beschreibt Jony Ive die besondere Vertrautheit und menschliche Nähe in seinem Design-Team, das mit nur 18 Mitgliedern sehr klein ist und sich seit rund 15 Jahren kaum verändert hat. Die meisten Ideen entstehen aus Konversationen mit den anderen Team-Mitgliedern. Erst aus der engen und vertrauten Zusammenarbeit entstehen die hervorragend designten Produkte der Marke Apple.

## 3.6.4   Digital Leadership aus der Sicht des Start-up-Gründers Martin Sinner

Aufgabe und Mission des zur Media-Saturn-Gruppe gehörenden Accelerators Spacelab werden folgendermaßen beschrieben: „We believe innovation is a critical driver of success. … The Media-Saturn SPACELAB Tech Accelerator enables young innovative companies to take their businesses to the next level. We invest in all companies along our value chain – from logistic apps to innovative gadgets" (*Spacelab* 2016). Spacelab ist somit spezialisiert auf die Unterstützung von Start-ups in ihrer Gründung und Entwicklung mit starkem Fokus auf das Fördern von Innovationen in allen Bereichen der Wertschöpfungskette im Consumer-Electronic-Retail-Bereich. Selbstverständlich befassen sich viele der betreuten Start-ups mit neuen digitalen Geschäftsideen.

Martin Sinner verantwortet diese Engagements der Media-Saturn Holding in Start-ups. Als Idealo-Gründer verfügt er über umfangreiche eigene unternehmerische Erfahrung im Digital Business. Einschlägige Erfahrung zu Digital Leadership hat er zudem durch Aufenthalte im Silicon Valley gesammelt, wo er im Auftrag der Axel Springer Gruppe gemeinsam mit Christoph Keese (Autor des Buchs „Silicon Valley") und Kai Diekmann (ehemaliger Chefredakteur der Bild-Zeitung) gelebt hat. Martin Sinner gilt als Kenner der Start-up-Szene in Deutschland und international.

Sinner (Interview geführt im Dezember 2016) betont die Andersartigkeit der Generationen X und Y und dadurch ein Konfliktpotenzial in vielen deutschen Unternehmen: „Die größten Konfliktpotenziale sehe ich dort, wo es ein

Management gibt, das nicht in der Lage ist zu verstehen, was mit der Digitalisierung auf sie zukommt, und die Digital Natives daran hindern, digitale Innovationen umzusetzen. Wenn ich mir viele Konzerne anschaue, ist vollkommen
klar, was das Problem ist. Aber das bestehende Management kann die Bedrohung
entweder nicht erkennen oder es ist nicht in der Lage, innovative Lösungen und
Ideen umzusetzen. Da kann ich mir Natives gut vorstellen, die in diesem Kontext
wahnsinnig werden, weil sie wissen, was passieren muss, aber sehen, dass nichts
oder sehr wenig passiert."

Gerade aufgrund der geringen Innovationsbereitschaft und -geschwindigkeit in
vielen etablierten Unternehmen betrachtet Sinner Start-ups im Digital Business
als besonders attraktive Arbeitgeber für talentierte Natives, die einen besonderen
Wert auf ihre Entwicklung und Zukunftsperspektive legen.

Ein neues Zeitalter der Wissensarbeit sieht Sinner schon lange angebrochen.
Es ist vor allem durch ein größeres Ausmaß an Mobilität und Flexibilität gekennzeichnet. „Meines Erachtens wird sich gar nicht mehr so viel Grundsätzliches
ändern, denn auch jetzt schon arbeiten viele Menschen mobil und verteilt auf
unterschiedlichste globale Orte, kommunizieren über Messenger und Video-Chat.
Aber Vieles wird noch einfacher, noch ruckelfreier werden, sofern Breitband flächendeckend in Deutschland ankommt." Sinner sieht in neuen Entwicklungen
der hoch automatisierten Automobilität einen Verstärker des mobilen Arbeitens.
„Ich bin überzeugt, dass im Bereich Mobilität weitreichende Veränderungen zu
erwarten sein werden, die auch massive Auswirkungen auf die Arbeitswelt haben,
sobald selbstfahrende Autos Standard geworden sind. Das wird in vielen Fällen
Mobilität dramatisch vereinfachen und somit auch ein großes Maß an Flexibilität
erzeugen."

Sinner sieht sowohl die Notwendigkeit, als auch die Begrenztheit von Wissensarbeit in mehr oder weniger offenen digitalen Netzwerken. Die Probleme von
morgen werden immer weniger in geschlossenen Teams unter größter Geheimhaltung gelöst. „Die Grenzen der Arbeit in Netzwerken liegen meines Erachtens in
den Charakteren der Beteiligten. Auch in Zukunft sind es Konflikte oder Allein-
gänge, die zu vermeidbarer Zeitverschwendung und zu Ineffizienzen führen.
Allerdings werden Bots und Künstliche Intelligenz mehr Aufgaben beziehungsweise Teil-Aufgaben übernehmen. Das wird viele Dinge weniger komplex und
kompliziert machen und Abhängigkeiten reduzieren." Die Beschränktheit von
effektiver und effizienter Wissensarbeit liegt vor allem im menschlichen Wesen.
Der verstärkte Einsatz von intelligenten Algorithmen wird Arbeit im Netzwerk
positiv beeinflussen. Laut Sinner werden Computerprogramme eine zentrale
Stellung einnehmen, die sich wiederholende Aufgaben weitgehend automatisch

abarbeiten, ohne dabei auf Interaktion mit einem menschlichen Benutzer angewiesen zu sein.

Die Entstehung von Kreativität sieht Sinner nicht gefährdet. Kreativität wird
in einer digitalisierten Arbeitswelt auch bei verstärktem Einsatz Künstlicher
Intelligenz entstehen. „Die Veränderung um uns herum ist meines Erachtens der
größte Treiber von Kreativität. Wenn sich die Dinge ändern, wollen Menschen
neue Lösungen erdenken und schaffen." Eine wichtige Aufgabe für das Management eines Unternehmens ist es somit, die laufenden relevanten Veränderungen
des Umfelds im Unternehmen transparent zu machen und dadurch der Organisation Anpassungs- und Veränderungsnotwendigkeit zu verdeutlichen. Scheitern
notwendige Veränderungen im Unternehmen, so ist dies häufig im fehlenden Vertrauen des Managements in den Output begründet, meist vor dem Hintergrund zu
eng gesetzter Termine.

Vertrauen bleibt eine wichtige Basis der Kooperation und des Zusammenle-
bens in Organisationen. Die Bedeutung von Vertrauen im Bereich flexibler und
kreativer, digitaler Wissensarbeit nimmt zu, die Bedeutung von Hierarchien
eher ab. „Die Bereiche, in denen klassische Hierarchien benötigt werden, werden immer weniger. Strukturen und Abläufe werden hingegen immer wichtiger,
die jedoch immer mehr in Software integriert werden. … Die Beteiligten spüren
die Strukturen und das Strukturiertwerden deswegen oft gar nicht oder nur sehr
wenig."

Sinner rechnet auch mit Veränderungen bei der Rolle von Führungskräften.
„Digitale Arbeitswelten sind wesentlich transparenter. Das Geschäftsmodell von
Google oder Facebook ist extrem transparent. Jeder kann es kopieren. Es gibt so
gut wie keine Geschäftsgeheimnisse dort, denn diese sind nur notwendig, wenn
Wettbewerb herrscht, vor allem Preiswettbewerb. Wenn alle Mitarbeiter so gut
wie alles über das Business wissen oder wissen dürfen, verändert sich die Art
dramatisch, wie man führt und mit Information umgeht. Es heißt, mehr zu erklären, mehr zu moderieren. KPIs spielen eine größere Rolle. Im Fokus steht, Wett-
bewerbsvorteile optimal zu nutzen und schneller zu wachsen. … Es geht auch
immer mehr darum, die richtigen Mitarbeiter zu finden und zu binden. In der
Wissenswelt lernen Mitarbeiter in so kurzer Zeit so viel, dass sie als Mitarbeiter
für ein anderes Unternehmen sehr schnell sehr wichtig sein können. Solche Mitarbeiter brauchen Perspektive. Aber man muss sich damit abfinden, dass Mitarbeiter nicht mehr 40 Jahre für ein und dasselbe Unternehmen arbeiten."

Auf die Frage, wie Unternehmen zukünftig dafür sorgen können, dass digitale Wissensarbeit nicht krank macht, sieht Sinner moderne digitale Technologien
weniger als Ausgangspunkt von digitalem Stress, sondern vielmehr als Quelle
der Problemlösung. „Dass der Stress nicht entsteht und uns schon gar nicht krank

macht, dafür werden unter anderem die Technologien immer mehr sorgen. Das ist nicht das Problem. Die viel wichtigere Frage hingegen wird sein, wie wir mit den Mitarbeitern umgehen, für die wir keine Arbeit mehr finden, weil Artificial Intelligence sie ersetzt."

### 3.6.5 Digital Leadership bei Microsoft Germany

Microsoft setzt in seiner neuen Deutschland-Zentrale in München-Schwabing auf offene Strukturen (Hoffmann 2016). Auch Philips in Hamburg und Siemens in München haben sich für Bürokonzepte entschieden, die mit den klassischen hierarchiegetriebenen Architekturen wenig zu tun haben. Feste physische Arbeitsplätze gibt es bei Microsoft nicht mehr, und auch das Chefbüro hat ausgedient. Mitarbeiter und Führungskräfte suchen sich einen passenden Platz zum Arbeiten und räumen diesen auch am Ende des Tages. Clean Desk ist Pflicht. Persönliche Gegenstände sowie Arbeitsmaterialien und -technik finden in Schließfächern Platz oder können auch mit nach Hause genommen und dort aufbewahrt werden.

Mit dem Umzug hat Microsoft die Zahl der physischen Arbeitsplätze reduziert, auf 1100. Das sind 800 weniger als im alten Gebäude. Im Schnitt arbeiten zwei Drittel der Angestellten ohnehin woanders, entweder beim Kunden oder zu Hause. Arbeitszeit und Arbeitsort registriert der Arbeitgeber nicht. Der Software-Hersteller setzt das Vertrauen in seine Mitarbeiter, dass sie ihre Aufgaben unabhängig vom „Wann" und „Wo" erledigen. Work-Life-Flow nennt das Microsoft-Management das Konzept, das die Work-Life-Balance ersetzen soll und eine selbstbestimmte Lebensgestaltung mit fließenden Übergängen zwischen Job und Freizeit ermöglicht. Das Konzept hat Microsoft zusammen mit dem Fraunhofer-Institut für Arbeitswirtschaft und Organisation entwickelt.

Die einzelnen Arbeitsbereiche haben eigene Namen bekommen, um einen Neuanfang in der Bürogestaltung und in der Zusammenarbeit gleichermaßen zu markieren: Für konzentrierte Alleinarbeit gibt es den *Think Space,* für konzentriertes und individuelles Arbeiten am Schreibtisch den *Accomplish Space,* Gedankenaustausch findet im *Share and Discuss Space* statt, und Teams können im *Converse Space* eng zusammenarbeiten (Hoffmann 2016). Diese Arbeitszonen spiegeln Prozesse und Projektverläufe der Wissensarbeit wieder.

Esther Löb (2016), Talent Acquisition Lead Germany bei Microsoft Germany, betrachtet die neue Microsoft-Zentrale in München als logische Konsequenz einer digitalen Arbeitswelt (Löb 2016). Für Löb sind technologischer Wandel und damit verbunden digitale Arbeitswelten die „Enabler für den permanenten Wandel", dem sich ein Unternehmen wie Microsoft nicht verschließen kann, mehr noch, die Microsoft selbst massiv vorantreibt. Digitalisierung bedeutet für die Mannschaft des Software-Herstellers, neue digitale Techniken anzuwenden, vorzuleben, technische Möglichkeiten aufzuzeigen und den neuen Anwendungsraum auszuschöpfen.

Die neue Zentrale spiegelt die globale Strategie von Microsoft wieder, die als Paradebeispiel konsequenten Digitalen Leaderships steht. Eine klare Richtungsvorgabe gibt Sayta Nadella, CEO von Microsoft, in Form einer plakativ formulierten Mission und Strategie. Die Microsoft-Mission lautet: „Empower every person and every organization on the planet to achieve more." Die Unternehmensstrategie komprimiert Nadella in einen Satz: „Build best-in-class platforms and productivity services for a mobile-first, cloud-first world."

Mission und Strategie werden im Unternehmen klar verdeutlicht und entfalten auch ihre motivierende und richtungsgebende Wirkung bei allen Mitarbeitern und Führungskräften, betont Löb. Nadella kennt die große Bedeutung des Aufbaus einer Organisationskultur, die ambitionierte visionäre Ziele erreichen will. Er beschreibt die Wunschkultur bei Microsoft als eine sich global zusammengehörig fühlende Gruppe von Menschen mit einem *Growth Mindset*. Laut Löb bezeichnet Growth Mindset eine klare Einstellung und Haltung gegenüber Menschen – eine Kultur, in der „jeder Mensch wachsen kann, sich entwickeln kann. … Potenzial, Fähigkeiten und Möglichkeiten eines Menschen sind stets erweiterbar, jeder Mensch kann seinen Mindset verändern. Wer wirklich Veränderung und Entwicklung will, kann dies bei Microsoft erreichen."

In einer internen E-Mail erläutert Sayta Nadella, wie Growth Mindset die Unternehmenskultur determiniert (Rosoff 2015): „It starts with a belief that everyone can grow and develop; that potential is nurtured, not predetermined; and that anyone can change their mindset. Leadership is about bringing out the best in people, where everyone is bringing their A game and finding deep meaning in their work. We need to be always learning and insatiably curious. We need to be willing to lean in to uncertainty, take risks and move quickly when we make mistakes, recognizing failure happens along the way to mastery. And we need to be open to the ideas of others, where the success of others does not diminish our own."

Löb beschreibt die *Growth Mindset Culture* als eine lebendige, lernende Kultur, die auch das Top-Management vorlebt. Nadella wird als ein im Vergleich zu Steve Balmer eher ruhiger, charismatischer Manager beschrieben Er sucht überall auf der Welt den Kontakt zu seinen Mitarbeitern, integriert sich immer wieder in unterschiedlichste Teams, arbeitet dort aktiv mit, teilt sein Wissen ohne Scheu mit allen und berichtet im Anschluss auch sehr offen darüber, was ihn überrascht, was er falsch eingeschätzt, was er dadurch gelernt hat und welche Erfahrungen ihn in seiner Entwicklung inspiriert haben. Leitsätze untermauern die Forderung nach einer permanenten Entwicklung (Löb 2016):

- *Always Learning:*
  Es gibt nicht nur das Postulat der permanenten Selbstentwicklung des Einzelnen. Vor allem Teams sind angehalten, sich als zusammengehörige Gruppe laufend zu verändern und dabei Fortschritte zu präsentieren.
- *Open to Ideas:*
  Dieser Leitsatz beschreibt die Notwendigkeit der laufenden, aktiven Suche nach neuen Ideen, nach Feedback, nach neuen Inspirationen in einem durchlässigen und offenen Netzwerk, gerne auch aus externen Quellen.
- *Take Risks:*
  Dieser Leitgedanke wird als Plädoyer für das bewusste Eingehen von Risiken beim laufenden Testen von neuen Ideen und Ansätzen verstanden.
- *Embrace Challenge:*
  Es ist Teil der Microsoft-Kultur, Herausforderungen anzunehmen und Widerstände zu bewältigen, um eine Entwicklung zu realisieren und Stillstand unmöglich zu machen.

Löb sieht in der Schnelligkeit und Wirksamkeit des technologischen Wandels den Unternehmensleitgedanken des Sichöffnens, des permanenten Lernens und Wandelns begründet. Ohne einen Growth Mindset kann Microsoft als Unternehmen keine Angebotsleistungen erbringen, die dem aktuellen und zukünftigen Technologieniveau entsprechen. Dieser Gedanke zieht sich von der Mission und Strategie über eine offene, stets lernende Kultur hin bis zu allen Microsoft-Produkten und Services beziehungsweise bis hin zu der offenen und intelligenten Microsoft-Cloud-Plattform. Nur ein offenes, sich stets veränderndes Unternehmen wird für die digitalen Herausforderungen der Zukunft moderne Lösungen und Angebote generieren können.

Wichtig ist es Löb (2016), die hohe Bedeutung von Vertrauen als Basis der Microsoft-Arbeitswelt herauszustellen. Ohne Vertrauen können die Potenziale des effektiven und effizienten Zusammenarbeitens in agilen Teams und offenen Netzwerken nicht genutzt werden. Ohne Vertrauen können Potenziale und Wissen der Talente im Unternehmen nicht vollständig gehoben werden. Die Microsoft-Führungskultur baut daher auf uneingeschränktes Vertrauen auf.

Der Logik von Vertrauen und konsequenter Nutzung von Informationstechnologie folgend, erlaubt Microsofts Arbeitswelt Mitarbeitern und Führungskräften ein Höchstmaß an Flexibilität und Mobilität. Wissensarbeit ist nicht mehr an Ort und Zeit gebunden. Mitarbeiter können selbst entscheiden, wann und wo sie arbeiten. So präsentiert sich Microsoft als attraktiver Arbeitgeber für eine jüngere Generation an Talenten mit hohem Selbstbewusstsein, aber auch mit hohem Verantwortungsbewusstsein. Das vertrauensvolle, positive Menschenbild liefert Ansatzpunkte für eine Identifikation mit dem Unternehmen und für Engagement. Löb lässt keinen Zweifel daran, dass Microsoft-Mitarbeiter vor allem aufgrund der flexiblen und mobilen Arbeitsbedingungen engagiert und motiviert sind. Jeder Mitarbeiter wird somit auch zum Recruiter und Markenbotschafter.

Auch die Rolle der Führungskräfte hat sich den Gepflogenheiten der digitalisierten Arbeitswelt angepasst. Microsoft-Führungskräfte sind gegenüber Input von außen aufgeschlossen, durchsetzungsstark, haben Überzeugungskraft, können eine positive Arbeitsatmosphäre gestalten, sind eher Coachs und Moderatoren statt heroische Leithengste. Vieles der Microsoft-Kreativität resultiert aus einem hohen Maß an *Diversity* im Unternehmen. Den Menschen individuell zu begegnen und sie situativ zu führen, gehört ebenso zu dieser Vielfalt wie Aufgeschlossenheit und Offenheit. Als plakatives Beispiel nennt Löb (2016) das *Reverse Monitoring,* bei dem junge Talente im Unternehmen Senior Leader coachen und dabei unterstützen, aktuelle Trends im Bereich Social Media zu verstehen und ihr eigenes Online-Verhalten zu verbessern.

Natürlich muss es auch einen Gegenpol zu den hohen Freiheits- und Flexibilitätsgraden in der Arbeitswelt von Microsoft geben. Löb unterstreicht die Aufgabe der Microsoft Leader, das hohe Niveau an Engagement und Motivation zu kanalisieren und auszubauen. Die Handlungsmaximen für Leader lauten: Create clarity, generate energy, deliver success.

### 3.6.6 Flexibles Arbeiten – Regeln für Arbeitgeber und Arbeitnehmer

Die Welt von morgen ist eine digital vernetzte Arbeitswelt mit faszinierenden technischen Möglichkeiten, räumliche Grenzen und Tätigkeitsstrukturen zu überwinden. Für viele Unternehmen gehört virtuelles oder mobiles Arbeiten über Standorte und Ländergrenzen hinweg bereits zum Alltag. Mitarbeiter nutzen Soziale Netzwerke oder Videotelefonie mit ihren Kollegen oder moderne Cloud-Technologien für Kommunikation, Zusammenarbeit und das gemeinsame Bearbeiten von Dokumenten. Diese neuen technischen Möglichkeiten bieten jedem Einzelnen neue Freiheiten in der individuellen Arbeitsgestaltung. Arbeitnehmer wollen vermehrt über Arbeitszeit und Arbeitsort selbst entscheiden.

Attraktive Arbeitgeber sollten deshalb ihren Mitarbeitern ermöglichen, sich vom Büro loszulösen und mobil tätig zu sein, auch von anderen Arbeitsorten aus. Mobile und flexible Arbeit, Heimarbeit und Zugang zu relevanten Daten von unterwegs sowie die digitale Vernetzung von Teams sind Themen, mit denen sich Unternehmen befassen. Das neue Microsoft-Office in München-Schwabing bietet deshalb weniger Arbeitsplätze, als es Mitarbeiter hat, weil ein Teil der Belegschaft bereits von unterwegs oder von zu Hause aus arbeitet. Das verleiht dem beruflichen Alltag eine neue Flexibilität. Unterschiedliche Arbeitszeit- und Arbeitsplatzmodelle können helfen, den Alltag neu, und dennoch effektiv und effizient zu strukturieren und dabei den Wünschen von Mitarbeitern entgegenzukommen. So verbessert sich die Vereinbarkeit von Familie und Beruf und man erreicht einen Wettbewerbsvorteil auf der Suche nach den besten Talenten. Damit dies gelingt, müssen Unternehmen nicht nur eine moderne technischen Infrastruktur anbieten, sondern auch den beschriebenen weitreichenden Führungs- und Kulturwandel bewältigen. So entsteht eine den Mitarbeitern zugewandte und offene Unternehmenskultur.

Mobiles und flexibles Arbeiten darf jedoch nicht zur Vereinsamung von Mitarbeitern oder zum totalen Abschied von persönlichen Kontakten und Meetings sein. Virtuelle Teamarbeit benötigt als Gegenpol einen Ort der Begegnung und des direkten sozialen Austauschs. Die Zunahme der Selbstbestimmung bei der Arbeitszeit stellt für die meisten Mitarbeiter einen Anreiz dar. Viele digitale Organisationen haben starre Präsenz- oder Schichtzeiten aufgehoben und durch eine Art flexible Vertrauensarbeitszeit ersetzt, die Mitarbeitern wie Führungskräften die Möglichkeit bietet, privates Leben und Arbeiten sinnvoll miteinander zu verknüpfen. Insbesondere die jungen Generationen registrieren diese Möglichkeiten wohlwollend. Um bestimmte Ziele und KPIs zu erreichen und dabei klare Verantwortlichkeiten beizubehalten, gibt es unterschiedliche Arten der Flexibilisierung. Variable tägliche und wöchentliche Arbeitszeitgestaltung ist genauso vorstellbar wie die Flexibilisierung von Arbeitszeit durch Jahresarbeitszeitmodelle, Sabbaticals, Elternauszeit- oder Elternteilzeitmodelle. Weibliche Führungskräfte nehmen insbesondere Teilzeitlösungen als attraktiv wahr, wenn diese dazu beitragen, Karriere und private Familienplanung in Einklang zu bringen. Voraussetzung für flexible Arbeitszeiten ist jedoch, dass die Aufgaben und die Führungsrolle auf mehrere Köpfe verteilt und streng hierarchische Strukturen aufgebrochen werden.

Mit unterschiedlichen Arbeitszeit- und Arbeitsplatzmodellen geht Microsoft auf die Bedürfnisse der Mitarbeiter ein und ermöglicht eine neue Strukturierung des Alltags. Damit dies funktioniert und zu einem Mehr an Flexibilität am Arbeitsplatz führt, bedarf es nicht nur einer modernen technischen Infrastruktur, sondern auch eines weitreichenden Führungs- und Kulturwandels in Richtung einer offenen Unternehmenskultur.

Um diesen Wandel voranzutreiben, hat Microsoft Germany zusammen mit dem Beratungsunternehmen Gallup einen Leitfaden zum Thema „Flexibles Arbeiten" entwickelt, mit jeweils zehn konkreten Regeln für Arbeitgeber und Arbeitnehmer (Microsoft und Gallup 2012). Er soll den Wissensarbeitern von Microsoft helfen, die digitale und flexible Arbeitswelt erfolgreich zu gestalten.

Die Regeln für den Arbeitgeber stellen sich folgendermaßen dar (Microsoft und Gallup 2012):

- Flexible Arbeitsmodelle erfordern klare Vereinbarungen mit eindeutig und transparent formulierten Rahmenbedingungen und Erwartungen, damit eine vertrauensvolle neue Arbeitskultur entstehen kann.
- Da es auch Mitarbeiter gibt, für die sich eine Arbeit im Homeoffice nicht eignet oder deren Gegebenheiten zu Hause nicht geeignet sind, sollte diesen freigestellt sein, flexible Arbeit innerhalb des Unternehmens zu nutzen. Stärken und die persönliche Motivation des Mitarbeiters sollten dabei ausschlaggebend sein.
- Vorgesetzte sollte ihren Mitarbeitern vertrauen und „loslassen" können.
- Die Leistung von Mitarbeitern und der Erledigungsgrad ihrer Aufgaben müssen objektiv definierbar und messbar sein.
- Aus den Augen bedeutet nicht aus dem Sinn. Auch Mitarbeiter ohne permanente Anwesenheit im Office benötigen persönliches Feedback und stärkenorientierte Führung.
- Arbeitgeber haben eine Fürsorgepflicht. Dies gilt auch und insbesondere für flexible Arbeitsplatzmodelle.
- Auch flexible Wissensarbeiter benötigen neue Meeting-Kulturen, die einen engen Austausch erleichtern und effiziente und effektive Arbeitsprozesse innerhalb der Teams ermöglichen.
- Ausreichende Möglichkeiten für den direkten Austausch sollten gewährleistet werden, damit sich Teammitglieder gegenseitig schätzen lernen und ihre Zusammenarbeit sowie ihr Gemeinschaftsgefühl gestärkt werden.
- Mitarbeiter müssen sich im Unternehmen willkommen fühlen und haben ein Anrecht auf einen für die Erfordernisse ausgestatteten Arbeitsplatz – sowohl im Büro, als auch im Homeoffice.
- Flexible Arbeitsstrukturen können nur dann erfolgreich sein, wenn sie mit der Unternehmenskultur, der Philosophie und den Unternehmenszielen vereinbar sind.

Für die Arbeitnehmer bietet die Broschüre (Microsoft und Gallup 2012) folgende Regeln:

- Feierabend und Ferien gelten auch bei flexiblen Arbeitsmodellen. Hier ist Selbstdisziplin erforderlich.
- Die Eignung für flexible Arbeit sollte jeder Mitarbeiter für sich selbst kritisch überprüfen und dabei seine Rahmenbedingungen und Stärken genau berücksichtigen.
- Um Mitarbeiter vor permanentem Stress zu schützen, hat der Arbeitgeber auch bei flexiblen Arbeitsplatzmodellen keinen Anspruch auf ständige Rufbereitschaft.
- Der Mitarbeiter übernimmt mehr unternehmerisches Denken und sollte sich seiner Eigenverantwortung und der Verantwortung gegenüber dem Arbeitgeber bewusst sein.
- Flexible Arbeitsmodelle dürfen nicht aufs Abstellgleis. Sie erfordern mehr Durchsetzungswillen und Präsenz, damit sie laufend weiterentwickelt werden.
- Es ist wichtig, die eigenen Aufgaben, Prozesse und Termine klar zu kommunizieren.
- Der Arbeitsrhythmus kann an die eigene Produktivität und die persönlichen Bedürfnisse angepasst werden. Die Prozesse im Team dürfen dabei nicht missachtet werden.
- Networking ist Pflicht: Die virtuelle Präsenz entbindet Mitarbeiter nicht von den Aufgaben als Teammitglied. Dazu gehören nicht nur fachliche Aufgaben, sondern auch die soziale Integration ins Team.
- Arbeit in virtuellen Teams setzt ein professionelles Wissensmanagement voraus, das systematische Speichern und Aufbereiten von Wissen mit einem eindeutigen Ablagesystem als Pflicht.
- Flexible und mobile Arbeit verlangt ein hohes Maß an Selbstorganisation. Hierzu muss sich jeder mit seinen Stärken und Schwächen auseinandersetzen.

Der Leitfaden für flexibles Arbeiten ist allen Microsoft-Mitarbeitern jederzeit zugänglich.

### 3.6.7 Thesen zur Digitalisierung im Praxis-Check

Abschließend kommen zwei Praktiker der Digitalisierung zu Wort. Der eine ist Michael Börnicke, der nach einer sehr erfolgreichen Karriere mit Vorstandspositionen bei Escada und ProSiebenSat.1 ein Start-up im Küchen-Einzelhandel geführt hat. Der andere ist Sebastian Diehl, der den Lebensmittel-Multi-Channel-Handel Emmas Enkel gegründet und geführt hat. Beide kommentieren im Folgenden einige Hypothesen zu Digital Leadership.

**These 1: „80 Prozent der Unternehmen scheitern im digitalen Transformationsprozess bei fehlender Diversität in der Führungsebene."**

**Diehl:** Sagen wir es mal so, die Unternehmen, die in der Führungsebene den Nutzen der digitalen Transformation nicht erkennen, werden scheitern. Wie divers die Führungsebene dafür sein muss, ist wohl branchenabhängig. Die Erkenntnis zur digitalen Transformation ist viel wichtiger. Es werden 100 % derer scheitern, die das nicht erkennen. Ob die Korrelation zwischen Diversität und Scheitern tatsächlich 80 % ausmacht, kann ich nicht bestätigen.

**Börnicke:** Das sehe ich anders. Ich glaube in der Tat, die These ist gut, so wie sie formuliert ist! Ob der Prozentsatz genau richtig ist, weiß niemand exakt. Doch die Führungsebene sollte generell Diversität aufweisen – nicht nur in digitalen Unternehmen. Ich bin ein Freund von Diversität auf allen Ebenen. Ist ein Geschäftsführer 50 Jahre alt, ergänzt er sich wunderbar mit einem 28-jährigen Kollegen. Ebenso gut kann funktionieren, wenn der eine das klassische Geschäftsmodell wie stationäre Expansion verkörpert, und der andere als Mister Digital die andere Seite in der Geschäftsführung vertritt. Ein Chief Digital Officer (CDO) ist wichtig, nicht wegen des Titels auf der Visitenkarte, sondern wegen der Kompetenz, die digitale Transformation in einem Unternehmen umzusetzen. Diversität hat demnach mit unterschiedlichen Erfahrungen, Kompetenzen, Blickwinkeln und mit dem Alter zu tun. Das ist besser, als wenn drei eine ähnliche Vita haben – ob nun digitale Company oder nicht, das gilt für alle Unternehmen.

**These 2: „Im Jahre 2030 werden die klassischen Arbeits- und Zeitmodelle nicht mehr existieren."**

**Diehl:** Würde ich so unterschreiben, finde ich gut. Ich denke aber, dass es schneller geht.

**Börnicke:** Da bin ich wieder anderer Meinung. Ich glaube, dass Arbeits-und Zeitmodelle künftig anders interpretiert werden. Zeitmodelle im Sinne einer klassischen Zeiterfassung wird es so nicht mehr geben. Trotzdem ist dadurch, dass wir alle digital arbeiten, jeder Arbeitsschritt von uns digital erfasst. Arbeitsmodelle im Sinne von physischer Anwesenheit im Büro, werden sich sehr lange bewahren. Rein digitale Modelle, bei denen alle zu Hause sitzen, digital vernetzt sind, wird es bestimmt in einigen Unternehmen geben. Doch auch 2030 wird immer noch der Großteil der Menschen in ein Office gehen, auch wenn er dort sicherlich anders arbeitet als heute. Der Mitarbeiter hat keinen festen Arbeitsplatz mehr, jeder sucht sich seinen Platz. Doch das physische Zusammensein ist für die Kultur eines Unternehmens extrem wichtig. Das wird auch 2030 noch sehr relevant sein.

**Diehl:** Ich habe die These nicht ganz so krass verstanden, dass alle künftig zu Hause sitzen und nur noch online arbeiten. Dennoch sind die klassischen Modelle überholt. Schon heute. Wir brauchen Vertrauensarbeitszeit statt fester Arbeitsplätze, man kommt und geht flexibel.

**Börnicke:** Ja, dieses Statische im Büro wird sich auflösen.

**Diehl:** Ohne Büros geht es nicht. Das soziale Umfeld ist wichtig.

**These 3: „Alle Unternehmen, die sich der digitalen Transformation entziehen und nicht auf den Wandel des Marktes reagieren, werden in den nächsten 15 Jahren scheitern."**

**Diehl:** Ja, das ist für mich ziemlich nah an der Wahrheit. Es wird sicherlich kleinere Ausnahmen geben, in Nischen oder zum Beispiel Manufakturen, aber letzten Endes müssen auch diese zumindest digitale Vertriebswege einschlagen. Warum also nicht: Wer sich entzieht, scheitert.

**Börnicke:** Auf den Wandel eines Marktes muss man immer reagieren, ob nun analog oder digital. Ohne Markt habe ich keine Kunden. Und ohne digitale Transformation kann ich die Digitalisierung nicht überleben. Ich kann mir schlecht vorstellen, dass Unternehmen ohne diesen Kraftakt in 15 Jahren noch existieren.

**These 4: „Die Gründer besetzten die Führungspositionen in Start-ups des Digital Business und weisen keine Führungserfahrung auf."**

**Diehl:** Nicht unbedingt. Ich würde Gründern die Führungserfahrung nicht pauschal absprechen. Viele Gründer haben schon Führungserfahrung, weil sie erst nach ersten Erfahrungen in anderen Unternehmen ein Start-up schaffen. Es gibt auch zahlreiche Gründer, die gar nicht selbst die Geschäftsführung übernehmen wollen. Ein populäres Beispiel ist Steve Wozniak von Apple, der einfach kein Leader-Typ und trotzdem Gründer der Firma war.

**Börnicke:** Vielleicht stellte man vor fünf bis zehn Jahren durchaus einen solchen Trend fest. Das hat sich aber verändert. Wenn wir uns heute viele Start-ups ansehen, erkennen wir genau diese Mischung aus unterschiedlichen Erfahrungen und unterschiedlichem Alter. Auch unterschiedliche Führungserfahrung. Wenn drei 22-Jährige etwas gründen, ist die Führung von Anfang an zu homogen, das gibt es heute nur noch ganz selten.

**These 5: „Partizipativer Führungsstil sowie flache Hierarchien und offene Entscheidungsstrukturen kennzeichnen Start-ups."**

**Diehl:** Vielleicht trifft das nicht für alle zu, aber für viele ist es wünschenswert. Die Frage ist ja, was eigentlich eine flache Hierarchie genau ist. Wie äußert sich Hierarchie? Der Chief Innovation Officer (CIO) von Google nennt sich Chief Evangelist… das suggeriert faktisch eine flache, lockere Hierarchie, bei der ein Chefinnovator die anderen begeistert. Oder Mark Zuckerberg, der CEO Bitch auf seiner Visitenkarte stehen hat, vermittelt erstmal einen lockeren, nahbaren Eindruck. Ich glaube trotzdem nicht, dass jeder den ganzen Tag in sein Büro rein laufen und erzählen kann, was er so denkt, und dann später nochmal auf ein Käffchen reinschaut. Es wäre erstrebenswert, deutlich flacher als zur Blütezeit von Thyssen Krupp zu agieren, doch so ganz verallgemeinern kann man das wahrscheinlich nicht. Und am Ende muss einer die Entscheidungen treffen, insbesondere wenn es Zielkonflikte gibt.

**Börnicke:** Ja, flache Hierarchien und offene Entscheidungsstrukturen, das sehe ich auch als wünschenswert an, aber die Realität ist heute bei vielen Start-ups anders. Zumindest bei erfolgreicheren, denn offene Entscheidungsstrukturen ziehen das Risiko nach sich, dass es lange dauert, bis es zu Entscheidungen kommt: viele Abstimmungsprozesse, viel Diskussionsbedarf. Ein Idealbild ist das dennoch. Selbst wenn es in 50 % der Start-ups so läuft, muss es dort noch nicht gut laufen. Gerade am Anfang eines Start-ups existieren extrem viele Unsicherheiten – am Markt, beim Geschäftsmodell, mit der Finanzierung. Wenn dann noch alle mitdiskutieren, kann das sehr kontraproduktiv sein. Vielleicht bleibt es oft auch nur ein Ideal, im Alltag sieht vieles anders aus.

**Diehl:** Spotify arbeitet meines Wissens so, dort gibt es keine Job-Titel und überhaupt keine Verantwortlichkeiten.

**These 6: „Das Führen eines Start-ups erfordert Anpassungsfähigkeit in Bezug auf Personalfluktuation und schnelle Reaktionen auf Externalitäten wie beispielsweise neue Trends auf dem Markt."**

**Diehl:** Das ist zum Großteil richtig. Fluktuation ist nicht nur der Hauptfaktor, die sollte man gerade zu Beginn versuchen, niedrig zu halten. Das betrifft die empathische Ebene, die Anpassungsfähigkeit im Führungsstil erfordert. Es geht darum, sich auf Individuen einzustellen.

**Börnicke:** Anpassung an Trends am Markt stimmt definitiv. Jeden Tag auf die Kunden hören und sich fragen, was haben mir die Kunden heute gesagt und was lerne ich daraus? Was war gut, was war schlecht? Was müssen wir besser machen? Jeden einzelnen Tag lernen, 24 h lang, was ich morgen besser machen kann. Und nichts auf nächsten Monat verschieben. Die ganze Organisation, einschließlich der Führung muss schneller lernen als der Wettbewerb. Personalfluktuation ist besonders im ersten Jahr ein Riesen-Thema. Denn als Start-up kann man sich natürlich nicht hochkarätige Mitarbeiter leisten, deswegen probiert man viel und man findet eine Mischung an Mitarbeiter mit relativ niedrigen und höheren Gehältern, was im ersten Jahr zu einer viel höheren Fluktuation führt. Mit der muss man umgehen lernen. Im zweiten Jahr ist es besser, im dritten Jahr wird es ruhig. Ich habe im ersten Jahr 150 Leute eingestellt, um 40 zu behalten. Und zwar nicht, weil ich mich gerne von Menschen trenne, sondern weil die das einfach nicht schnell genug hingekriegt haben – permanente Anpassung ist nötig. Und Fokussieren. Ein Start-up sollte auf ein Geschäftsmodell fokussieren und dieses erst zum Laufen bringen, bevor man schon wieder neue Dinge anfängt.

**These 7: „Der Fokus der Digital Leader liegt auf aggressiven disruptiven Expansionsstrategien."**

**Diehl:** Das trifft auf die großen Digitalunternehmen in jedem Fall zu. Es gibt sicherlich kleine Unternehmen, die in einer Nische unheimlich erfolgreich sind, ohne dass sie mega-aggressiv oder destruktiv unterwegs sein müssen, die sind aber nicht so bekannt. Die großen Häuser müssen aggressiv expandieren.

**Börnicke:** Sehe ich genauso. Entweder kommen die Großen aus ganz anderen Branchen und wirken disruptiv, ohne vorher in dieser Branche gewesen zu sein. Oder – aggressiv kann man ja unterschiedlich auffassen – sie verändern mit viel Geld einen Markt, wie es zum Beispiel Zalando gemacht hat. extrem aggressiv alle relevanten Google-Stichworte mit AdWords belegen, koste es was es wolle.

**These 8: „Leidenschaft treibt Digital Leaders zu erfolgreicher und innovativer Produktentwicklung."**

**Diehl:** Ohne Leidenschaft geht es nicht. Und ohne eine gewisse Vision, auf die man zu arbeitet, auch nicht.

**Börnicke:** Das gilt für jede Form von Unternehmertum. Das war wahrscheinlich bei Max Grundig auch nicht viel anders, als der sein Unternehmen gegründet hat. Eine erfolgreiche Gründung oder ein großes erfolgreiches Unternehmen ist immer durch Leidenschaft gekennzeichnet.

**These 9: „Der Netzwerk-Effekt ist ein essenzieller Bestandteil aller Geschäftsmodelle der Digital Leader."**

**Diehl:** Sehr zutreffend. Selbst wenn viele Dienste „gratis" sind, so darf man eine der wichtigsten Währungen unserer Zeit nicht vergessen: die Daten hinter den Diensten. Man nutzt keinesfalls irgendwas gratis im Internet, man gibt als User das Intimste ab, was man hat – seine Privatsphäre. Man merkt es nur nicht so offensichtlich. Der Netzwerk-Effekt ist sehr wichtig, vor allem für Werbeschaltungen an eine dedizierte Target Group über Facebook oder WhatsApp. Da nützt es mir nichts, wenn drei Leute in meinem Umfeld threema nutzen – es laden sich immer ein paar Leute nach jedem Datenskandal die sichere Software threema herunter. Trotzdem nutze ich WhatsApp, weil das alle anderen in meinem Umfeld auch tun. Trotz des offensichtlichen Datenschutz-Desasters. Niemand will der Spielverderber sein.

**Börnicke:** Diese These zum Netzwerk-Effekt würde ich auch unterschreiben, auch wenn das kein neuer Effekt ist. In der Vergangenheit entfielen 90 % der Mediennutzung auf RTL und andere große Sender. Im Print-Bereich entfielen 90 % der Nutzung auf die Bild-Zeitung und einige wenige Publikumstitel. Es gab schon immer Flaggschiffe, in denen sich Communities bildeten. Darüberhinaus gibt es in jeder Branche Special Interest Angebote. Im Digitalen ist das genauso. Die großen Anbieter wirken als Magnete für Netzwerke. Das Spannende der Digitalisierung ist, dass auch kleine Digitalanbieter diese Rolle übernehmen können. In der analogen Welt hätte das nie funktioniert. Print-on-demand macht es möglich, tausende verschiedene Bücher zu drucken, weil durch die niedrigen Druckkosten der Zwang zur Skalierung wegfällt. Die digitale Welt erlaubt es großen wie kleinen Anbietern, Relevanz zu erzeugen, wenn sie eine disruptive Technologie erfinden – eine Technologie, bei der der Convenience-Faktor größer ist oder mit der ein anderer, neuer Netzwerkeffekt entsteht. Die hält sich so lange, bis wieder eine völlig andere Technologie kommt, die die Spielregeln erneut verändert. Doch noch mal so einen Digital Leader wie Facebook oder Amazon zu gründen, diese Zeiten sind vorbei.

**Frage: „Was macht die Digitalisierung neu, was die Führung angeht?"**

**Diehl:** Wer den Markt anführen will, muss gut führen können. Ich kann heute mit kleinen Teams die Welt verändern. Siehe Instagram, siehe WhatsApp. Das sind Mini-Firmen, die die Geschäftsmodelle von Riesen-Konzernen atomisieren. Wer ein digitales Unternehmen mit solch disruptivem Potenzial führt, muss sich besonders gut fragen: Wie gehe ich mit meinem Team um? Welche Freiheiten gebe ich ihm? Wie viel Freiheit ist notwendig? Aus dem reinen Führen, dem Managen des Teams, entsteht die Wandlungsfähigkeit und das Anpassungsvermögen des Unternehmens auf neue Trends, das die Basis für Disruption ist.

**Börnicke:** Ich sehe mehrere Punkte, die sich verändern. Der eine ist die Art der Kommunikation in der Führung. Früher war Kommunikation sehr stark von oben nach unten gerichtet. Wenn ich mir das heute in meiner Medien Company ansehe, wir verwenden WhatsApp-Gruppen, in denen jeder mit jedem kommuniziert. Statt vertikaler Kommunikation entsteht eine multilaterale horizontale Kommunikation, die es zu managen gilt.

Zweitens hat sich die Geschwindigkeit verändert. Früher konnte jemand sagen, ich bin eine Woche auf Reisen, jetzt ist jeder Tag und Nacht live dabei. Heute läuft alles schneller. Das hat Auswirkungen auf die Führung, weil sie dynamisch sein muss. In der digitalen Zeit gefällt es uns nicht mehr, wenn ein Mitarbeiter vier Wochen nach Südamerika geht. Wir finden das zwar persönlich nett, aber in einer derart vernetzten Welt ist es viel schwieriger als früher, ihn zu ersetzen. Früher gab es klare Prozesse und Stellvertreterregelungen. Heute ist jeder Mitarbeiter ein Unternehmer im Unternehmen, auf ganz vielfältige Weise – da kommt es auf jeden an.

## 3.7    Zusammenfassende Bausteine digitaler Führung

Nach einer Analyse der relevanten Merkmale digitaler Arbeitswelten und der Auswertung herausragender digitaler Führungsarbeit wird im Folgenden eine Reihe von Führungsbausteinen für komplexe Wissensarbeit abgeleitet. Diese bauen auf klassischen Grundsätzen und Managementtheorien auf, die vor dem Hintergrund der besonderen digitalen Anforderungen und Realitäten bewertet und akzentuiert wurden. Die Bausteine beschreiben Leadership-Aufgaben, die Führungskräfte im digitalen Kontext abarbeiten sollten. Sie können als Leitplanken der digitalen Führung angesehen werden (in Anlehnung an *Petry* 2016; *Bock* 2015).

**Inspirieren durch Visionen und Emotionen:**
Digital Leader inspirieren ihre Mitarbeiter und Führungskräfte – ihre Community – mit starken Visionen und ambitionierten Zielen, die sie möglichst gemeinschaftlich entwickeln und verständlich kommunizieren. Diese Ziele und Visionen sind anspruchsvoll, beinahe unrealistisch, und beinhalten einen moralisch übergeordneten, sinnstiftenden Grund, die Organisation nach bestem Wissen und Gewissen zu unterstützen. Markante Bilder verdeutlichen die Richtung, veranschaulichen Ziel oder Vision. Der Weg bleibt offen, wie das Team das Ziel erreicht. Die Führungskraft stellt diesen Weg jedoch als intensives und konzentriertes gemeinsames Vorgehen dar, als ein leidenschaftliches und spielerisches Arbeiten, eine permanente Erneuerung, die auch Spaß macht.

**Coach und Sparringspartner:**
Digital Leader bieten ihren Mitarbeitern keine fertigen Lösungen an. Sie unterstützen sie vielmehr dabei, Aufgaben und Probleme selbstständig zu lösen und Herausforderungen eigenverantwortlich zu bewältigen. Digital Leader wissen, welche fachlichen Kompetenzen ein Team benötigt und haben ein Gespür dafür, wer in ein Team passt und wer nicht. Sie schaffen im Team durch subtile und gezielte Fragen und Kommentare das Bewusstsein für Aufgabe und Problem sowie für erforderliche Verhaltens- und Vorgehensweisen sowie Fähigkeiten. Sie bauen im Team Selbstbewusstsein auf und aktivieren Eigenständigkeit.

**Offenheit und Vertrauen:**
Digital Leader sind offen, zugänglich und vertrauen ihren Mitarbeitern. Sie können loslassen. Ihre Aufgeschlossenheit erzeugt einen offenen und effektiven Umgang mit Informationen, Interesse für Neues und Freude am Experimentieren. Digital Leader schreiben keine konkreten Vorgehensweisen vor und erzwingen keine Veränderungen. Sie vertrauen darauf, dass ihre Teams die innere Einstellung haben, Aufgaben professionell zu erledigen und Veränderung voranzutreiben.

**Geschwindigkeit und Zugang zu Wissen durch digitale Vernetzung:**
Digital Leader nutzen und fördern den Einsatz digitaler Medien, um in ihrer Organisation Schnelligkeit, Agilität, Flexibilität ebenso wie individuelle,

permanente Selbstentwicklung zu ermöglichen. Sie vernetzen Menschen in sozialen Netzwerken, versorgen sie mit Informationen über Firmennetzwerke, Projektlaufwerke, Wikis oder Blogs und geben Informationen darüber, wo es weitere Information gibt (Links, Tags).

**Bestes Wissen einsetzen und teilen:**
Digital Leader sorgen dafür, dass allen Aktivitäten stets der weltweit beste Wissensstand zugrunde liegt. Anspruchsvolle Herausforderungen und Aufgaben erfordern hohe Qualitäten im Team. Dafür sollten die Mitarbeiter alle aktuellen digitalen Methoden und Ansätze der Wissens- und Prozessdokumentation kennen und wissen, wie sie selbst Wissen optimal nutzen und es für andere sinnvoll bereitstellen.

**Mitarbeiter entwickeln:**
Digital Leader begleiten ihre Mitarbeiter bei ihrem selbst gesteuerten, lebenslangen Lernen. Das Lernen basiert immer auf Freiwilligkeit, nie auf Zwang. Durch einfachen Zugang zu relevanten Lernquellen ist es allen möglich, sich permanent individuell selbst weiterzuentwickeln.

**Organisation als Community:**
Digital Leader begegnen allen Mitarbeitern – egal ob offline oder online und unabhängig von Hierarchie – auf Augenhöhe und nie von oben herab. Visionen und Ziele entwickeln alle gemeinsam und partizipativ und artikulieren diese in der Community. In der Gemeinschaft zählen allein die besten Vorschläge, Ideen und Argumente und nicht Faktoren wie Alter, Geschlecht, Herkunft oder Position. Soziale Netzwerke dienen dazu, Zusammenhalt und Gemeinschaftssinn im Team oder der Organisation zu stärken.

**Transparenz bei Verantwortlichkeiten und Aufgaben:**
Digital Leader tragen Sorge dafür, dass die Verantwortlichkeiten und Aufgaben aller Beteiligten transparent und alle Rollen deutlich sind. Statt auf aufwendiges Mikro-Management setzt der Digital Leader auf die Orientierungskraft gemeinsamer Visionen und darauf aufbauend auf das Übernehmen von Verantwortung und die Autonomie seiner Wissensarbeiter.

**Leading out Loud:**
Digital Leader machen ihre Arbeit sichtbar und kommunizieren kontinuierlich – offline und online – über ihren Führungs- und Lernprozess. Dadurch leiten sie relevante Informationen an die breite Masse der Mitarbeiter und Beteiligten

weiter, geben wertvolles Feedback und holen auch welches ein. Zudem ist der Digital Leader ein Vorbild für das Working out Loud seiner Mitarbeiter, es ihm gleich zu tun.

**Fokussieren auf das Wesentliche:**
Digital Leader sorgen dafür, dass sich der Enthusiasmus der Community in Zielorientierung und Produktivität wandelt. Sie vermitteln insbesondere Informationen und Feedback kontinuierlich an ihre Community und ihr Team, damit diese ihre Kräfte bündeln und sich auf das Wesentliche konzentrieren. Sie steuern so einer Verschwendung von Ressourcen und Kräften entgegen.

**High-tech und High-touch:**
Digital Leader steuern nicht jeden einzelnen Mitarbeiter, sondern gestalten das Gesamtsystem und die Rahmenbedingungen aller. Dazu gehört die physische ebenso wie die digitale Infrastruktur sowie passende Anreizsysteme für die Mitarbeiter.

**Stress im Team managen:**
Digital Leader wissen, wo vermeidbarer Stress bei ihren Mitarbeitern entsteht, und managen diesen aktiv und transparent. Vor allem den sozialen Druck, der von veralteten, heroischen Vorstellungen des „idealen Mitarbeiters" ausgeht, vermeiden sie durch geeignete, klare Regeln.

Führungskräfte, die mit den dargestellten Bausteinen ihren Führungsmix konfigurieren, unterstützen ihre Organisation bei einer bevorstehenden digitalen Transformation. Sie sorgen dafür, dass sich alle frühzeitig mit der Digitalisierung und ihren Auswirkungen auf das Führungsverhalten auseinandersetzen. Gerade in großen Organisationen mit vorherrschendem traditionellem und machthierarchischem Wettbewerbsdenken im Kreis der Führungskräfte erscheint dies für den Einzelnen auf den ersten Blick als ein schwieriges Unterfangen. Auf den zweiten Blick jedoch lässt konsequentes Digital Leadership jede Führungskraft als innovativ und zukunftsfähig erscheinen. Das beschriebene Führungsverhalten reflektiert zudem in starkem Ausmaß die Erwartungen einer neuen Generation an Wissensarbeitern. Diese werden es einem echten Digital Leader danken, wenn er sich auf sie einstellt.

# Neue Führungsansätze des Digital Leadership

**4**

## 4.1 Von Hierarchie zu Nokratie

### 4.1.1 Einleitung

Im Folgenden betrachten wir die Auswirkungen der Digitalisierung auf Struktur und Organisation eines Unternehmens. Unsere Ausgangs- und Arbeitshypothese ist, dass beides – Organisation wie Struktur – in Zeiten der Digitalisierung entweder nicht mehr existiert oder zumindest deutlich an Bedeutung verliert. Dabei unterscheiden wir zunächst klassisch zwischen Management und Leadership. Letzteres wirkt unmittelbar auf das Unternehmen als System. Es verändert und gestaltet die Strukturen, Prozessabläufe und Strategien. Dabei konzentriert sich Leadership auf das Erneuern und Verändern, auf die Agilität des Unternehmens. Dahinter steckt die Erkenntnis, dass dauerhafter Erfolg eines Unternehmens permanenten Wandel voraussetzt.

Demgegenüber beschäftigt sich das Management mit der Gegenwart. Es versucht den aktuellen Zustand zu optimieren und aktuelle Probleme zu lösen. Er visiert höchstmögliche Effizienz und Effektivität, jedoch keine grundsätzlichen Veränderungen der Rahmenbedingungen an. Fredmund Malik (2014) Begründer der modernen Managementlehre, arbeitet in seinem Buch „Führen – Leisten – Leben" die Prinzipien wirksamen Managements anschaulich heraus. Hierzu gehören Grundsätze, Aufgaben und das Werkzeug guten Managements.

© Springer Fachmedien Wiesbaden GmbH 2017
U. Creusen et al., *Digital Leadership*,
DOI 10.1007/978-3-658-17812-3_4

**Grundsätze wirksamer Führung (Regeln)**

- **Resultatorientierung:**
  Der erste Grundsatz wirksamer Führung ist es, Resultate zu erzielen oder zu erwirken. Wichtiges Element dafür ist das Messen. Dies ist der Prüfstein für das Erreichen von Zielen und das Erfüllen von Aufgaben. Nur das regelmäßige Messen führt dieser Theorie zufolge zu Leistung.
- **Beitrag zum Ganzen:**
  Hierzu wird häufig die Metapher „eine Kathedrale bauen" verwendet. Der Maurer kann auf die Frage, was er denn eigentlich mache, sowohl „Steine aufeinander schichten" als auch „eine Mauer bauen" oder „eine Kathedrale bauen" antworten. Grundsatz des Managements ist es, einen Einblick in den persönlichen Beitrag jedes Einzelnen zum Ganzen zu vermitteln.
- **Konzentration auf Weniges:**
  Hierbei gilt es, die Gefahr zu vermeiden sich zu verzetteln. Häufig mangelt es nicht an Ideen, sondern an „realisierten Ideen".
- **Stärken nutzen:**
  Dieser Grundsatz hat nichts mit Stärkenorientierung im Sinne von „Stärken stärken" zu tun. Auch die fähigsten Menschen haben große und viele Stärken und Schwächen. Da Stärken Spaß machen, gilt es, diese vorrangig zu nutzen.
- **Vertrauen:**
  Nur wer respektiert wird, kann Vertrauen gewinnen und bewahren. Fehler des Chefs sollten Fehler des Chefs bleiben. Erfolge der Mitarbeiter gehören den Mitarbeitern.
- **Positiv denken:**
  Hierbei geht es um das Erkennen und Nutzen von Chancen. Zu den Grundsätzen gehört, sich selbst zu motivieren, im Sinne intrinsischer Motivation.

**Aufgaben wirksamer Führung (Was?)**

- **Für Ziele sorgen:**
  Ziele geben jeder menschlichen Anstrengung Richtung und Sinn. Zu den Aufgaben eines Vorgesetzten gehört es, wenige aber dafür große Ziele zu formulieren. Wirkungsvolle Mitarbeiter machen wichtige Dinge zuerst.
- **Organisieren:**
  Wirksame Organisationen sind Einzweck-Gebilde. Ihre Einsatzmöglichkeit ist beschränkt, doch ihren Bestimmungszweck erfüllen sie besser als jedes andere System. Daraus ergibt sich eine logische Tendenz zur Dezentralisierung.
- **Entscheiden:**
  Effektive Manager treffen wenige Entscheidungen.

- **Kontrollieren:**
  Zu den Aufgaben wirksamen Managements gehört es, sich auf die kleinstmögliche Zahl an Kontrollmöglichkeiten zu beschränken, an den Ort des Geschehens zu gehen und sich selbst zu vergewissern.
- **Menschen entwickeln und fördern:**
  Durch Vertrauen können Menschen mit und an ihren Aufgaben entwickelt werden. Außergewöhnliche Leistungen sind zu loben.

**Werkzeuge wirksamer Führung (Rüstzeug)**

- **Die Sitzung:**
  Das am wenigsten effektiv genutzte Werkzeug wirksamer Führung ist die Sitzung. Zunächst einmal geht es um das Minimieren des Bedarfs an Sitzungen. Wichtig ist eine effektive Vorbereitung von Sitzungen, um Klarheit über die erforderlichen Maßnahmen und Beschlüsse zu gewinnen.
- **Das Protokoll:**
  Schriftlichkeit macht unabhängig von persönlicher Anwesenheit. Klarheit, Prägnanz und Genauigkeit der Sprache sind die Voraussetzung dafür.
- **Die Stellengestaltung:**
  Unterforderung und Mangel an Verantwortung sind zu vermeiden. Es sollte keine große Anzahl gänzlich verschiedener Fähigkeiten verlangt werden.
- **Die Arbeitsmethodik:**
  Ineffiziente sinn- und ergebnislose Arbeit ist zu vermeiden. Ziel ist es, mit System und Disziplin zu arbeiten.
- **Das Budget:**
  Erst, wenn jemand seinen Bereich durchbudgetiert hat und er den Budget-Vorschlag ein- oder zweimal zum Überarbeiten zurückbekommen hat, kann man sich darauf verlassen, dass er sein Geschäft einigermaßen verstanden hat.
- **Die Leistungsbeurteilung:**
  Wirkliche Performer wollen wissen, wo sie stehen. Ein regelmäßiges Feedback ist Bestandteil eines jeden guten Managements.
- **Die systematische Müllabfuhr:**
  Ein Prozess des Ausmerzens von Altem und Überflüssigem sollte regelmäßig stattfinden. Dabei sollte man sich die Frage stellen „Was von all dem, was wir heute tun, würden wir nicht mehr neu beginnen?"

Soweit Führen nach Malik (2014). In Abgrenzung dazu beschäftigen wir uns im Folgenden mit den veränderten Führungsanforderungen und Konsequenzen auf Struktur und Organisation von Unternehmen, die sich aus der erhöhten Komplexität und Dynamik der Digitalisierung ergeben. Wir verstehen unter Leadership genau diesen

Teil der Führung, der Menschen für Veränderungen begeistert: „Management is about coping with complexity. Leadership by contrast is about coping with change" (Kotter 2012). Hierbei stellt Kotter grundsätzlich andere Anforderungen an Führung als Malik. Vielmehr geht es um Elemente wie beispielsweise

- Eigenverantwortung
- Veränderungsbereitschaft
- Soziale Kompetenz
- Ambiguitätstoleranz
- Resilienz

Damit wird deutlich, weshalb wir von Digital Leadership sprechen und nicht von Digital Management. So etwas wie digitales Management kann es per definitionem nicht geben.

Zu den Werkzeugen wirksamer Führung zählen neue Ansätze, zumeist abgeleitet aus der Positiven Psychologie. Diese beschäftigen sich mit dem Flow-Konzept als Methode zum Steigern von Engagement, der Sinnstiftung als Methode zum Nutzen von Werten und Zielen, der Stärkenorientierung und der Emotionalen Intelligenz.

Trotz der Differenzierung zwischen Management und Leadership gehen wir davon aus, dass beide Aspekte der Führung komplementär sind. „Managers promote stability while leaders press for change and only organizations that embrace both sides of that contradiction can thrive in turbulent times." Auch dies ist ein Hinweis auf die bereits ausführlich diskutierte Ambidextrie (Kotter 2012).

Auf Basis dieses Modells der Führung beschäftigt sich dieser Teil zunächst mit den Auswirkungen der neuen Arbeitsteilung zwischen Mensch und Maschine auf die Organisationsformen. Besonderes Augenmerk liegt dabei auf der Disruption. Anschließend untersuchen wir, wie sich diese Veränderung auf Arbeit und Arbeitsinhalte auswirkt, bevor wir uns mit den neuen Organisationsstrukturen der Lean-Start-up-Methoden beschäftigen. Abschließend wird die „neue" Führung untersucht, um Kernelemente von Learning, Sharing, Attitude und Culture zu betrachten. Dabei sollen erste Hypothesen für ein Modell von „Digital Leadership" entstehen. Diese Hypothesen bedürfen in den nächsten Jahren einer intensiven Überprüfung durch Wissenschaft und Praxis.

## 4.1.2 Die neue Arbeitsteilung

Zurzeit stehen wir am Anfang der digitalen Revolution. Moores Gesetz besagt, dass sich seit nahezu 50 Jahren alle 1,5 Jahre die Kapazität unserer Rechner verdoppelt. Dies erlaubt eine nicht enden wollende Datenexplosion, auch wenn es uns zunehmend schwerfällt, das Phänomen „Big Data" zu bewältigen und zu bearbeiten. Dieser Paradigmenwechsel wirkt sich nicht nur auf unser Verhalten aus, sondern auch auf die Strukturen der Organisationen, in denen wir leben und arbeiten. Diese gravierenden Auswirkungen haben Erik Brynjolfsson und Andrew McAfee (2015) in dem bereits weiter vorne zitierten Buch „The Second Machine Age" herausgearbeitet. Sie beschreiben die wichtigsten Errungenschaften der Menschheitsgeschichte und deren Auswirkungen und kommen zu drei Schlussfolgerungen:

- Wir leben in einer Zeit des verblüffenden Fortschritts digitaler Technologien, die im Kern auf Hardware, Software und Netzwerken beruhen.
- Wir sind überzeugt, dass der von der Digitaltechnik herbeigeführte Wandel durch und durch positiv ist.
- Andererseits bringt die Digitalisierung heikle Herausforderungen mit sich. Für Arbeitnehmer ohne digitale Kompetenzen brechen schlechte Zeiten an (Brynjolfsson und McAfee 2015, S. 19 ff.).

Die Autoren stellten fest, dass die Nachfrage nach hoch qualifizierten Fachkräften stark gestiegen ist, während der Bedarf an minderqualifizierten Arbeitnehmern sank. Die auf die Nutznießer entfallenden Gewinne sind ungleich stärker gestiegen. Dieses Phänomen bezeichnen sie als den „talentbedingten Wandel" (Brynjolfsson und McAfee 2015, S. 180). Wir leiten daraus das Alles-oder-Nichts-Prinzip ab. Die Grenzkosten digitaler Waren gehen gegen Null und lösen damit neue wirtschaftliche Phänomene aus. Die Produktion digitaler Güter zeigt deutlich niedrigere Grenzkosten als die Produktion physischer Güter. Dies hat gravierende Auswirkungen auf das Investitionsverhalten, die Organisationsstrukturen und die Führung von Organisationen in digitalen Zeiten, weil nicht mehr die Normalverteilung der Maßstab ist, sondern die Verteilung nach dem Potenz-Gesetz. Dieses Gesetz wird üblicherweise in einer Paretokurve beschrieben, der zufolge 20 % der Akteure 80 % des Gewinns einstreichen. Viele Digitalunternehmen beweisen, dass das Verhältnis noch viel extremer ausfallen kann. Die Folgen sind gravierend. Sie beschränken sich nicht nur auf den naheliegenden Anstieg der Arbeitslosigkeit. Zunächst wird sich unser Lernen verändern und damit die

Struktur von Schulen und Hochschulen. Brynjolfsson und McAfee (2015) fordern daher

- eine fundierte Bildung für die Jugend
- neue Impulse für Start-ups
- eine bessere Vermittlung von Wissen
- Unterstützung für die Wissenschaft
- Modernisierung der Infrastruktur
- gezielte Steuerpolitik (Brynjolfsson und McAfee 2015, S. 215 ff.)

Die Konsequenzen, die sich aus diesen Überlegungen für die zukünftige Arbeitsgestaltung ergeben, sind mannigfach und lassen sich in den folgenden Stichworten zusammenfassen:

- kollaboratives Arbeiten
- mobiles Arbeiten
- Multispace-Offices
- virtuelle Teamarbeit
- Demokratisierung
- Selbstorganisation
- Eigenverantwortung
- flexible Arbeitszeiten
- flexible Arbeitsorte
- Work-Life-Balance
- Peer to Peer
- Maschinen als Kollegen
- Remote Leadership

Im Rahmen dieses Buchs besteht nicht die Möglichkeit, auf alle diese Aspekte im Detail einzugehen. Daher soll es im Folgenden um die strukturgebenden Aspekte der Digitalisierung für das Leadership gehen.

Dabei ist eine kritische Betrachtung des Begriffs Disruption wichtig. Im Zusammenhang mit diesem Begriff werden oft die kompromisslosen Konzepte von Uber und AirBnB exemplarisch genannt. Diese Unternehmen zeigen den öffentlichkeitswirksamsten Teil der neuen Ökonomie: dass alles miteinander vernetzt ist. Das Smartphone mit dem Auto, der Kühlschrank mit dem Computer, die Maschine mit der Maschine und letztendlich der Konsument mit dem Konsumenten. Manager in traditionellen Unternehmen scheuen sich vor derartigen disruptiven Modellen, weil der Transformationsprozess erhebliche Risiken

birgt. Disruptive Geschäftsmodelle kannibalisieren das Kerngeschäft und gefähr-
den damit die Jobs oder zumindest die Boni der Vorstände und Geschäftsführer.
Umfang und Geschwindigkeit der Kannibalisierung sind kaum zu steuern, so
führt ein neues Geschäftsmodell oft zu stärkeren Umsatzverlusten im Kerngeschäft als zu Umsatzsteigerungen im digitalen Geschäftsmodell. Damit steht die
Führung im digitalen Zeitalter vor dem Dilemma, Veränderungen einzuführen,
die häufig erst nach der Amtszeit des jeweiligen Geschäftsführers oder Vorstands
positive Wirkung zeigen. Das führt dazu, dass diese notwendigen Veränderungen häufig ignoriert, vernachlässigt und verdrängt werden. Andererseits ist die
Disruption ein aktuelles Phänomen auf nahezu alle Branchen und muss somit
Bestandteil von Digital Leadership sein.

### 4.1.3 Positive Leadership

Im Folgenden betrachten wir die Auswirkungen der digitalen Methoden auf Organisation und Leadership genauer. Dazu untersuchen wir zunächst den Ansatz des
Positive Leadership auf seine Relevanz für die Organisation von Unternehmen.
Dieser Ansatz basiert auf den Erkenntnissen und Methoden der Positiven Psychologie. Vor rund zwanzig Jahren von einer Reihe von Psychologen wie Martin
Seligman, Ed Diener, Daniel Kahnemann u. a. entwickelt, verkörpert die Grund-
idee dieser Psychologen, Methoden und Forschungsergebnisse der Psychologie
auf eine neue Fragestellung anzuwenden: auf die Frage, wie uns Leben gelingt.
Bis dahin beschäftigten sich die Psychologen schwerpunktmäßig mit der Bewäl-
tigung negativer Ereignisse wie Krisen, Konflikte, Depression oder Traumata.
Nunmehr sollte der Fokus auf das Beantworten anderer Fragen gerichtet werden:
„Wie gelingt ein Leben? Wie wird es erfolgreich und glücklich?" Die ersten Forschungsergebnisse des neu gegründeten Zweiges der Positiven Psychologie und
Anerkennung durch andere Bereiche der Wissenschaften führte schnell zu einer
hohen Reputation dieser neuen Wissenschaft. Der jährliche Kongress „Positive
Psychology Summit" wies und weist kontinuierliche Zuwachsraten an Teilnehmern und wissenschaftlichen Veröffentlichungen auf. Daniel Kahnemann erhielt
sogar den Nobelpreis in Ökonomie für seine Forschungen im Bereich des Denkens und Entscheidens von Menschen. Das Drei-Säulen-Modell ist inzwischen
erweitert (s. Abb. 4.1).

Ziel dieses Ansatzes ist es, die Faktoren zu untersuchen, wie authentisches
Wohlbefinden entsteht. Dabei geht es ebenso um das Schaffen und Erhalten positiver Emotionen wie um das Steigern der Produktivität und des Engagements, der
positiven Beziehungen zu anderen Menschen sowie um das Sinnstiften. Alle diese

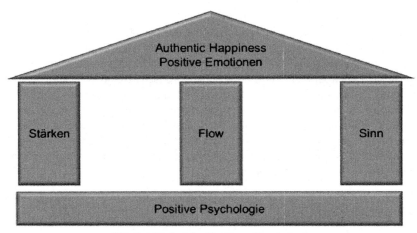

**Abb. 4.1** Drei-Säulen-Modell des Positive Leadership. (Quelle: Creusen und Eschemann 2008, S. 20)

Faktoren sind inzwischen mit Messinstrumenten unterlegt, damit sich die Methoden validieren lassen. Übergreifend und untermauernd beschäftigt sich ein Großteil der Positiven Psychologen mit der Stärkenorientierung, die ebenfalls in das Modell des Positive Leadership (s. Abb. 4.2) eingeflossen ist.

### 4.1.3.1 Der Clifton StrengthsFinder

Hierbei geht es darum, individuelle Stärken zu identifizieren, zu formulieren und auszubauen. Dabei wurden einige Instrumente geschaffen, wie der Clifton StrengthsFinder, der es nicht nur Einzelpersonen, sondern auch Teams und ganzen Unternehmen erlaubt, die eigenen Stärken zu untersuchen und zu entwickeln. Donald Clifton hat dieses Instrument der Positiven Psychologie entwickelt und mehr als 30 Jahre lang untersucht. Beobachtungen aus mehr als 50 Ländern und vielen Kulturkreisen sowie aus vielen verschiedenen Branchen sind in seine Forschung eingeflossen. Inzwischen haben mehr als drei Millionen Menschen dieses Self-Assessment-Tool eingesetzt. Der Durchführende beurteilt sich selbst anhand eines webbasierten Instruments. Dabei werden dem Probanden circa 180 Aussagenpaare angeboten, die er auf einer fünfstufigen Skala bewerten soll.

In der in Abb. 4.3 dargestellten Tabelle sind die 34 Talentfelder des Clifton StrengthsFinder in vier Talentcluster zusammengefasst. Die umsetzungsorientierten

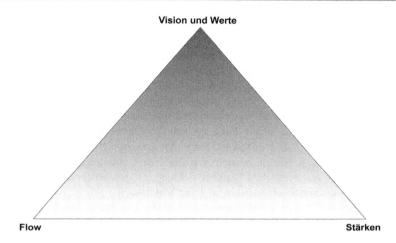

Abb. 4.2   Vision und Werte. (Quelle: Creusen und Eschemann 2008, S. 141)

| Umsetzung | Beeinflussung | Beziehungsaufbau | Strategisches Denken |
|---|---|---|---|
| • Leistungsorientierung | • Tatkraft | • Anpassungsfähigkeit | • Analytisch |
| • Arrangeur | • Autorität | • Verbundenheit | • Kontext |
| • Überzeugung | • Kommunikationsfähigkeit | • Entwicklung | • Zukunftsorientierung |
| • Gleichbehandlung | • Wettbewerbsorientierung | • Einfühlungsvermögen | • Vorstellungskraft |
| • Behutsamkeit | • Höchstleistung | • Harmoniestreben | • Ideensammler |
| • Disziplin | • Selbstbewusstsein | • Integrationsbestreben | • Intellekt |
| • Fokus | • Bedeutsamkeit | • Einzelwahrnehmung | • Wissbegier |
| • Verantwortungsgefühl | • Kontaktfreudigkeit | • Positive Einstellung | • Strategie |
| • Wiederherstellung | | • Bindungsfähigkeit | |

Abb. 4.3   Leadership Talent Cluster. (Quelle: Buckingham und Clifton 2007)

Talente sorgen dafür, dass etwas geschieht. Die beeinflussungsorientierten Talente erzielen auf andere Menschen Wirkung. Die Beziehungsaufbautalente decken den Bereich der Emotionalen Intelligenz ab. Und die Talente des strategischen Denkens beschäftigen sich mit der Ausrichtung in der Zukunft. Die Korrelation der Ergebnisse dieses Tests liegt bei einem erstaunlichen Wert von 0,92, was darauf zurückzuführen ist, dass sich die Denkmuster eines Menschen nur wenig verändern. In unserer Kindheit sind die Neuronen des Gehirns noch hochflexibel und aktiv. Bis zum 15. Lebensjahr findet die sogenannte Selektion statt. Dies bedeutet, dass sich diejenigen Neuronen stärker ausbilden, die häufig genutzt werden – sie entwickeln sich zu Stärken oder Talenten. Sobald wir erwachsen sind, verfügen wir über ein strukturiertes Netzwerk von Talenten, das sich nur wenig ändert. Genau darauf sollten sich digitale Organisationen fokussieren, um Organisationen zu schaffen, die individuelle Talente mit diversen Fähigkeiten optimal kombinieren wollen. Digitale Organisationen müssen den Mitarbeitern dabei helfen, die eigenen Stärken zu identifizieren, zu formulieren und in Teams zu nutzen, in denen andersartige Talente vertreten sind. Wie bei einer optimalen Sportmannschaft, bekleidet jeder „Spieler" im Berufsleben eine andere Funktion, um die Talente der anderen optimal zu ergänzen. Dieser Prozess der Stärkenorientierung kommt nicht nur mit dem Clifton StrengthsFinder zum Tragen, sondern auch in einem systematischen Stärkencoaching und einer systematischen Teamentwicklung, die permanent nach der optimalen Kombination von Talenten in einem Team Match sucht.

Genau dieser Ansatz ist in Organisationen des Digital Leadership weit verbreitet. Organisationen können ihre Herausforderungen nur bewältigen, indem sie ihre Struktur klar auf das Nutzen der eigenen Stärken ausrichten. Damit wird Stärkenorientierung konstituierendes Element der Struktur und Organisation digitaler Unternehmen. Diese können es sich nicht mehr leisten, die Stärken ihrer Mitarbeiter zu ignorieren und Menschen in Funktionen einzusetzen, die nicht ihren Stärken entsprechen. Digitale Unternehmen überwinden die weit verbreitete Schwächenorientierung. Jahresgespräche, die sich heutzutage im Wesentlichen mit der Kompensation von Schwächen beschäftigen, sind passé. An ihre Stelle tritt die Organisationsaufgabe einer Besetzung der richtigen Mitarbeiter in die richtige Funktion.

### 4.1.3.2 Das Flow-Prinzip

Das richtige Nutzen von Stärken führt zu Organisationen, in denen die Flow-Prinzipien angewendet werden. Diese hat Mihály Csíkszentmihályi definiert (Creusen und Eschemann 2008).

Csíkszentmihályi entwickelte dieses Modell mithilfe einer neuen Forschungsmethode. Dabei ging es ihm darum, die erlebte Zufriedenheit zu messen und nicht die erinnerte. Befragungen im Bereich der Psychologie und insbesondere in der Zufriedenheitsforschung leiden häufig unter dem Umstand, dass Probanden und Interviewte Erinnerungen aus ihrem Gedächtnis heranziehen müssen, um eine Bewertung abzugeben. Zahlreiche Studien belegen jedoch, dass solche Erinnerungen gravierend verfälscht sein können. Neben Erinnerungslücken kann zum Beispiel der sogenannte Halo-Effekt auftreten. Dabei überlagern subjektiv als wichtig empfundene Faktoren das Gesamtbild der Einschätzung. Zur Messung der Zufriedenheit benötigte Csíkszentmihályi die erlebte Zufriedenheit, die

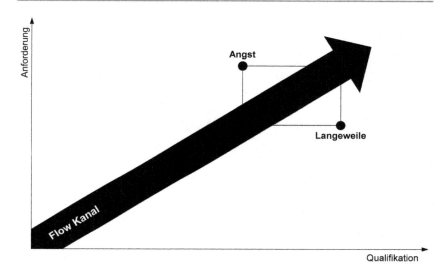

**Abb. 4.4** Flow-Kanal. (Quelle: Csíkszentmihályi 2002)

Emotion im Moment ihres Auftretens. Dazu stellte er tausenden von Probanden ein kleines mobiles Erfassungsgerät zur Verfügung. Mithilfe dieses Gerätes sollten die Testpersonen zu unterschiedlichen Zeiten ihre Tätigkeiten während des Tagesablaufs erfassen und zugleich angeben, wie zufrieden sie bei der jeweiligen Tätigkeit waren. Auf diese Weise erhielt das Forscherteam Millionen von Daten und Korrelationen über Situationen und den jeweiligen Zufriedenheitsgrad. Aus diesen Ergebnissen ist das Flow-Konzept entstanden (s. Abb. 4.4). Hohe Zufriedenheitswerte ergeben sich im sogenannten Flow-Kanal, in einem Gleichgewicht aus persönlichen Stärken und Qualifikationen sowie den Anforderungen, die zu diesem Zeitpunkt an die Testpersonen gestellt werden. Sind die Anforderungen im Vergleich zu den persönlichen Stärken zu hoch, entstehen Überforderung, Stress und Angst, die im Extremfall zu einem Burn-out führen können. Sind die Anforderungen im Vergleich zu den Stärken zu gering, führt dies zu Unterforderung und im Extremfall zum Bore-out. Digitale Organisationen zeichnen sich dadurch aus, dass sowohl Spitzenleistungen erzielt werden als auch Spitzenwerte in der Zufriedenheit der betroffenen Mitarbeiter. Diese Spitzenwerte werden entsprechend dem Flow-Konzept dann erzielt, wenn sich die Betroffenen selber Ziele setzen und diese durch eigene Anstrengung erreichen. Grafisch dargestellt bedeutet dies, dass die Betroffenen aus dem Flow-Kanal nach oben heraustreten, indem sie ihre

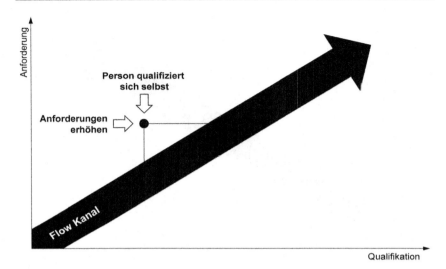

**Abb. 4.5**  Flow-Kanal. (Quelle: Csíkszentmihályi 2002)

Anforderungen erhöhen. Hierbei ist das richtige Maß entscheidend. Es muss das subjektive Gefühl entstehen, dass das selbst gesteckte Ziel eine Herausforderung darstellt, die erreichbar ist – wenn auch unter Anstrengung. Eine solche Herausforderung kann ein neuer Aufgabenbereich sein, eine andere Aufgabe oder eine höhere Anforderung im gleichen Arbeitsfeld. Sobald die Herausforderung sowohl qualitativ als auch quantitativ den optimalen Umfang und Grad erreicht, tritt das Phänomen der intrinsischen Motivation in Kraft. Die Betroffenen stärken ihre Stärken durch Lernen und Wachstumsprozesse. Der höchste Grad an Zufriedenheit tritt am Ende dieses Prozesses ein, wenn nach einer gewissen Anstrengung das Ziel erreicht und die Qualifikation höher ist als vorher (vgl. Abb. 4.5). Genau dies stärkt Stärken. Organisationen, die alle Voraussetzungen für derartige Prozesse schaffen, bezeichnen wir als Flow-Organisationen, die das Digital Leadership kennzeichnen.

Im Flow-Zustand erzielen Menschen ein Maximum an Leistung und Zufriedenheit. In diesem Zustand vergeht die Zeit wie im Flug. Die Betroffenen versinken komplett im eigenen Handeln und sind vollständig intrinsisch motiviert. Äußere Anreize oder angedrohte Nachteile spielen keine Rolle. Probanden erleben Momente, in denen Konzentration, Geschick und Begeisterung zusammenfließen. Das Gefühl für Zeit und Ort, ja sogar für sich selbst geht verloren.

Wie müssen Organisationen beschaffen sein, damit ihre Mitglieder diese Flow-Zustände erreichen können? Zunächst einmal gilt es festzustellen, dass Flow-Zustände weder eingefordert noch angewiesen oder erzwungen werden können. Der Positive-Leadership-Ansatz, ein wesentlicher Teil des Digital Leadership, definiert die Voraussetzungen:

- Der Freiraum ist so groß, dass nicht nur die Tätigkeiten selbstbestimmt sind, sondern auch die zusätzlichen Herausforderungen und Ziele der eigenen Tätigkeit. Wir sprechen hier von einem ausreichend hohen Grad an selbstbestimmter Tätigkeit.
- Zusätzliche Anforderungen erscheinen als machbar, erfordern aber Anstrengung.
- Eine Flow-Organisation stellt ausreichende Lernmöglichkeiten zur Verfügung, die ein persönliches Wachstum im Bereich der Stärken unterstützt. Dies bedeutet, dass Organisationen des Digital Leaderships keine Lernvorgaben oder feste Seminarangebote machen, sondern es in die Verantwortung jedes Mitarbeiters stellen, Umfang, Methode und Inhalt der eigenen Lernmöglichkeiten selbst zu definieren.

Dies macht deutlich, dass Organisationen mit Digital Leadership wesentlich mehr Freiräume beim Gestalten eigener Aufgaben und der eigenen Personalentwicklung gewähren als herkömmliche Organisationen.

### 4.1.3.3 Sinn durch Werte

Das dritte Element des Positive-Leadership-Ansatzes ist die Entwicklung von Visionen und Werten. Aufbauend auf das Drei-Säulen-Modell der Positiven Psychologie entstand das Modell des Positive Leadership. Hierbei wurden alle Methoden und Forschungsergebnisse in einem wirtschaftlichen Kontext eingesetzt und wissenschaftlich überprüft. Die Elemente dieses Modells sind:

- Stärkenorientierung wie im Positive-Psychology-Modell
- Flow entsprechend der Kategorie Engagement im Positive-Psychology-Modell
- Vision und Werte angelehnt an die Forschung zur Bedeutung des Positive-Psychology-Modells
- Emotionale Intelligenz (EI) als Ergänzung zum Positive-Psychology-Modell (vgl. Abb. 4.6)

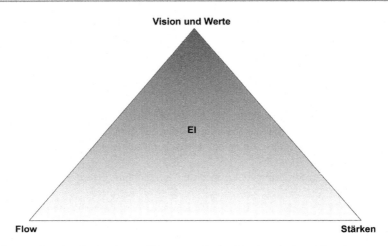

**Abb. 4.6** Emotionale Intelligenz (EI) ergänzt das Positive-Psychology-Modell.

### 4.1.3.4 Emotionale Intelligenz

Emotionale Intelligenz entsteht im Zusammenspiel mehrerer Fähigkeiten und Gefühle:

- **Self-Awareness:**
  die Fähigkeit eines Menschen, Stimmungen, Emotionen und Antriebskräfte sowie ihre Wirkung auf andere zu erkennen. Kennzeichen: Selbstvertrauen, realistische Eigen-Einschätzung, Selbstironie
- **Self-Regulation:**
  die Fähigkeit, die eigenen Gefühle und Impulse zu kontrollieren und zu steuern und vor dem Handeln nachzudenken. Kennzeichen: Vertrauenswürdigkeit und Integrität, Ambiguitäts-Toleranz, Offenheit für Veränderungen
- **Motivation:**
  die Leidenschaft, einen außergewöhnlichen Einsatz zu bringen – aus anderen Gründen als Geld und Status. Kennzeichen: starker Leistungswille, Optimismus, Resilienz
- **Empathy:**
  die Fähigkeit, die emotionalen Beweggründe anderer zu verstehen und Menschen entsprechend ihrer emotionalen Reaktionen zu behandeln. Kennzeichen: Kenntnisse im Aufbau und Erhalt von Talenten, interkulturelle Kompetenz, Kundenorientierung

- **Social Skills:**
  die Fähigkeit, eine gemeinsame Sichtweise einzunehmen und Beziehungen und Netzwerke zu knüpfen. Kennzeichen: Effektivität in Veränderungsprozessen, Überzeugungskraft, Team-Building-Fähigkeit

Mit Emotionaler Intelligenz schafft Positive Leadership die Voraussetzung für Führung in der Digital Economy. Die häufig zitierten Phänomene Volatilität, Unsicherheit, Komplexität und Mehrdeutigkeit (englischsprachiges Acronym: VUCA) verlangen eine Führung, die den Ansätzen und Methoden des Positive Leadership sehr nahe kommen. Dabei geht es darum, eine Vertrauenskultur aufzubauen, Offenheit und Vernetzung zu erzeugen und so Partizipation und Agilität zu ermöglichen. Darüber hinaus schafft Positive Leadership die Voraussetzungen für die viel zitierte Ambidextrie oder Beidhändigkeit, bei der es sowohl auf Effizienz und Geschwindigkeit ankommt als auch auf Innovation und Exzellenz.

Je komplexer und dynamischer Unternehmen in Zeiten der Digitalisierung werden, desto mehr Beteiligung und Eigenverantwortung der Mitarbeiter ist notwendig, um die Komplexität zu bewältigen. Komplexe Arbeitssituationen, die schwer zu überblicken sind, erfordern eine andere Art der Führung. Ein Zitat des REWE-Vorstandsvorsitzenden Alain Caparros in der Wirtschaftswoche trifft den Nagel auf den Kopf: „Wohin der Online-Zug fährt, weiß niemand genau, wie schnell er fährt auch nicht. Ich weiß nur, dass wir an Bord sein müssen." Führen in Zeiten der Digitalisierung bedeutet Führen durch die Unsicherheit. Organisationen müssen flexibel genug sein, sich den jeweiligen neuen Situationen anzupassen. Anordnung und Kontrolle funktionieren nur begrenzt. Führung geschieht mehr über das Einbinden in Werte und Ziele, die Leitplanken für selbstregulative Prozesse bilden. Erfolgsrezepte von einst funktionieren nicht mehr, insbesondere nicht, wenn sie nicht in neue Wertesysteme eingebettet sind. Der Wille, Außerordentliches zu leisten, entwächst dem inneren Drang, zu gestalten und Verantwortung zu übernehmen.

### 4.1.3.5 Identitätspyramide

Die Identitätspyramide ist ein Persönlichkeitsmodell von Gregory Bateson (vgl. Abb. 4.7). Es geht davon aus, dass Organisationen nur dann persönliche Identität und angemessenes Verhalten bei emanzipierten Mitarbeitern erzielen können, wenn Werte und Einstellungen ebenso wie Fähigkeiten, Stärken und Talente in Einklang gebracht werden können und systematisch aufeinander aufbauen. Dementsprechend kann ein Verhalten, das nicht die vorhandenen Fähigkeiten abruft und sich nicht auf die persönlichen Werte und Einstellungen beruft, niemals zur Identität und damit zu einem Zugehörigkeitsgefühl führen. Oder anders ausgedrückt:

**Abb. 4.7** Persönlichkeitsmodell. (Quelle: G. Bateson, Modelle der logischen Ebenen, 1990)

Mitarbeiter, die fremden Werten folgen müssen und ihre Stärken nicht nutzen können, werden sich niemals oder nur sehr begrenzt mit den Zielen des Unternehmens identifizieren. Und genau darauf kommt es beim Digital Leadership an. Daher ist eine systematische Wertediskussion und Wertedefinition integraler Bestandteil einer digitalen Organisation.

### 4.1.3.6 Wertehierarchie

Um Identität zu schaffen, muss die Schnittmenge zwischen individuellen Werten und Unternehmenswerten ausreichend groß sein. Außerdem müssen die Ziele, die Strategie und die Vision des Unternehmens fundamentale Werte repräsentieren. Dabei gilt es sorgfältig zu unterscheiden zwischen sinnstiftenden und sinnzerstörenden Zielen. Eine Liste exemplarischer Werte findet sich in Tab. 4.1. Entscheidend für die Wertehierarchie ist die Gewichtung der einzelnen Werte zueinander. So können zum Beispiel Kostenreduktion als Selbstzweck und Wachstum um jeden Preis gravierende Auswirkungen auf die Identität eines Unternehmens haben. Mitarbeiter entwickeln eine außerordentliche Sensibilität,

**Tab. 4.1** Werte

| Anerkennung | Gewaltfreiheit | Präzision |
|---|---|---|
| Arbeit | Glaube | Qualität |
| Ästhetik | Glaubensfreiheit | Rache |
| Aussehen | Gleichberechtigung | Reichtum |
| Autonomie | Großzügigkeit | Reife |
| Bekanntheit | Harmonie | Reisen |
| Besser sein | Hightech | Richtiges Maß |
| Bewegung | Humor | Risikobereitschaft |
| Bewusstseinserweiterung | Idealismus | Romantik |
| Beziehungen | Individualismus | Ruhe |
| Dabei sein | Integrität | Selbstständigkeit |
| Dazu gehören | Intelligenz | Selbstbestimmung |
| Disziplin | Intuition | Selbstgenügsamkeit |
| Echtheit | Kinder | Selbstlosigkeit |
| Ehre | Kompetenz | Selbstverwirklichung |
| Ehrlichkeit | Körperliche Aktivität | Selbstwert |
| Eigentum | Kreativität | Sex |
| Eigenverantwortung | Leben | Sicherheit |
| Einfachheit | Lebensfreude | Sinngebung |
| Einfluss | Lebensqualität | Sinnsuche |
| Entspannung | Lebenssinn | Solidarität |
| Entwicklung | Lebensstandard | Soziale Verantwortung |
| Erfolg | Leistung | Spannung |
| Ernährung | Lernen | Sparen |
| Erotik | Liebe | Spiritualität |
| Ethik | Loyalität | Spontaneität |
| Fairness | Lust | Sport |
| Familie | Macht | Status |
| Figur | Meditation | Toleranz |
| Freiheit | Meinungsfreiheit | Umweltbewusstsein |
| Freude | Mitgefühl | Unabhängigkeit |

(Fortsetzung)

**Tab. 4.1** (Fortsetzung)

| Freundschaft | Moral | Verantwortlichkeit |
|---|---|---|
| Frieden | Mut | Vertrauen |
| Führung | Nachdenken | Wahrheit |
| Fürsorglichkeit | Nächstenliebe | Weisheit |
| Ganzheitlichkeit | Naturbewusstsein | Wissen |
| Geborgenheit | Naturverbundenheit | Wohlbefinden |
| Gedankenfreiheit | Offenheit | Wohlstand |
| Gefühle | Optimismus | Wohnqualität |
| Gelassenheit | Ordnung | Würde |
| Genauigkeit | Partnerschaft | Zufriedenheit |
| Gerechtigkeit | Phantasie | Zuwendung |
| Gesundheit | Politik | |

Eine systematische Wertedefinition ist integraler Bestandteil einer digitalen Organisation

wenn Werte Sinn zerstören. Visionen sollten daher sowohl sinnstiftend als auch herausfordernd sein.

Entsprechend der umfangreichen Forschung von Collins und Porras, die ihre Ergebnisse 1996 unter dem Titel „Building Your Company's Vision" in der Harvard Business Review veröffentlicht haben (Collins und Porras 1995) bestehen Unternehmen aus den Grundwerten, dem Unternehmenszweck, der eigentlichen Vision und einem riskant hochgesteckten Ziel. Die Vision sollte dabei die Zukunft so lebendig wie möglich beschreiben und die Sinnfrage beantworten. Viele Visionen traditioneller Unternehmen sind sinnentleert, während der Grad der Identifikation in digitalen Unternehmen häufig sehr hoch ist.

In einem nächsten Schritt werden die Visionen heruntergebrochen in Ziele (Objectives) und wichtige Ergebnisse (Key Results), wie im Controlling-System für die fachliche Mitarbeiterführung Objectives and Key Results (OKR) beschrieben. Diesem System folgen viele Digitalunternehmen wie Google, Twitter und LinkedIn. Darin wird empfohlen, dass Ziele vierteljährlich oder vier- bis sechswöchentlich definiert werden sollen. Es dürfen nicht zu viele Ziele sein (vier maximal), sie müssen herausfordernd sein (Mitarbeiter sollen in den Flow kommen können) und sie müssen messbar sein.

Wie in diesem Buch bereits beschrieben, weitet sich die Digitalisierung aus und durchdringt alle Bereiche des Lebens, vor allem die Arbeitswelt. Digitalisierung und das Internet der Dinge sind Themen, die alle Unternehmen betreffen, unabhängig von Größe, Branche oder Geschäftsmodell.

Alle Branchen, von Produktionsbetrieben (Industrie 4.0) über den Handel (eCommerce) bis hin zu Gesundheitswesen (eHealth) und Dienstleistung, können die Herausforderungen annehmen und darauf reagieren, können Chancen nutzen und sich aktiv verändern. Diese Veränderung setzt voraus, dass die Unternehmen – und damit verbunden alle im Unternehmen tätigen Mitarbeiter – sich der veränderten Situation stellen und wandlungsbereit sind oder werden. Unternehmen müssen in der Lage sein, mit ihrem Top-Management und allen Mitarbeitern dem wirtschaftlichen, politischen und sozialen Umfeld gerecht zu werden.

Die Frage, die sich ein Unternehmen und insbesondere die Unternehmensleitung stellen müssen, ist, wie sie die neu generierten Werte, Normen und Ansprüche einer vernetzten Welt in die eigene Unternehmenskultur überführen. Das gelingt mithilfe zweier klarer Prioritäten:

- die inneren Prozesse und Strukturen optimieren
- das Unternehmen an das Umfeld anpassen

Innere Prozesse und Strukturen zu optimieren, muss dabei an erster Stelle stehen. Hier gilt es, interne Konflikte zu überwinden und das Unternehmen zu einer integrierten, zielgerichteten Gemeinschaft zu entwickeln. Erst dann ist es in der Lage, sich an das Umfeld anzupassen (Zankovsky und von der Heiden 2015).

Anpassung an das Umfeld bedeutet, den neuen Werten einer Netzgesellschaft innerhalb des Unternehmens Rechnung zu tragen. Diese Werte bilden das Rückgrat der notwendigen Transformation. Die Digitalisierung verleiht neuen Werten Relevanz: offene Kommunikation, Transparenz, Flow, Partizipation, Authentizität, Empathie, Heterogenität und Flexibilität (FAZ, 8.4.2016).

Unternehmen sollten dafür nicht ihre eigenen etablierten Werte über Bord werfen. Die Unternehmensführung muss das Unternehmen als Ganzes befähigen, nicht gegen die für die Gesellschaft gültigen Werte, Normen und ethischen Grundsätze zu verstoßen. Es geht vielmehr darum, die Kultur des Unternehmens dem digitalen Umfeld zu öffnen beziehungsweise die Digitalisierung in die Unternehmenskultur aufzunehmen und so im Unternehmen zu verankern.

Hierfür ist ein visionäres Führungsverhalten unabdingbar. Gerade im Zuge der Digitalisierung entstehen immer neue wirtschaftliche und politische Herausforderungen. Technologien entwickeln sich immer schneller und im Markt bildet sich starke Konkurrenz. Das sind Faktoren, die das Führungsverhalten stark beeinflussen (Creusen et al. 2013).

### 4.1.3.7 Chancen und Herausforderungen für Mitarbeiter

Täglich berichten Zeitungen, Nachrichtensendungen und elektronische Medien über die Chancen, die sich aus der Digitalisierung für Unternehmen und ihre Mitarbeiter entwickeln können. Unternehmen können heute selbst mit einer geringen Mitarbeiterzahl und wenigen Standorten global agieren. Es bilden sich Teams, deren Teammitglieder nicht nur unterschiedlicher Herkunft sind, sondern auch an unterschiedlichen Orten zur gleichen Zeit tätig sind und dennoch als echtes Team fungieren. Die Technik erlaubt trotz der Distanz eine gute Kooperation.

Die permanente Verfügbarkeit einer Arbeitskraft durch digitale Medien machte eine Diskussion über die „Work-Life-Balance" nötig, mit dem Ziel eines Ausgleichs zwischen Arbeitszeit und Freizeit. Arbeitszeit ist wichtig, aber sollte nicht dazu führen, dass freie Zeit nicht mehr oder nur in eingeschränktem Maße zur Verfügung steht. Durch die neuen Medien verschwimmen die beiden Bereiche zunehmend. Mitarbeiter und Führungskräfte fühlen sich in ihrer Freizeit eingeschränkt.

Eine klare Trennung zwischen Work und Life kann aber auch hinderlich sein, besonders dann, wenn man als Idealzustand versteht, dass „Work" ein Teil von „Life" ist und umgekehrt „Life" ein Teil von „Work". Die Trennung suggeriert, dass „Work" eher unangenehm ist und „Life" eher angenehm. Diese Trennung zu überwinden, wäre ein wichtiger Schritt zum vernunftbetonten Verständnis von Digitalisierung und zum gesunden Umgang damit.

## 4.2　　Das Führungsmodell Synercube

Die Herausforderung für Führungskräfte in Zeiten der Digitalisierung ist groß, wenn sie mit dem Prinzip von Leistung und Kontrolle erzogen und aufgewachsen sind. Führungskräfte, die schon länger partizipativ und kooperativ führen, tun sich dagegen leichter, eine Unternehmenskultur zu schaffen, die transparent und authentisch ist, offene Kommunikation fördert und von Empathie, Flexibilität und Heterogenität geprägt ist.

Wir müssen davon ausgehen, dass weder bei allen Unternehmern oder Führungskräften, noch bei den Mitarbeitern auf breiter Basis die Annahmen, Grundeinstellungen und Werte für die gewaltigen Veränderungen vorhanden sind, die durch die Digitalisierung auf uns zukommen.

Anatol Zankovsky hat die Theorie des Synercube entwickelt, einen strukturierten Veränderungsprozess, der die Menschen top-down für notwendige Veränderungen befähigt. Das wissenschaftliche Konzept bietet die Möglichkeit, auf Basis einer theoretisch solide begründeten Methode Verhaltensweisen zu definieren, die Leistungsfähigkeit einschränken oder stärken. Synercube berücksichtigt heute und zukünftig geltende Standards und Ansprüche. Dafür integriert es Werte- und Kulturorientierung in die bisher bekannten zweidimensionalen Führungsmodelle. Der Fokus liegt auf dem kulturellen Umfeld von Führungskraft, Mitarbeiter und Unternehmen (Schumacher 2014; Creusen et al. 2013).

## 4.2.1   Definition Synercube

Synercube ist der wissenschaftliche Ansatz, Unternehmen in der digitalen Welt erfolgreich zu machen, indem sie eine gemeinsame Kultur schaffen – und nicht etwa eine gemeinsame Struktur oder Organisation. Das Führungskonzept stellt wissenschaftlich dar, wie Spitzenergebnisse möglich werden, wenn Menschen einbezogen und gleichzeitig die gültigen Werte für Mensch, Unternehmen und Umfeld berücksichtigt werden.

Ziel des Synercube-Konzepts ist es, Ergebnisse im Sinne des Unternehmens zu optimieren. Dies gelingt durch die Erkenntnis, dass Unternehmen grundlegende, interne und externe Konflikte für langfristigen Erfolg unbedingt überwinden müssen. Und es gelingt, indem Top-Management und Mitarbeiter effektiv zusammenwirken und so ihre Widersprüche überwinden. Will ein Unternehmen die Kontrolle über unausweichliche Entwicklungen und Veränderungen behalten – wie etwa über die Digitalisierung –, muss es akzeptieren, dass jede Organisation ein System kontinuierlicher potenzieller Widersprüche ist, etwa:

- Organisationsziel vs. Individualziel
- Organisationsleben vs. Privatleben („Work-Life-Balance")
- Streben nach Gewinn vs. Streben, ethische Normen zu erfüllen
- Zukunftsorientierung vs. Vergangenheitsorientierung

Grundlegend ist der Antagonismus zwischen Organisations- und Individualziel. Nur die Synthese aus gegensätzlichen Zielen macht ein Unternehmen langfristig erfolgreich. Die Anpassung an ihr Umfeld ist dagegen weniger wichtig.

Wenn sich Ziele widersprechen, entstehen zwei gegensätzliche Trends:

**Abb. 4.8** RIO-Modell des Zusammenwirkens in der Organisation. (Quelle: Zankovsky und von der Heiden 2015)

- Der Zentripetaltrend unterstützt Mitarbeiter in der Zusammenarbeit und bei der Suche nach gemeinsamen Zielen. Die Mitarbeiter arbeiten für das Unternehmen und folgen den Zielen des Unternehmens.
- Der Zentrifugaltrend stößt Mitarbeiter vom Unternehmen ab, da die individuellen Ziele im Widerspruch zu den Unternehmenszielen stehen und nicht in Einklang gebracht werden können.

Vertreter aus Wissenschaft und Unternehmenspraxis sehen zwar im externen Wettbewerb eine wichtige Entwicklungsquelle. „Der Konkurrenzvorteil des Unternehmens bildet die Basis für dessen erfolgreiche Markttätigkeit", so Harvard-Professor Michael Porter. Konkurrenz innerhalb des Unternehmens führt jedoch zu einem stärkeren Zentrifugaltrend, da sich das Ziel eines Individuums und das eines anderen oft gegenseitig ausschließen. Innerhalb des Unternehmens ist Kooperation überlebenswichtig. Denn Kooperation bedeutet, individuelle Kräfte in eine gemeinsame Richtung zu lenken. Wenn die gesamte Gruppe, das Unternehmen seine Ziele erreicht, erreicht auch der Einzelne seine individuellen Ziele (Win-win-Prinzip). Kooperation beinhaltet:

- Individuelle Handlungen und die für das Unternehmen bedingen sich gegenseitig.
- Das Individuum fühlt sich durch seinen Beitrag für das Unternehmen gestärkt.
- Die gemeinsame Zuversicht wächst, die Ziele zu erreichen.

Sinnvolles Führungsverhalten obliegt den unterschiedlichen Vorstellungen der Führungskräfte. Deswegen ist Führungsverhalten so vielseitig. Mit dem Modell „R-I-O" beschreibt A. Zankovsky (Zankovsky und von der Heiden 2015), wie wichtig das Zusammenwirken in der Organisation ist und wie es sich auswirkt. Es enthält drei Komponenten (s. Abb. 4.8).

Führungsverhalten setzt die einzelnen Ressourcen ein, um Output zu produzieren. Demnach ist das Verhalten ausschlaggebend für Erfolg oder Misserfolg des Unternehmens.

Ressourcen sind der Ausgangspunkt für das Zusammenwirken. Zu ihnen zählt alles, was einem Unternehmen zum Erreichen der Ergebnisse zur Verfügung steht, auch die Mitarbeiter und Führungskräfte, deren Know-how, Einstellungen und Erfahrungen.

Interaktionen beschreiben das Zusammenwirken selbst. Sie umfassen jede Form von Verhaltensweisen und Handlungen sowie das Verhältnis der einzelnen Ressourcen (Mitarbeiter) untereinander und zum Unternehmen. Ziel ist es, die vorhandenen Ressourcen effektiv zu nutzen und auch zu verändern, um die Ergebnisse zu verbessern. Mit anderen Worten: Es geht um eine neue Art der Kommunikation und Zusammenarbeit, um mit den vorhandenen Ressourcen bessere Ergebnisse zu erreichen. An den Interaktionen lässt sich ablesen, wie effektiv Menschen im Team zusammenarbeiten.

Output beschreibt die Ergebnisse als Konsequenzen aus der Interaktion.

Mithilfe des Synercube-Konzeptes lässt sich wissenschaftlich belegen, dass die Qualität der sogenannten I-Zone (Interaktions-Zone) ausschlaggebend ist für den Erfolg oder Misserfolg eines Unternehmens. Die Form der Zusammenarbeit in der I-Zone bestimmt, ob ein Unternehmen in der Lage ist, die notwendigen und unabdingbaren Veränderungen infolge der Digitalisierung nachhaltig umzusetzen und so erfolgreich und wettbewerbsstark zu bleiben oder zu werden.

Synercube zielt auf Grundeinstellungen und Verhaltensweisen sowohl der Führungskräfte wie auch der Mitarbeiter ab. In einem Führungswürfel, dem Synercube, können fünf sehr unterschiedliche Verhaltensweisen, ausgerichtet auf die persönliche Ergebnis- und Menschenorientierung, abgebildet werden (s. Abb. 4.9). Zugrunde liegen die Werte Vertrauen, Fairness, Identifikation, Verlässlichkeit, soziale Verantwortung, Transparenz und Feedback.

Jede Verhaltensweise kann eine mehr auf sich selbst bezogene oder auf das Unternehmen bezogene Werteorientierung haben. Diese selbstbezogene (−) oder unternehmensbezogene (+) Werteorientierung ist mit einem Minus oder Plus dargestellt. Daraus ergeben sich zehn klar voneinander abgrenzbare Verhaltensweisen. Vor dem Hintergrund der Digitalisierung schaffen die unterschiedlichen Verhaltensweisen einen besseren Zugang zu den aufkommenden Veränderungen oder lehnen diese ab. Die zehn Positionen im Synercube lassen sich wie in Tab. 4.2 dargestellt skizzieren (Zankovsky und von der Heiden 2015).

Mit dieser Aufstellung wird erkennbar, dass nur 7.7+ Verhaltensweisen die Chancen der Digitalisierung umfassend erkennen und erschließen. 7.7+ ist immer an einer positiven Veränderung im Sinne des Unternehmens interessiert. Traditionen, Normen und Standards sowie erreichte Ergebnisse werden hinterfragt – mit dem Ziel, das Unternehmen langfristig erfolgreich zu machen. Durch eine positive „Grund-Skepsis" schafft es eine 7.7+ Führungskraft, notwendige

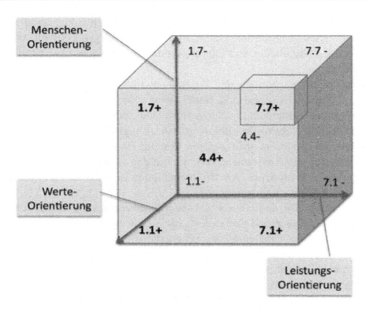

**Abb. 4.9**  Der Führungswürfel „Synercube". (Quelle: Zankovsky, von der Heiden 2015)

Veränderungen, Entwicklungen am Markt, in der Politik oder in der Gesellschaft frühzeitig zu erkennen und zu prüfen. Diese Prüfung findet immer gemeinsam mit den verantwortlichen und betroffenen Mitarbeitern statt, sodass sich Entscheidungen fundiert treffen und zeitnah umsetzen lassen.

Auf den ersten Blick erscheint dieses Verhalten – das konsequente Hinterfragen bewährter Standards, das konsequente Streben nach Verbesserung – anstrengend. In der Zusammenarbeit wird spürbar, dass dieses Verhalten den Betroffenen hilft, Beiträge zu leisten und zu partizipieren. Commitment, Engagement und die eigene Identifikation mit dem Unternehmen steigen. Ein Verhalten nach 7.7+ ist von der Überzeugung geprägt, dass hohe Ergebnisse nur erreicht werden können, wenn alle Beteiligten über notwendige aktuelle Informationen verfügen. Dadurch können sie ihren Pflichten bestmöglich nachkommen.

Kommunikation bei 7.7+ ist nicht nur präzise, sondern enthält auch Commitment und Werte. Enthusiasmus, Selbstvertrauen und Zusammenhalt im Team sind typische Eigenschaften. Alle äußern Ideen, Anregungen, Zweifel und Ängste zeitnah und hören sich gegenseitig zu. Dadurch kann das Team die Chancen und

**Tab. 4.2** 10 Sybercube-Positionen. (Zankovsky und von der Heiden 2015)

| 1.1− Aussitzer | 1.1+ Zweifler |
|---|---|
| Eine niedrige Ausrichtung auf Ergebnisse und Menschen führt zu minimalem Beitrag und einer negativen Grundeinstellung. Beteiligte lehnen Verantwortung für das Erreichen von Ergebnissen ab, weichen Problemen innerhalb der Organisation aus. Unter Druck verteidigen sie sich aggressiv. Notwendige Veränderungen sehen sie nicht | Eine niedrige Ausrichtung auf Ergebnisse und Menschen kann auch zu einer oberflächlich gleichgültigen Einstellung führen. Betroffene realisieren nicht ihr Bestreben, einen eigenen Beitrag zu leisten, und sind enttäuscht. In kritischen Situationen sind sie in der Lage, konstruktiv nach Auswegen zu suchen und aktiv zu partizipieren. Doch die eigene Rolle schafft Unzufriedenheit |
| **1.7− Diener** | **1.7+ Menschenfreund** |
| Eine niedrige Ausrichtung auf Ergebnisse bei gleichzeitig hoher Ausrichtung auf Menschen und fehlendem Interesse für das Unternehmen. Gute Beziehungen zu pflegen und eigene Ziele zu verfolgen, steht im Vordergrund. Konflikte werden umgangen | Die aus geringer Ergebnisorientierung und hoher Menschenorientierung resultierende Harmonie soll Enthusiasmus schaffen. Die meisten Pläne und Vorhaben sind jedoch surreal. Es herrscht mehr Schein als Sein |
| **7.1− Diktator** | **7.1+ Paternalist** |
| Eine hohe Ausrichtung auf Ergebnisse und wenig bis kein Interesse an den Menschen führt zu autoritärem Verhalten und starkem Druck auf das Umfeld. Führungskräfte erwarten Unterordnung und Verlässlichkeit | Die hohe Ausrichtung auf Ergebnisse und das geringe Interesse an Mitmenschen äußert sich teilweise in ungerechtem Verhalten den Mitarbeitern gegenüber. Führungskräfte dulden keine Einwände, Mitarbeiter müssen immer „betreut" werden |
| **4.4− Bürokrat** | **4.4+ Pragmatiker** |
| Ergebnis- und Menschenorientierung sind mittelmäßig ausgeprägt. Angst vor Veränderung und Erfahrungen aus der Vergangenheit prägen das Verhalten | Mittelmäßig starke Ergebnis- und Menschenorientierung führt zu Argwohn bei Veränderungen. Traditionen werden respektiert, Mehrheiten und Kompromisse gesucht |
| **7.7− Opportunist** | **7.7+ Leitfigur** |
| Eine hohe Ausrichtung auf Ergebnisse und Menschen mit Fokus auf den persönlichen Vorteil. Werte werden zwar deklariert, doch letztlich werden Mitarbeiter nur im eigenen Sinne manipuliert | Die hohe Ausrichtung auf Ergebnisse und Menschen mündet in dem Bestreben, eine Atmosphäre der Zugehörigkeit und Beteiligung zu schaffen. Gemeinsam strebt das Team die besten Ergebnisse an |

Risiken der Digitalisierung offen, sachlich und zielführend diskutieren und fundierte Entscheidungen treffen.

Kernelemente einer 7.7+ geprägten Unternehmenskultur sind Vertrauen, Gerechtigkeit, Ehrlichkeit, soziale Verantwortung und Commitment. Diese Werte schaffen eine Basis für gesunden Wandel und die notwendige Anpassungsfähigkeit und Flexibilität, sich auf Veränderungen des Umfelds einstellen zu können. Pragmatisch können verschiedene Elemente des Verhaltens herangezogen werden. Eine Veränderung in diesen Verhaltenselementen führt zur umfassenden Veränderung der persönlichen Einstellungen und Verhaltensstile. Dies ist ein Prozess, der gelernt und trainiert werden kann.

Folgende Werte einer 7.7+-geprägten Unternehmenskultur lassen sich auflisten:

- **Vertrauen:**
  Zuversicht einer Person (Gruppe/Organisation), dass Einstellungen/Verhaltensweisen anderer den eigenen vernünftigen Erwartungen entsprechen; auch in schwierigen Situationen
- **Gerechtigkeit:**
  Gleichheit aller vor dem Gesetz sowie Zusammenspiel zwischen individueller Rolle und tatsächlicher hierarchischer Position. Verhältnismäßigkeit zwischen individuellen Rechten und Pflichten, zwischen Leistung und Gegenleistung, Wert und Anerkennung, Fehlverhalten und Bestrafung. Abweichungen werden als Ungerechtigkeit empfunden.
- **Ehrlichkeit:**
  Nachhaltiges Bestreben, verantwortungsvoll, angemessen und ausdrücklich die Wahrheit zu sprechen. Vermeiden von Betrug, Anspielung und Unsicherheit. Auf Organisationsebene bedeutet Ehrlichkeit transparente Unternehmensziele, -prozesse und -beziehungen.
- **Commitment:**
  Identifikation des Individuums mit dem Unternehmen und seinen Zielen sowie Bereitschaft, zum Unternehmenserfolg beizutragen und im Unternehmen zu verbleiben.
- **Soziale Verantwortung:**
  Unternehmen und Mitarbeiter sind verantwortlich für ihre Handlungen. Letztere streben nicht nur eine Entlohnung für geleistete Arbeit an, sondern auch das Einhalten festgelegter, gesetzlicher, gesellschaftlicher und unternehmensinterner Regeln und Standards.

Elemente des Verhaltens, auch Elemente der Zusammenarbeit genannt, sind Konflikte lösen, Informationen austauschen, Position beziehen, Entscheidungen treffen und Kritik üben. In Bezug auf 7.7+ Verhalten werden die Elemente der Zusammenarbeit wie folgt definiert:

- **Konflikte lösen:**
  Zur Ursachenforschung bei Meinungsverschiedenheiten Differenzen offen und ehrlich ansprechen; Lösungen orientieren sich an dem, was richtig ist – nicht daran, wer Recht hat.
- **Informationen austauschen:**
  Aktive Suche nach bzw. gute Prüfung von Informationen. Betroffene zeitnah und ausreichend informieren. Neue Ideen, andere Meinungen fördern, eigene Ansichten hinterfragen.
- **Position beziehen:**
  Eigene Standpunkte mit Argumenten unterlegen. Andere ermutigen, eigene Standpunkte ebenfalls deutlich zu vertreten. Bei besseren Argumenten eigenen Standpunkt verlassen.
- **Entscheidungen treffen:**
  Vernünftige Entscheidungen auf Basis von Verständnis, Einigung und Ressourcen treffen. Meinungen anhand strenger Maßstäbe prüfen. Schwierige Entscheidungen nicht umgehen.
- **Kritik üben:**
  Kritik offen und aufrichtig üben. Kritik bezieht sich auf Verhaltensweisen und Konsequenzen und lässt sich mit Beispielen untermauern. Prozesse konstruktiv und zeitnah reflektieren. Andere zur Kritik einladen – als Instrument der kontinuierlichen Verbesserung.

Für Führungskräfte kommt ein weiterer, für die Einstellung zur Digitalisierung wichtiger Faktor hinzu: der Umgang mit Macht. Auch hier kann man ablesen, wie sich der unterschiedliche Umgang damit positiv oder negativ auf die Performance des Unternehmens im Prozess der Digitalisierung auswirken kann. Faktoren, unter denen Macht ausgeübt wird, sind Bestrafung, Belohnung, Position, Information, Kompetenz und Ausstrahlung. Unter idealen 7.7+ Bedingungen bedeuten die Machtfaktoren:

- **Bestrafung:**
  Bestrafung ist eine gerechtfertigte logische Konsequenz für Handlungen, die den allgemeinen Standards widersprechen oder Verluste für das Unternehmen mit sich bringen. Bestrafung äußert sich in angemessener Form und folgt klaren, im Vorfeld definierten Kriterien.

- **Belohnung:**
  Belohnung ist die Anerkennung für pünktlich abgelieferte, gut gemachte Arbeit. Sie aktiviert das Erreichen hoher Ergebnisse und beinhaltet alle Formen immaterieller Belohnung.
- **Position:**
  Statt auf der eigenen Position liegt der Fokus auf partnerschaftlichen Beziehungen. Professionalität, Begeisterung und aktives Positionieren spielen eine Schlüsselrolle. Die eigene Position dient der Repräsentanz, Erklärung und Verteidigung der Unternehmensinteressen.
- **Information:**
  Informationen prägen eine Kultur von Offenheit und Transparenz, wenn sie aktiv ausgetauscht werden – offen und zeitnah, um Informationslücken zu schließen. Ein ständiger Zugang zu den richtigen Informationen ermöglicht beste Ergebnisse.
- **Kompetenz:**
  Kompetente Partner stehen als Ansprechpartner zur Verfügung. Die Professionalität jedes Mitarbeiters wird geschätzt und es besteht immer die Bereitschaft, bei schwierigen Problemen Experten von außen heranzuziehen. Wissen ist immer beschränkt und wird daher konsequent erweitert.
- **Ausstrahlung:**
  Selbstbewusstes, bescheidenes und überzeugungsfähiges Auftreten prägen die eigene Ausstrahlung. Die Handlungen sind konsequent und konsistent. Die geschaffene Atmosphäre ist optimistisch und positiv. Die Ideen, Werte und Ziele werden von den Beteiligten geteilt.

### Wie wirkt sich Synercube aus?

Synercube verändert über gruppendynamische Feedback-Prozesse die Einstellungen und Verhaltensweisen von Führungskräften und Mitarbeitern im Unternehmen. In Workshops, Seminaren, Team-Entwicklungen und Kulturanalysen erkennen die Teilnehmer anhand erlebter Beispiele, wie sie zur Digitalisierung stehen und was sie bei sich verändern müssen, um die Chancen wahrzunehmen.

Um das Unternehmen nachhaltig, kontrolliert und geordnet fit zu und „digital" zu machen, bedarf es unterschiedlicher Entwicklungsphasen. Synercube beschreibt konkrete Methoden, Prinzipien, Konzepte und Wertvorstellungen, die die Basis für notwendige Veränderung schaffen. In Bezug auf die Digitalisierung sehen die unterschiedlichen Phasen wie in Abb. 4.10 dargestellt aus.

Führungskräfte lernen durch ebensolche Prozesse, wie sie ihre Führungsaufgabe verändern müssen: weg von Kontrolle und reiner Leistungsorientierung, die auf Informationsvorsprung beruht, hin zu authentischer und empathischer Führung. Dabei kommt es darauf an, Menschen, vornehmlich der „Generation Y",

**Abb. 4.10** Synercube Organisationsentwicklung. (Quelle: Creusen et al. 2013)

Perspektiven zu vermitteln, die keinen Widerspruch zwischen „Work" und „Life" aufkommen lassen.

Der Wandel hin zur Digitalisierung beginnt bei jeder Führungskraft, jedem Mitarbeiter selbst und muss – soll er sich nachhaltig etablieren – von oben geführt werden. Wie wirken sich dabei persönliche Einstellungen, Werte und Überzeugungen auf das Verhalten der Gruppe und des Unternehmens aus?

Die Resultate der Gruppe, genauso wie die der einzelnen Führungskräfte und Mitarbeiter, hängen von den jeweiligen Einstellungen, Werten und Überzeugungen ab. Das liegt daran, dass jede Einzelperson auch Mitglied einer Gruppe und des Unternehmens ist. Abb. 4.11 veranschaulicht das.

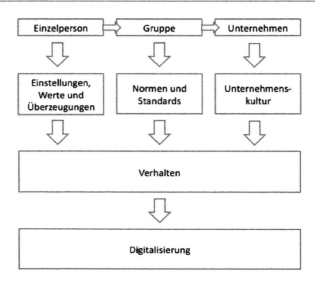

**Abb. 4.11**  Einfluss in Gruppen. (Quelle: Christiane Thiele in Anlehnung an Kelly McKee und Carlson 1999)

Somit hängen auch die Ergebnisse von Gruppen und dem Unternehmen von den jeweils vorherrschenden Einstellungen, Werten und Überzeugungen ab.

Der Unterschied zur Einzelperson besteht jedoch darin, dass die Einstellungen, Werte und Überzeugungen sich als Gruppennormen beziehungsweise auf Unternehmensebene als Kultur darstellen. Mit anderen Worten: Aus individuellen Einstellungen, Werten und Überzeugungen entstehen in der Gruppe gemeinsame Normen, die schließlich in eine Unternehmenskultur münden.

Führungskräfte und Mitarbeiter agieren entsprechend den an sie gestellten Anforderungen und Erwartungen. Normen bilden gemeinsame Einstellungen mehrerer Gruppenmitglieder ab. Sie basieren auf den Traditionen, Standards, Erfahrungen und gelebten Vorgehensweisen.

Normen und Standards entstehen durch die drei Gesetzmäßigkeiten Konvergenz, Kohäsion und Konformität (s. Abb. 4.12).

Die Kreise in der Abbildung stellen Führungskräfte mit unterschiedlichen Meinungen dar. Sobald sie beginnen sich auszutauschen, reflektieren sie ihre individuellen Meinungen in Bezug auf die übrigen. Nach und nach passen sich individuelle Meinungen aneinander an.

**Konvergenz:** Gruppennormen formen sich aus den individuellen Ansichten.

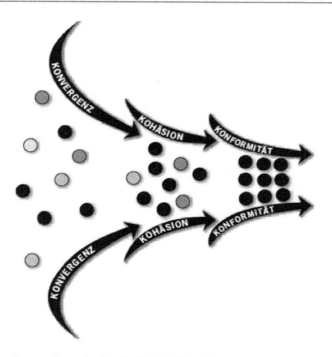

**Abb. 4.12** Gruppendynamik. (Quelle: Kelly McKee, Carlson, 1999)

**Kohäsion:** Gruppen bilden sich auf Basis gemeinsamer Interessen. Eine emotionale Bindung entsteht. Das beschleunigt die Bildung von Normen und Standards.

**Konformität:** Letztendlich wird das Einhalten bestimmter Gruppennormen sichergestellt. Die Bereitschaft zur Konformität in Gruppen schafft Regelmäßigkeit und Ordnung.

Gruppendynamik entsteht aus dem Bewusstsein über die gültigen Normen und Standards und dem kontinuierlichen Hinterfragen dieser Ansichten. So fördert Gruppendynamik gute Mitarbeiterbeziehungen sowie Kreativität und lenkt die Arbeitskraft in eine bestimmte Richtung: Wandel entsteht.

Für echten, nachhaltigen Wandel ist gute Zusammenarbeit, ist Kooperation essenziell. Kooperation ermöglicht das Erreichen von Ergebnissen, die ein Individuum allein nie schaffen würde. Der immer schneller werdende technologische Wandel zwingt Unternehmen und deren Mitarbeiter dazu, die Arbeitsleistungen

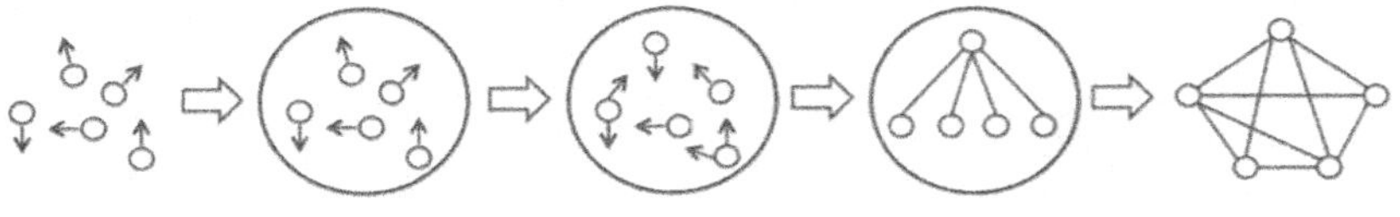

Etappe I        Etappe II       Etappe III       Etappe IV

**Abb. 4.13** Etappen der Gruppenentwicklung. (Quelle: Zankovsky und von der Heiden 2015)

der Einzelnen in Gruppen, Abteilungen und schließlich im gesamten Unternehmen zusammenzuführen. Es gibt unterschiedliche wissenschaftliche Untersuchungen, die das Für und Wider echter Zusammenarbeit beleuchten und zu unterschiedlichsten Ergebnissen kommen. So gibt es Untersuchungen, die klar aussagen, dass Zusammenarbeit die individuelle Leistung reduziert (Steiner 1972; Ingham et al. 1974; Kravitz und Martin 1986). Erklärt wird dieses Phänomen mit den Motivationsfaktoren. Der Mensch denkt, dass seine Bemühungen in der Gruppe nicht spürbar sind (Durkheim 1924, 1950). In den dreißiger und vierziger Jahren des 20. Jahrhunderts wuchs die Erkenntnis, dass Menschen in Gruppen anders handeln als einzeln. Hier haben die renommierten „Hawthorne-Experimente" unter der Leitung von Elton Mayo (1933) zum Verständnis über Formen der Zusammenarbeit innerhalb des Unternehmens beigetragen (Roethlisberger und Dickson 1939).

Die Form einer Gruppe und die Anforderungen an Struktur und Funktion der Gruppe werden durch das Unternehmen und deren System vorgegeben. Gleichzeitig verfolgen Gruppen ihre eigenen Gesetzmäßigkeiten und Prozesse. Sie befinden sich in einem kontinuierlichen Veränderungsprozess, der den konsequenten Wandel zusätzlich herausfordert (vgl. Abb. 4.13).

- **Etappe I „Forming":**
  Die individuellen Personen bilden formal eine Gruppe.
- **Etappe II „Storming":**
  Die individuellen Gruppenmitglieder akzeptieren die Gruppe als Ganzes, leisten aber Widerstand gegenüber jeglicher Kontrolle. Sie identifizieren Tätigkeitsformen und verteilen diese. Und sie treffen Mehrheitsentscheidungen.
- **Etappe III „Norming":**
  Die Gruppe gestaltet Gemeinsamkeiten und Wege in der Zusammenarbeit. Das festigt die Gruppe, sodass sie als Einheit auftritt. Rollen und Funktionen sind

verteilt und verstanden. Konflikte aus früheren Etappen werden überwunden, das Ziel der gemeinsamen Tätigkeit rückt in den Vordergrund.

- **Etappe IV „Performing":**
Alle Mitglieder akzeptieren die Gruppenstruktur; die Gruppenmitglieder arbeiten aktiv in Richtung des Gruppenziels und zum Wohl der ganzen Gruppe. Gruppenenergie entwickelt sich aus dem Zusammenwirken. So entsteht Synergie. Der Wert des Beitrags jedes Gruppenmitglieds wird verstanden und respektiert.

Die unterschiedlichen Etappen sind zwar klar voneinander abgrenzbar, sie können aber im realen Leben nur selten separat beobachtet werden. Der Weg einer Gruppe von einer Etappe in die andere ist nicht immer klar bestimmt. So können Gruppen beispielsweise auch zurückfallen, wenn sie in der Etappe „Storming" zu lange verharren oder auf Probleme oder Hindernisse stoßen. Etappen können parallel oder entgegengesetzt verlaufen. Daher hilft es, sich dieser Etappen bewusst zu sein und sie als grundsätzliches Schema zu betrachten, das Gruppendynamik erklärt.

Das Synercube-Konzept ermöglicht es, die Beziehungsqualität auf individueller, gruppenbezogener und betrieblicher Ebene mithilfe der zehn Synercube-Führungsstile zu betrachten. Jeder Stil stellt ein prägnantes, charakteristisches Führungsverhalten dar, das den Umgang mit Digitalisierung und die Öffnung dafür unterschiedlich intensiv ermöglicht oder behindert.

Das Synercube-Konzept rückt immer die Frage „Was ist richtig?" ins Zentrum. Somit hilft es dem Unternehmen, sich zu öffnen für notwendige Veränderungen innerhalb des Unternehmens, für Veränderungen im direkten Marktumfeld oder für übergeordnete Veränderungen und Entwicklungen, wie beispielsweise Digitalisierung. Sobald ein klares Bild davon gewonnen wurde, was in einem bestimmten Zusammenhang effektiv und was ineffektiv ist, unterstützt das Synercube-Konzept als Erkenntnistool die Verhaltensänderung. Es schafft eine Grundlage, einen Rahmen für die Verwirklichung von Veränderungen, da es Individuen, Gruppen und dem Unternehmen eine Methode anbietet, effektives und ineffektives Verhalten zu definieren. Das Synercube-Konzept dient als Wegweiser zum Erreichen eines gegenseitigen Verständnisses. Das fördert die Verbundenheit zum Unternehmen und lässt eine zielorientierte Zusammenarbeit entstehen. Dank der persönlichen Veränderung und der Weiterentwicklung der Mitarbeiter kann das Unternehmen bevorstehende große Veränderungen auf den richtigen Weg bringen. Synercube ist daher hervorragend geeignet als Instrument oder Methode der digitalen Transformation beziehungsweise des Digital Leadership.

## 4.2.2  Transformation der Organisation

Wer Digital Leadership organisieren will, sollte zunächst die Kernfunktionen seines Unternehmens transformieren. Die Funktion Recruiting entfällt beispielsweise zugunsten der neuen Funktion Finding. Recruiting im herkömmlichen Sinne definiert Anforderungen und versucht mit Marketingmethoden geeignete Kandidaten von der Attraktivität der Position zu überzeugen. Dies führt zu starren Strukturen und häufig auch zu Fehlbesetzungen. Im Finding bieten geeignete Kandidaten ihre Stärken an, damit das Unternehmen Aufgaben erfüllen und Ziele erreichen kann. Diese offene Form der Besetzung von Aufgaben mit geeigneten Kandidaten erfordert ein Höchstmaß an Flexibilität in der Führung und im Coaching. Ein Höchstmaß an Transparenz sollte gegenüber bestehenden und künftigen Mitarbeiter herrschen.

Aus Leading wird Listening. Die grundlegenden Kulturkompetenzen der neuen Führung sind das Zuhören und das Sehen aus verschiedenen Perspektiven. Schlüsselbegriffe sind Aufmerksamkeit und Wahrnehmungsfähigkeit. Hierarchien verbauen diese Fähigkeiten. In der Zukunft gibt es immer häufiger fluide Teams ohne Chefs, aber mit wechselnden Führungsrollen. Als Leader erweisen sich diejenigen, die es verstehen zuzuhören und die anderen Teammitglieder ebenso in die Lage versetzen, einander zuzuhören und aufeinander einzugehen.

Seit langem hat sich Führung vom Glauben an die Beherrschbarkeit verabschiedet. Inzwischen ist klar, dass Teams die Verantwortung übernehmen müssen für das Bearbeiten verschiedener Aufträge externer oder interner Kunden. Dabei stellt sich heraus, dass zwar gewünscht wird, dass Mitarbeiter verantwortlich handeln, dass aber nicht die Bereitschaft besteht, ihnen genug Verantwortung zu übertragen. Digital Leadership versetzt die Führung in die Lage, mit den neuen Unsicherheiten souverän umzugehen. Dazu gehört die bereits erwähnte Flexibilität genauso wie die Fähigkeit, auf Vielfalt angemessen zu reagieren.

Diese beiden Beispiele – Finding und Listening statt Recruiting und Leading – können auf fast alle Funktionen der Organisation traditioneller Unternehmen durchdekliniert und in neue Funktionen des Digital Leadership transferiert werden. Wir gehen daher von einem gravierenden Wertewandel als Voraussetzung für eine erfolgreiche Transformation aus.

Fraglich ist, ob somit eine Steuerung über Objectives und Key Results (OKR) noch immer möglich ist, wie viele Autoren postulieren.

### 4.2.3  Führungswechsel

Das Wissensmagazin für Wirtschaft, Gesellschaft und Handel GDI IMPULS beschreibt im Heft Nr. 3, 2016 die Methoden des Liquid Leadership:

- von der Macht zur Motivation
- von extrinsisch zu intrinsisch
- von Perfektion zur Schnelligkeit
- vom Kommando zur Kooperation
- vom Management zum Leadership
- von Anweisung zur Selbstverantwortung
- von Hierarchie zu Netzwerk

Daraus entwickelt Peter Gloor in seinem Beitrag in eben diesem Heft die vier Leader-Typen:

- Unternehmer, die schöpfen und extrinsisch motivieren
- Manager, die machen und extrinsisch motivieren
- Künstler/Wissenschaftler, die schöpfen und intrinsisch motivieren
- Lehrer, die machen und intrinsisch motivieren

Es gibt in der Zwischenzeit eine Vielzahl von Modellen und Schlagworten zur Beschreibung des Leadership in digitalen Unternehmen. Um herauszufinden, welche Auswirkungen das neue Leadership auf Strukturen und Organisationsformen hat, greifen wir insbesondere die folgenden Entwicklungen heraus:

1. Zerstörung durch Disruption und Kannibalisierung
2. Beschleunigung durch Unvollkommenheit und Anarchie
3. Lernen durch Netze, Freiheit und Sinnstiftung
4. Agilität durch Schwarm, Vertrauen und Flow
5. Entkopplung von Arbeitszeit und Arbeitsort durch Globalisierung
6. Flexibilisierung und Stärkenorientierung

Zu 1: Die Digitalisierung treibt ohne Zweifel den Wettbewerb an. Konkurrenz findet sich nicht mehr nur in der eigenen Branche, sondern entsteht branchenübergreifend. Alte Geschäftsmodelle werden zerstört, neue entstehen. Je nach Lebenszyklus trifft das Branchen unterschiedlich schnell. Zunächst transformierte sich die Musikindustrie, dann die Elektronikbranche. Zurzeit werden die Taxibranche und die

Hotelbranche disruptiv angegriffen. Traditionelle Unternehmen haben nur eine einzige Chance zu überleben – durch Kannibalisierung des eigenen Geschäftsmodells. Die traditionelle Corporate Governance verhindert eine angemessene Reaktion auf den Verhinderungsprozess. Darauf gehen wir gleich ausführlicher ein.

Zu 2: Die notwendige Schnelligkeit wurde bereits in diesem Buch beschrieben. Netzwerke prägen die neue Arbeitswelt. Dadurch entstehen Arbeitsplätze ohne eindeutige organisationale Struktur, Funktion und Führung. Weniger die Organisationszugehörigkeit ist Führungskriterium als die fachliche Expertise und Lösungskompetenz. Von außen betrachtet, könnte man einige Digitalorganisationen durchaus als Anarchie wahrnehmen. Noch komplizierter wird dies durch die Wahrnehmung von Kommunikation zwischen Mensch und Maschine.

Zu 3: Im Digital Leadership unterliegt Wissen nicht hierarchischer Allokation. Den Zugang zu Wissen kann nur ein Höchstmaß von Transparenz und Offenheit sicherstellen. Lernen findet Peer to Peer statt und manchmal auch von Maschine zu Mensch oder umgekehrt. Digital Leadership bedeutet das Schaffen von sinnstiftenden Lernorganisationen, die verantwortliches und freiheitliches Lernen überall und jederzeit ermöglichen.

Zu 4: Bereits mehrfach haben wir darauf hingewiesen, dass die Digital Economy agile Methoden entwickelt und die gewohnte Null-Fehler-Toleranz überwindet. Hierzu verhelfen die agilen Management-Methoden. Mit großer Tatkraft handeln die Player schnell und lernen aus Fehlern. Dies erfordert nicht nur andere Methoden, sondern auch andere Organisationsformen. In den vorausgehenden Kapiteln haben wir Scrum, Lean-Start-up und Design Thinking beschrieben. Insbesondere Scrum, ursprünglich aus der Software Entwicklung, hat sich als Organisationsmodell durchgesetzt. Spezielle Organisationsfunktionen wie der Scrum Master, der Product Owner oder das Entwicklungsteam haben sich etabliert. Design Thinking, bestehend aus sechs klar definierten, aber nicht linear ablaufenden Prozessschritten, ist ebenfalls zu einem bewährten Organisationsprinzip geworden. Der aktuelle Boom dieser Methoden zeigt, dass die Vorgehenslogik leicht in Organisationsstrukturen gefasst werden kann. Diese ist:

1. Develop
2. Try
3. Fail
4. Retry
5. Fail again
6. Retry
7. Succeed

Dies führt zu Leadership im Sinne von Flow, bei dem die Herausforderungen den eigenen Fähigkeiten und Stärken entsprechen.

Zu 5: Digitale Arbeitsorganisation erfordert neue Vereinbarungen, vielleicht sogar neue Gesetze. Eine Differenzierung von Arbeitnehmern und Arbeitgebern ist nicht mehr so einfach möglich, eventuell ist sogar eine Umkehrung erforderlich. Die Arbeitnehmer im Digital Leadership sind im wahrsten Sinne des Wortes Arbeitgeber, sie geben ihre Kompetenz, intrinsische Motivation, ihr Engagement und ihre Stärken, die sie vorher sorgfältig identifiziert und analysiert haben. In diesen Organisationen geht es nicht um das Belohnen von Perfektion und um das Bestrafen von Fehlern, sondern um das Schaffen von Voraussetzungen für innovatives und produktives Arbeiten. Natürlich ist die Organisation orts- und zeitunabhängig. Damit verbunden ist eine Verschmelzung von Leben und Arbeit. Die herkömmliche Trennung dieser beiden menschlichen Bereiche ist obsolet und damit auch der Begriff der Work-Life-Balance. Organisation im Digital Leadership hat das Ziel eines optimalen Work-Life-Blends.

Wie bereits angedeutet, sehen wir für den Aufbau neuer Organisationen ein entscheidendes Hindernis in den traditionellen Strukturen der Corporate Governance. Die allermeisten Aufsichtsräte und Beiräte verfügen nicht über digitale Kompetenz und Readiness. Dies liegt im Wesentlichen daran, dass Aufsichtsräte nach dem Gesichtspunkt der optimalen Vertretung von Aktionärsinteressen und Beiräte nach dem Kriterium vertrauter Seilschaften häufig durch honorige und vertrauensvolle Persönlichkeiten der alten Generation besetzt werden. Menschen mit digitaler Erfahrung, Kompetenz oder der Fähigkeit zu Digital Leadership sind dort kaum vertreten, weil die Funktionsbeschreibung dies nicht vorsieht. Es gibt aber auch optimistisch stimmende Ausnahmen. Diese finden wir allerdings vorwiegend im angelsächsischen Modell der Unternehmenssteuerung. Denn dort sind Aufsichtsräte einstöckig organisiert. Dies bedeutet, dass das Board aus Executive und Non-Executive Directors besteht, die gemeinsam Verantwortung für strategische Entscheidungen tragen. In zweistöckigen Gremien deutscher Prägung sind die Aufgaben eng definiert. Aufsichtsräte nach dem deutschen Aktiengesetz dürfen lediglich kontrollieren, die vom Vorstand vorgelegte Strategie verabschieden und Vorstände berufen oder abberufen. Damit sind deutsche Aufsichtsräte nicht annähernd so intensiv involviert wie Boards nach dem angelsächsischen Prinzip. Dies führt dazu, dass häufig in angelsächsische Boards explizit Experten der Digitalisierung berufen werden, um diese Kompetenz funktional abzusichern. Daraus ergibt sich zwangsläufig ein besseres und tieferes Verständnis für die Notwendigkeit von Digital Leadership. Überraschenderweise nutzen deutsche Unternehmen, die international tätig sind, nicht die Möglichkeit, eine europäische SE (Societas Europaea) zu gründen, bei der zwischen Einstöckigkeit und

Zweistöckigkeit gewählt werden kann. Hoffnungsvoll stimmt, dass zumindest einige mittelständische Familienunternehmen in ihre Beiräte Digitalkompetenz berufen. Auch Christoph Keese greift in seinem neuesten Buch diese Elemente für eine neue Organisationsstrategie auf. Zunächst fordert er auf, in die eigenen Kannibalen zu investieren, wie er das selbst bei Axel Springer erlebt hat. Er geht dabei von der These aus, dass durch die Disruption das traditionelle Geschäftsmodell ohnehin zerstört würde. If you cannot beat them, join them – dieser Strategie folgend, müssen disruptive Geschäfts- und Organisationsmodelle aufgenommen und integriert werden. Aus organisationaler Sicht stellen sich einige Fragen: Wie soll dies geschehen? Reicht es, die disruptiven Unternehmen zu kaufen und als rein finanzielles Investment zu betrachten? Dann würde die Finanzabteilung oder das Controlling die Beteiligung am Start-up steuern und managen. Doch welches Verständnis hat diese Abteilung von Disruption und was wird dort aus rein finanzieller Sicht als Erfolg gewertet? Was passiert, wenn die gemeinsam geplanten Ziele nicht erreicht werden? Wer definiert die Maßnahmen?

Eine völlig andere Qualität erhält ein Investment, wenn das investierende Unternehmen aus der kleinen Beteiligung für das große Stammgeschäftsmodell lernen möchte. Wie macht man den Tanker wendig? Können die Organisationsprinzipien der schnellen Start-ups ohne weiteres in die Organisationsstruktur bestehender Geschäftsmodelle übertragen werden? Wer steuert und managt diesen Lern- und Transferprozess? Wie und wann mündet der Transfer in einen Transformationsprozess des traditionellen Geschäftsmodells? Auch hier kann es zu dramatischen Fehlentwicklungen kommen.

Und noch einmal eine völlig andere Qualität erhält ein Investment, wenn es tatsächlich das traditionelle Geschäft oder die bewährte Organisation kannibalisiert. Wohin fließen zukünftige Investitionen? In das noch nicht profitable neue Geschäftsmodell oder in das profitable Kerngeschäft, dessen Margen sinken? Wer trifft wann diese Entscheidungen? Das wirft entscheidende Fragen der Organisationsstruktur auf. Hier können Inkubator- oder Accelerator-Strukturen hilfreich sein. Auch eine reine Finanzbeteiligung kann als Organisationsmodell gewählt werden. Wichtig ist nur, dass die jeweils passende Lösung gefunden wird. Eine potenzielle Kannibalisierung zu ignorieren, ist keine Option. Es wird vermutet, dass kaum mehr ein DAX-Konzern nicht mindestens ein Start-up im eigenen Portfolio hat. „Mehr als fünf Milliarden Euro sind nach Berechnungen des Manager Magazins bis Anfang 2016 von deutschen Großunternehmen in Start-ups geflossen" (Keese 2016). Allein in Berlin hat Risikokapital zwischen 2011 und 2015 mehr Arbeitsplätze geschaffen als die Chemie- und Pharmabranche insgesamt Beschäftigte hat. Was mit Axel Springer und seinem Investment in Idealo begann, ist inzwischen Standard. Auch in diesem Fall wurde heftig um die richtige Organisation gestritten. Die Verlagsleiter sahen in Idealo primär einen Wettbewerber um Anzeigenkunden und forderten logisch argumentierend das Einbinden des Idealo-Geschäftsmodells in die eigene Organisation. Die Entscheidung gegen eine Vollintegration schuf Spielräume, aber auch permanente Konflikte, die wiederum die gewollten schlanken Prozesse behinderten. Solche Brüche sind typisch für Organisationen in der Transformation.

Demgegenüber ist eine Vollintegration mit zahlreichen Risiken behaftet. Diese führt häufig zu einem Ersticken der Start-up-Kultur weil die große Organisation Flexibilität und Schnelligkeit behindert. Diese Schnelligkeit ist aber gerade erfolgskritisch für ein Start-up. Die geringen Eigenkapitalmittel zwingen gerade dazu, schnell zu handeln und eine frühe Marktreife zu erzielen. Es gibt viele Beispiele dafür, dass ein wohlmeinender CEO eine Beteiligung an einem Start-up fördert und durchsetzt, dann aber die operative Führung delegiert. Damit kann das „kleine Pflänzchen" der Freiheit schnell getötet werden. Bislang zeigen diejenigen Organisationsformen die größten Erfolge, die die Start-ups sorgfältig vor den übertriebenen Forderungen der Konzerne abschirmen. Hierbei werden lediglich Angebote gemacht, Dienstleistungen des Konzerns in Anspruch zu nehmen. Die Verantwortlichen der Start-ups entscheiden völlig eigenständig, welche Dienstleistungen sie in welchem Umfang annehmen und nutzen. In einer zweiten Stufe können – wenn der Konzern sich an mehreren Start-ups beteiligt – Austausch-Plattformen gebildet werden, auf denen die Beteiligten voneinander lernen.

Es gibt nicht das eine alleingültige Strukturmodell, das auf längere Sicht unverändert funktioniert. Persönlichkeit, Stärken und visionäre Kraft spielen eine wichtige Rolle bei den rational erscheinenden Strukturentscheidungen. Das legt die Hypothese nahe, dass die in diesem Buch dargestellten persönlichen Führungsmodelle der Positiven Psychologie wie Stärkenorientierung und das Flow-Konzept Schnittmengen und Grauzonen mit den reinen Organisationsmodellen bilden. Auch in der Organisationstheorie sind die Übergänge fließend geworden. Es gibt nicht mehr die eine Organisation, sondern viele fließende Möglichkeiten, die sich nach vielen sozialpsychologischen Faktoren richten. Denk-, Macht- und Arbeitsstrukturen, die heute noch gültig sind, werden morgen schon obsolet sein. Das fällt all denjenigen schwer, die sich in diesen Strukturen eingerichtet haben und ausruhen möchten. Tragischerweise sind dies häufig die an Jahren reifen Mitarbeiter und Mitarbeiterinnen, die wir in der Mehrzahl in Großunternehmen finden. Der Anteil der unter 30-Jährigen ist auf weniger als 20 % gesunken. Die Gruppe der über 50-Jährigen ist auf mehr als 25 % gewachsen. Noch dramatischer stellt sich dies auf der obersten Führungsebene dar. Anders bei den Gründern. Dort überwiegen die Jungen. Sozialpsychologisch sind ältere Mitarbeiter weniger risikofreudig. Diesen geht es weniger darum, Neues aufzubauen, als Erworbenes zu erhalten.

Hinzu kommt die Herausforderung, dass sich die Führungskräfte vom Anspruch auf Allwissenheit verabschieden müssen. Es geht nicht mehr darum, Antworten zu geben, sondern das Finden von Antworten zu organisieren. Dies erfordert in der Tat völlig andere Organisationsstrukturen. Eine Organisation kann nicht mehr als Wissensorganisation konstruiert werden, sondern erfordert Lernorganisationen. Hierbei dominieren Netzwerke als Struktur- und Organisationsprinzip. Christoph Keese beschreibt dies am Beispiel des Netflix-Chefs Reed Hastings:

> Führungskräfte treten nicht mehr in den Vordergrund, sondern nehmen sich zurück. Sie erteilen kaum noch inhaltliche Vorgaben, sondern stellen die richtigen Fragen und betrauen Teams mit der Suche nach Antworten. Sie verordnen fast keine Regeln mehr, sondern konzentrieren sich auf das Prägen einer anderen... einer eigenen Kultur. Sie reichen keine Anweisungen von oben nach unten durch, sondern verteilen Impulse in alle Richtungen weiter. Sie denken nicht in Planerfüllung, sondern decken Wahrheiten auf, finden Schwachstellen und belohnen Ehrlichkeit. Sie entmündigen nicht, sondern ermuntern zur Freiheit. Sie sind nicht selbstgefällig, sondern stellen sich und ihre Geschäftsmodelle permanent in Frage. Sie schützen keine Stärke vor, sondern zeigen Verletzlichkeit. Sie sind nicht unsicher, sondern hüten sich vor allzu großer Selbstsicherheit. Sie befehlen nicht, sondern hören zu. Sie verachten Statussymbole und beziehen Anerkennung aus ihren Projekten. Sie steuern keine Kommandostruktur, sondern koordinieren Arbeitsgruppen (Christoph Keese, S. 168).

Der gemeinsame Nenner dieser Überlegungen ist die Tatsache, dass Führungsmodelle der Zukunft weniger hierarchisch sind. Die digitale Führung braucht mehr horizontal denkende Netzwerker, keine Befehlsgeber und Befehlsempfänger. Dies führt uns zum Struktursystem zukünftiger Organisationen nach dem bereits beschriebenen Prinzip des Pivoting. Hier werden Organisationsstrukturen so flexibel und anpassungsfähig geschaffen, dass ein schnelles Umschwenken, ein Neuerfinden des gesamten Geschäftsmodells jederzeit möglich ist. Dementsprechend formulierte Hastings folgende Grundsätze der Firmenkultur:

- Nur auf tatsächlich gelebte Werte kommt es an. Gut klingende, belanglose Mission Statements gibt es nicht.
- Nur Höchstleistungen berechtigen zum Bleiben. Wer nicht zu den Besten gehört, muss gehen.
- Es herrscht Freiheit, man übt sie verantwortungsbewusst aus.
- Kontext ersetzt Kontrolle.

- Teams und Funktionen werden synchronisiert, aber nicht gekoppelt.
- Die Bezahlung liegt immer am oberen Ende des Marktes.
- Mitarbeiter werden ständig herausgefordert, damit sie sich weiterentwickeln.
  (Christoph Keese, S. 172)

Damit nähert sich das Führungsmodell von Netflix sehr stark dem Modell der Holakratie, das wir in ein paar Abschnitten ausführlicher darstellen. Am ehesten kann man die Führungskraft von morgen mit einem Wissenschaftler vergleichen. Er macht Experimente und überprüft, ob seine Hypothesen der Wirklichkeit entsprechen. Hypothesen, die sich bestätigen, verfolgt er weiter. Hypothesen, die sich nicht bestätigen lassen, lässt er schnellstmöglich fallen.

Eine besondere Herausforderung ist es, die verschiedenen Geschwindigkeiten der unterschiedlichen Organisationseinheiten miteinander zu synchronisieren und zusammenzubringen. Im traditionellen Geschäftsmodell herrschen eine geringe Innovationsbereitschaft und damit auch eine geringe Geschwindigkeit bei der Einführung von Neuerungen. In Organisationseinheiten, die sich an Führungsmodellen der Start-ups und dem Lean-Management orientieren, gibt es wesentlich schnellere Innovationszyklen und eine höhere Transformationsgeschwindigkeit. Diese beiden Geschwindigkeiten gilt es, in der Struktur zu berücksichtigen und abzubilden. Eine Methode hierfür könnte die Technik der Disruption auf Vorrat sein, wie sie von Siemens praktiziert wird. Hier werden disruptive Verfahren entwickelt, ohne sie bereits einzuführen. Die Organisation speichert die neuen Prozesse und Verfahren so lange, bis ein Tipping Point im Markt erreicht ist. Beginnen Wettbewerber, mit disruptiven Verfahren das eigene Geschäftsmodell zu attackieren, kann man auf diesen Vorrat zurückgreifen und schnell reagieren. Bislang liegt keine wissenschaftlich validierte Überprüfung dazu vor.

Eine weitere Methode ist das Rapid Prototyping oder das Erstellen eines Minimum Viable Products (MVP). Hierbei entstehen mit großer Geschwindigkeit Prototypen mit minimalistischem Funktionsumfang, die man sofort im Markt testen kann. Etablierte Großunternehmen wären hierzu nicht in der Lage, weil für sie die Produkte, die sie auf den Markt bringen, immer gewissen Qualitätsstandards genügen müssen. Für Start-ups in Inkubatoren oder Akzeleratoren gelten andere Regeln. Sie treten in den Dialog mit ihren künftigen Kunden, um ihre Produkte passgenau zu entwickeln und weiterzuentwickeln.

Eine weitere Herausforderung sind die Arbeitsplätze und Standorte, an denen Mitarbeiter ihre Leistung erbringen. Traditionell werden Mitarbeiter hierzu an einem Ort, in einem Gebäude zusammengezogen. Die Digitalisierung erlaubt es, diese Strukturen aufzubrechen. Andererseits entstehen Zentren der Innovation wie das Silicon Valley, wie Berlin oder Tel Aviv. Dort werden Kulturen geschaffen, die für die digitale Generation ganz besonders attraktiv sind. Digitale Organisationen müssen sich darauf einstellen, indem sie an Digital Hubs innovationsfreudige Arbeitsplätze einrichten und agile Unternehmenseinheiten aufbauen. Wenn hierfür das Investment als zu groß erscheint, sollte wenigstens das Lernen der Digitalisierung an diesen Orten möglich sein. Auch hier haben sich neue Strukturen der digitalen Organisation herausgebildet. Hierzu gehören die Digital Learning Journeys, wie sie zurzeit in großem Umfang von Unternehmensberatern angeboten und organisiert werden. Diese Reisen zu den Digital Leaders im Silicon Valley, in Berlin und Tel Aviv werden intensiv nachgefragt. Dabei studieren die entsandten Mitarbeiter die Organisationsformen vor Ort intensiv und überprüfen diese auf ihre Übertragbarkeit ins eigene Unternehmen. Eine noch intensivere Alternative sind die Fellowship Programme. Hierbei werden Nachwuchsführungskräfte an die Hot Spots der Digitalisierung geschickt und haben dort die Möglichkeit, die Veränderungen der Digitalisierung und die Auswirkungen auf Organisationen zu studieren. Bei aller Beliebtheit dieser Lern-Angebote ist festzustellen, dass noch immer sehr wenige Führungskräfte im Silicon Valley gewesen sind.

Mit den Organisationsformen des Digital Leaderships möchten wir abschließend einen Ansatz näher beleuchten, der die verschiedenen Strukturprinzipien des Digital Leaderships gut zusammenfasst. Es handelt sich um den Ansatz der Holokratie, auch Holakratie genannt. Brian Robertson hat ihn in den USA entwickelt und unter anderem in seiner Ternary Software Corporation eingesetzt. Dieser Ansatz vereint die Prinzipien flacher Hierarchien mit Partizipation und höchstmöglicher Transparenz. Er berücksichtigt sowohl kommunikative Aspekte als auch notwendige Steuerungselemente. Dabei werden Zuständigkeiten und Rollen klar festgelegt. Entscheidend ist aber das Element der Flexibilität und Schnelligkeit bei allen Steuerungsprozessen.

Im Folgenden erläutern wir die vier Elemente der Holokratie:

1. **Doppelte Verbindung (Double Linking):**
   Jedes Team wählt einen oder mehrere Vertreter in das nächsthöhere Team und jeweils einen oder mehrere Vertreter in das nächstuntere Team. Diese Repräsentanten vertreten die Interessen des Teams, sowohl nach oben als auch nach unten. Vernetzte Systeme nehmen auch eine Verlinkung in die Teams der gleichen Organisationsebene vor. Diese Struktur ermöglicht eine klare Kommunikation zwischen den verschiedenstufigen Teams und vernetzt und integriert sämtliche Kommunikationsprozesse. Der Kommunikationsfluss von oben nach unten und zu den Seiten hin funktioniert.

2. **Trennung von Steuerungs- und operativen Teamsitzungen:**
   Steuerung findet in der Holokratie auf allen Ebenen statt. In Steuerungstreffen wird darüber entschieden, wie man im Team zusammenarbeitet. Zuständigkeiten, Verantwortlichkeiten und Entscheidungsbefugnisse werden vereinbart. Ein effizienter Prozess wird definiert. Im operativen Teammeeting trifft man Entscheidungen des Tagesgeschäfts. Hierbei geht es in erster Linie um die Ressourcenverteilung.

3. **Zuständigkeiten und Rollen:**
   Dieses Organisationsmodell legt großen Wert auf genau definierte Rollen und Verantwortlichkeiten. Konflikte sollen dadurch vermieden werden, dass Zuständigkeiten vollständig geklärt sind. In den Steuerungstreffen werden solche Konflikte und Spannungen genutzt, um die Betriebsstruktur optimal zu entwickeln.

4. **Dynamische Steuerung:**
   Entscheidungen sind jederzeit änderbar, wenn sie sich in der Praxis nicht bewähren. Jeder kann Vorschläge einbringen. Es wird nicht die perfekte Lösung gesucht, sondern eine brauchbare (vergleiche Minimal Viable Product). Die dynamische Steuerung sieht ein permanentes Beobachten der Praxis vor, um Schwachstellen aufzudecken und Lösungen vorauszudenken. Das setzt einen Prozess häufiger, kleiner Kurskorrekturen in Gang. Schwerfällige bürokratische Prozesse werden vermieden.

Der Online-Händler Zappos ist Vorreiter dieser Organisationsform. Er hebt hervor, dass Entscheidungen vereinfacht und dezentralisiert wurden, was zu einer gesteigerten Arbeitszufriedenheit der Mitarbeiter geführt hat.

Damit ist die Holokratie eine Organisationsform, die konsequent zur Selbstorganisation anleitet. Die Mitglieder einer solchen Organisation entwickeln Mitverantwortung und kollektive Intelligenz für den Erfolg der Organisation als Ganzes. Diese Organisationsform soll Hierarchien überwinden. Die Gegenform, Heterarchie, steht für Selbststeuerung und Selbstbestimmung und ist die Basis für Netzwerk-Management. Viele Unternehmen experimentieren noch mit derartigen Organisationsformen. Wir vertreten hier die Hypothese, dass derartige Organisationsformen einerseits aus der Digitalisierung hervorgehen, andererseits die wichtigen Grundzüge für Digital Leadership der Zukunft beschreiben. Im Prinzip geht es um echtes Leadership ohne Rückgriff auf Organisationen und Strukturen. Macht und Hierarchien haben in der Digitalisierung endgültig ausgedient. Von jedem Mitarbeiter wird ein Höchstmaß an Flexibilität, Fluidität, Veränderungsbereitschaft, Transparenz und Ambiguitätstoleranz erwartet. Die Sicherheit in Strukturen ist vorbei – eingetauscht gegen große Freiheiten.

# Fazit

5

Welche Maßnahmen müssen Organisationen ergreifen, die ihre Wissensarbeiter für das digitale Zeitalter befähigen möchten? Der erste Schritt beginnt mit der Bewusstseinsbildung. Mit der Digitalisierung sind vielfältige Ängste verbunden. Systematische Information und Aufklärung, welche Entwicklungen und Trends sich auf technologischer Ebene abzeichnen, und ein Transfer der Entwicklungen auf das eigene Unternehmen sind erste Schritte. Das Thema Automatisierung macht nicht mehr vor den Wissensarbeitern halt. Hier ist eine offene Diskussion über Tools und Maßnahmen wichtig. Diese muss aber gleichzeitig klar machen, welches die inhärenten Kompetenzen sind, die Menschen ausmachen und so schnell nicht von Maschinen übernommen werden können. Empathiefähigkeit und Kreativität sind die Kernelemente für Wissensarbeiter, aber auch filigrane, nicht routinierte Aufgaben wird ein Roboter so schnell nicht übernehmen können.

Ein Unternehmen muss die Diskussion unter den Mitarbeitern auch darüber führen, welche Kundenbedürfnisse sie in Zukunft abdecken, was ihre Existenzberechtigung ist und welches daraus abgeleitet die zukünftige Existenzgrundlage des Unternehmens sein wird. Hier sei auf die im Buch verwendeten Beispiele Netflix (bedient den „Langeweile-Markt") und Daimler/moovel (Mobilität nicht als Produkt sondern als Dienstleistung) verwiesen. Da sich die Know-how-Pyramide in Unternehmen bei der Digitalkompetenz umkehrt (die Experten sitzen in der Gruppe der jungen Mitarbeiter) ist es sehr anzuraten, die Diskussion über den Zweck des Unternehmens und die Frage, warum ein Unternehmen das tut, was es tut, auch auf der Ebene der Wissensmitarbeiter zu führen. Kein Unternehmen kann es sich leisten, das Kreativitätspotenzial dieser am Wohl des Unternehmens sehr interessierten Gruppe zu vernachlässigen.

Nach einem Verbreitern und Vertiefen des Verständnisses für die Entwicklungen, die den Markt und die Arbeitswelt verändern werden, ist der nächste

© Springer Fachmedien Wiesbaden GmbH 2017
U. Creusen et al., *Digital Leadership,*
DOI 10.1007/978-3-658-17812-3_5

Schritt, diese Veränderungen erfahrbar zu machen. Dies kann darin bestehen, in sogenannten Learning Journeys Digitalunternehmen oder Unternehmen mit gelungener digitaler Transformation zu besuchen und mit den Führungskräften und Mitarbeitern dort ins Gespräch zu kommen. Nach einer solchen Journey ist es wichtig, den Transferprozess aktiv und systematisch zu unterstützen: die Learnings zu sammeln, auf die eigene Organisation zu transferieren und die Ergebnisse in die Organisation zu kommunizieren.

Darüber hinaus muss der spielerische und souveräne Umgang mit digitalen Tools innerhalb der Organisation angestoßen werden. Auch wenn es in manchen IT-Umgebungen schwierig zu sein scheint, finden die Unternehmen Wege, den Mitarbeitern technisch und mental Zugang zu den neuen Programmen zu ermöglichen. Sie werden unser Leben immer stärker durchdringen. Dabei werden viele Dinge einfacher. Gleichzeitig muss die Proliferation an Kommunikations- und Arbeitstools gemanagt und gelernt werden. Im Sinne eines gesunden Umgangs mit den digitalen Technologien und einer allgemeinen digitalen Gesundheit muss begleitend eine Diskussion über die Erwartungen an das Kommunikations- und Arbeitsverhalten erfolgen. Gibt es E-Mail- und telefonfreie Zeiten, bekommen Mitarbeiter die Räumlichkeiten und Zeiten, um sich im Sinne des Deep Work so auf ihre Arbeit zu konzentrieren, dass sie in einen Flow-Zustand kommen. Dieser versetzt die Mitarbeiter neben dem effizienten Erledigen von Aufgaben in einen Glückszustand – was sich wiederum auf Produktivität, Arbeitszufriedenheit und Teamspirit überträgt.

Unternehmen sollten die Teams sukzessive für die neuen agilen, Arbeitsmethoden trainieren. Wie lösen wir Herausforderungen mit dem Design-Thinking-Ansatz? Wie organisieren wir unsere Arbeit etwa mit dem digitalen Kanban-Board oder Scrum-Ansätzen? Wie positionieren wir unsere Abteilung als Business Partner im Unternehmen (beispielsweise unter Nutzung der Business Model Canvas als Analysetool)? Kommunizieren wir intern nur noch über das Social Intranet? Wo können wir unsere Informationen speichern, sodass möglichst viele Mitarbeiter auf sie zugreifen können? Transparenz in der Information ist für Wissensarbeiter im digitalen Zeitalter die Grundlage ihrer Arbeit. Es ist kontraproduktiv, wenn wir intern weniger Informationen erhalten als extern – denn gerade bei Wissensarbeitern kommt es darauf an, dass sie Erkenntnisse aus verfügbaren Informationen zusammenbringen und neu kombinieren, um Neues zu schaffen. Führungskräfte sollten ihre Entscheidungswege überprüfen. Müssen Urlaubsanträge oder Weiterbildungsmaßnahmen von ihnen freigegeben werden oder können diese und andere Entscheidungen in einem ersten Schritt bereits in die Verantwortung der Mitarbeiter gelegt werden? Das verkürzt Entscheidungswege und -zeiten. Es gibt vielfältige Möglichkeiten, innerhalb der bestehenden

Strukturen Änderungen durchzuführen. Als Resultat kann eine Führungskraft auch erste Veränderungen in der Haltung – neudeutsch: Mindset – und der Herangehensweise ihrer Mitarbeiter herbeiführen und die Mitarbeiter in den ersten Schritten der digitalen Transformation qualifizieren.

Dem Thema Kommunikation, Zusammenarbeit und Führung müssen Unternehmen viel Zeit und Aufmerksamkeit widmen. Hier geht es darum, eingeschliffene Verhaltensmuster zu verändern. Angefangen mit der Kommunikation über E-Mail, die in weiten Teilen sehr ineffizient ist, wenn die Information zwischen einem geschlossenen Kreis an Mitarbeitern stattfindet, statt beispielsweise für größere Themen über ein offenes Intranet. Kommunikation umfasst auch den aktiven Austausch über interne und externe Netzwerke. Cluster- und Silobildung ist gut, da diese ein dichtes Expertenwissen bilden. Ihr volles Potenzial schöpfen diese Experten jedoch nur aus, wenn sie sich als Teil eines Netzwerks begreifen und in Interaktion mit dem Rest der Organisation (und darüber hinaus) treten. Der Wechsel zwischen Informationsaufnahme und -verarbeitung ist bei Wissensarbeitern essenziell, um neue Ideen und Lösungen zu entwickeln. Diesen offenen Austausch sowie die Balance zwischen Input- und Verarbeitungszeiten muss eine Führungskraft mit ihren Mitarbeitern gemeinsam gestalten. Hierzu gehören neben der Arbeitsplatzgestaltung auch die Themen Arbeitszeitflexibilität, Mobile-Office und Work-Life-Blend. Die häufig überbordende Meeting-Kultur kann in Zeiten der Digitalisierung mit den neuen Arbeitsmethoden wie die 15-minütigen Daily-Stand-up-Meetings nach dem Scrum-Ansatz durchgeführt werden.

Die Führungskraft muss außerdem Entscheidungsprozesse möglichst weitgehend entprozessualisieren und enthierarchisieren. Um Wissensarbeiter schnell und agil arbeiten zu lassen und sie im Arbeitsflow möglichst wenig zu unterbrechen, sollten die Entscheidungsprozesse auf den Prüfstand gestellt werden. Wer muss welche Entscheidungen wirklich treffen? Um Mikro-Management zu vermeiden, müssen sich Führungskräfte selbst klar machen, welches ihre Aufgaben sind. Delegations- und Kontrollarten sind dabei wichtig und können mit digitalen Tools wie Kanban-Boards oder Projektmanagement-Software begleitet werden. Dabei ist es wichtig, Wissensarbeitern das Ziel einer Aufgabe zu erklären und das Ergebnis zu kontrollieren, nicht den Weg dorthin. Die Führungskraft muss lernen, Risiken zu akzeptieren. Wer sein Team richtig befähigt beziehungsweise neu aufbaut, wird nicht mehr der beste Experte sein, andere werden in relevanten Bereichen deutlich besser sein. Es werden Fehler passieren. Im Sinne des Failure- beziehungsweise Learning-Management sollten diese genutzt werden, um die Erkenntnisse einer möglichst breiten Gruppe zur Verfügung zu stellen, damit diese dieselben Fehler in anderen Bereichen vermeidet und mit neuen Lösungsansätzen darauf aufbaut.

Führungskräfte müssen darüber hinaus die Entwicklungen in ihrem Bereich dahin gehend im Blick halten, dass sie frühzeitig erkennen, welche neuen Berufsbilder sie in ihren Teams brauchen: vom Big Data Strategist über Mobile Developer hin zu Blockchain-Spezialisten.

Organisatorisch lassen sich Digitalisierungsprojekte als integrierte Leuchtturmprojekte im Unternehmen starten. Hier sind es zumeist Teams aus internen Mitarbeitern, die unter externer Anleitung von Design-Thinking-Spezialisten Ideen für neue Produkte, Prozesse oder Dienstleistungen entwickelt haben und diese im Team umsetzen. Herausforderung ist bei dieser internen Umsetzung, dass die Teammitglieder meist nicht alle notwendigen Kompetenzen an Bord haben, wie beispielsweise Fachexperten, Coder, Webdesigner, Marketingspezialisten etc. und das Projekt meist neben ihrem normalen Arbeitspensum erledigen müssen. Dies verhindert eine Fokussierung auf das Projekt, verlangsamt die Umsetzung und erschafft selten ein Momentum, das die Gruppe erfasst und sie vorantreibt.

Eine andere Variante, Digitalisierungsprojekte zu starten, ist die temporäre Projektgruppe. Sie wird zusammengestellt und soll innovative und digitale Produkte, Prozesse oder Dienstleistungen erstellen. Dafür werden die Mitarbeiter für einen Zeitraum von ca. drei Monaten freigestellt. Das Team ist möglichst interdisziplinär. Wichtig ist, dass die Teammitglieder selbst entscheiden, am Projekt teilzunehmen und nicht ungefragt von ihrem Vorgesetzten in das Projekt entsandt werden. In diesem Format können sich die Mitarbeiter auf das Projekt fokussieren. Herausforderung ist hierbei, dass der Innovationsprozess nicht geradlinig verläuft und er sich daher nicht unbedingt in den vorhergesehenen Zeitraum pressen lässt. Sollte der Prozess länger dauern, stirbt das Projekt häufig oder es sind umfangreiche Koordinierungsaufgaben nötig, um das Team länger zusammenzuhalten. Im Anschluss stellt sich die Frage, wie mit dem Projekt weiter verfahren werden soll, um es weiterzuentwickeln und zur Marktreife zu bringen.

Einige Unternehmen wählen die Form des Corporate Start-ups. Hier werden interne Mitarbeiter zum Teil ergänzt mit neu rekrutierten Mitarbeitern als Team auf eine Geschäftsidee gesetzt. Die Teams sind voll fokussiert und haben zumeist ein Momentum kreiert, das sie vorwärts treibt. Herausfordernd sind die unterschiedlichen Geschwindigkeiten, mit denen die Corporate Start-ups arbeiten, und die lieb gemeinte Unterstützung, die sie von den Shared Ressources wie Marketing, IT-Unterstützung, Buchführung, Einkauf, Personalwesen usw. häufig vom Mutterunternehmen bekommen. Diese Unterstützung kommt oft zu langsam und zeitverzögert im Vergleich zur Geschwindigkeit, mit der sich die Start-ups am Markt bewegen und positionieren müssen. Eine weitere Herausforderung ist, dass die Teams in den Corporate Start-ups häufig nicht ausreichend incentiviert sind.

Sie sind meist mit keinen oder nur geringen Anteilen am Start-up ausgestattet und haben daher nur ein begrenztes Interesse, alles für das Unternehmen zu geben. Auch ist es für die Gründer kaum möglich, ihre Anteile später durch einen Exit zu vergolden, da es durch die Beteiligung des Mutterunternehmens schwer ist, Investoren für das Start-up zu gewinnen.

Ein weiterer Weg, digitale Innovation ins Unternehmen zu bekommen, ist es, eine Digital Unit aufzubauen. Hier werden intern rekrutierte Mitarbeiter und extern eingestellte Experten dauerhaft in eine Digitaleinheit entsandt. Sie wird, wenn das Mutterunternehmen es richtig anstellt, weit vom Zugriff der Unternehmensfunktionen wie Controlling und Einkauf weg gehalten, damit sie schnell und agil arbeiten kann. Dort entwickeln die Mitarbeiter Ideen im Akkord und setzen diese sukzessive um. Dabei entsteht ein Ideen-Backlog, der Schritt für Schritt abgearbeitet werden kann. Über Digitaleinheiten schaffen es Unternehmen, die auf der Liste der Wunscharbeitgeber für Digital-Experten weiter hinten stehen, diese dennoch für sich zu begeistern. Die Herausforderung liegt hierbei wieder einmal am Ende – wie lassen sich das entwickelte Know-how und die Methodenkompetenz systematisch in das Kernunternehmen übertragen? Damit sowohl Mutterunternehmen als auch Digitaleinheit von der Expertise des jeweils anderen profitieren, bedarf es einer aktiven Unterstützung des Transfers beispielsweise durch die Personalabteilung.

Die digitale Transformation stellt für Führungskräfte eine herausfordernde Aufgabe dar. Am einfachsten tun sich diejenigen, die sich frei machen von der Haltung des „alles alleinlösenden Heros" und sich in der Position eines Expeditionsleiters sehen, der zusammen mit einem Team aus Experten ein neues Land entdeckt und das eroberte Gebiet als erster kartiert. Dabei gehören ein spielerischer Ansatz und Experimentierfreude unbedingt mit ins Gepäck!

# Literatur

Absolventa. (o. J.). Entwicklung der Erwerbstätigenzahlen. https://www.absolventa.de/karriereguide/tipps/war-for-talents. Zugegriffen: 14. Nov. 2015.

Accenture Technology Vision. (2015). Digital business era: Stretch your boundaries. https://www.accenture.com/sg-en/_acnmedia/Accenture/Conversion-Assets/Microsites/Documents11/Accenture-Technology-Vision-2015.pdf. Zugegriffen: 24. Jan. 2017.

Asghar, R. (2014). Why Silicon Valley's 'Fail Fast' mantra is just hype. Forbes.com. http://www.forbes.com/sites/robasghar/2014/07/14/why-silicon-valleys-fail-fast-mantra-is-just-hype/#75822df32236. Zugegriffen: 07. Aug. 2016.

Barbuto, J., & Scholl, R. W. (1998). Motivation sources inventory: Development and validation of new scales to measure an integrative taxonomy of motivation. *Psychological Reports, 82*(3), 1011–1022.

Bass, B. M., & Riggio, R. E. (2006). *Transformational leadership* (S. 3). Mahwah: Psychology Press.

Bateson, G. (1982). *Geist und Natur Eine notwendige Einheit.* Frankfurt: Suhrkamp.

Baumanns, M., & Schumacher, T. (2014). *Kein Bullshit Was Manager heute wirklich können müssen.* Hamburg: Murmann.

Birkinshaw, J., & Haas, M. (2016). Irren ist lehrreich. *Harvard Business Manager, 2016*(9), 20–27.

Bock, L. (2011). The 8 most important qualities of leadership at Google. http://www.realtimeperformance.com/blog/the-8-most-important-qualities-of-leadership-at-google/. Zugegriffen: 01. Aug. 2016.

Bock, L. (2015). Work rules! Insights from inside Google that will transform how you live and lead. New York.

Bruch, H., & Ghoshal, S. (2003). *A bias for action.* Cambridge: Harvard Buiness School Press.

Bryant, A. (2011). Google's quest to build a better boss. The New York Times. http://www.nytimes.com/2011/03/13/business/13hire.html?pagewanted=1&_r=2. Zugegriffen 01. Aug. 2016.

Brynjolfsson, E., & McAfee, A. (2015). *The second machine age.* Kulmbac: Börsenmedien AG.

Buckingham, M., & Clifton, D. (2007). *Entdecken Sie Ihre Stärken jetzt.* Frankfurt: Campus.

© Springer Fachmedien Wiesbaden GmbH 2017
U. Creusen et al., *Digital Leadership,*
DOI 10.1007/978-3-658-17812-3

Chesbrough, H. (2003). *Open innovation: The new imperative for creating and profiting from technology*. Cambridge: Harvard Business School Press.

Clifton, J. (2012). *Der Kampf um die Arbeitsplätze von morgen*. München: Redline.

Colarelli O'Connor, G., Corbett, A., & Pierantozzi, R. (2009). Create three distinct career paths for innovators. *Harvard Business Review, 2009*(12), 78.

Collins, J., & Porras, J. (1995). *Built to last. Successful habits of visionary companies*. London: Random House.

Covey, S., Merrill, A., Roger, M., & Rebecca, R. (1994). *First things first*. New York: Simon & Schuster.

Creusen, U., Bock, R., & Thiele, C. (2013). *Führung ist dreidimensional. Werteorientierte Führung mit Synercube*. Hamburg: Windmühle.

Creusen, U., & Eschemann, N.-R. (2008). *Zum Glück gibt's Erfolg, Wie Positive Leadership zu Höchstleistung führt*. Zürich: Orell Füssli Verlag AG.

Cross, R., Rebele, R., & Grant, A. (2016). Zu viel auf dem Zettel. *Harvard Business Review., 2016*(3), 44–51.

Csikszentmihalyi, M. (2002). *Flow. Das Geheimnis des Glücks*. Stuttgart: Klett-Cotta.

Dohrmann, E. (2013). Cloud-Computing: Entstehung des Arbeitens mit und in der digitalen Wolke, Teil 1. http://www.exali.de/Info-Base/cloud-basiswissen vom 01.06.2013. Zugegriffen: 14. Nov. 2016.

DPA/lw. (2017). Warum Arbeitgeber plötzlich die E-Mail ausbremsen. https://www.welt.de/wirtschaft/karriere/article124960587/Warum-Arbeitgeber-ploetzlich-die-E-Mail-ausbremsen.html. vom 18.02.2014. Zugegriffen: 23. Jan. 2017.

Drucker, P. (2005). Managing oneself. *Harvard Business Review, 2005*(1), 100–109.

Durkheim, E. (1924). *Sociologoe et Philosophie*. Paris: F. Alcan.

Durkheim, E. (1950). *Leçons de sociologie*. Paris: Presses universitaires de France.

Dyer, J. H., Gregersen, H., & Christensen, C. M. (2009). The Innovator's DNA. *Harvard Business Review, 2009*(12), 60–67.

Edelman Berland Studie. (2014). zum Thema Freelancer in Deutschland. http://www.crowdsourcingblog.de/blog/2014/12/04/elance-odesk-veroeffentlicht-freelancer-studie/. Zugegriffen: 25. Jan. 2017.

Erickson, T. (2010). The leaders we need now. *Harvard Business Review, 2010*(5), 62–67.

Etventure Gfk. (2016). Deutschlandstudie.

Fazzari, A. J., & Mosca, J. B. (2009). Partners in perfection: Human resources facilitating creation and ongoing implementation of self-managed manufacturing teams in a small medium enterprise. *Human Resource Development Quarterly, Fall 2009*, 353–376.

Feloni, R. (2015). Google's HR boss shares 10 secrets to running a company everyone wants to work for. Businessinsider. http://www.businessinsider.com/google-laszlo-bock-management-tips-2015-5?IR=T. Zugegriffen 31. Aug. 2016.

Frank, E., & Hübschen, Th. (2015). *Out of office. Warum wir die Arbeit neu erfinden müssen*. München: Redline.

Frohne, J. (2015). Absolventen 2015 unter die Lupe genommen: Ziele, Wertvorstellungen und Karriereorientierung der Generation Y. Eine Studie des Kienbaum Institut @ ISM, Dortmund.

Gartner, G. (2014). Top 10 strategic predictions for 2015 and beyond: Digital business is driving 'Big Change'. http://www.gartnerinfo.com/exp/top_10_strategic_predictions_269904.pdf. Zugegriffen 21. Jan. 2017.

Gebhardt, B., Hofmann, J., & Roehl, H. (2015). *Zukunftsfähige Führung. Die Gestaltung von Führungskompetenzen und –systemen.* Gütersloh: Bertelsmann Stiftung.

Gibson, C. B., & Birkinshaw, J. (2004). The antecents, consequences, and mediating role of organizational ambidexterity. *Academy of Management Journal, 2004*(2), 209–226.

Google Unternehmensleitlinien. (2016). Woran wir glauben. Unsere zehn Grundsätze. http://www.google.com/intl/de_de/about/company/philosophy/. Zugegriffen: 24. Aug. 2016.

Grabmeir, M. (2014). Apples Chef-Designer Jony Ive verrät die drei Prinzipien seiner erfolgreichen Arbeit. http://www.maclife.de/news/apples-chef-designer-jony-ive-verraet-drei-prinzipien-seiner-erfolgreichen-arbeit-10059906.html. Zugegriffen: 25. Aug. 2016.

Grönesweg, S. (2016). So revolutioniert der 3D-Druck die Medizin. http://www.pcwelt. de/ratgeber/So-revolutioniert-der-3D-Druck-die-Medizin-Customized-Medical-Devices-9844451.html vom 23.3.2016. Zugegriffen: 24. Jan. 2017.

Haselmann, T., & Vossen, G. (2010). Database-as-a-Service für kleine und mittlere Unternehmen. In Förderkreis der Angewandten Informatik an der Westfälischen Wilhelms-Universität Münster Working Paper No. 3. Zugegriffen: 25. Nov. 2010.

Hill, L., Brandeau, G., Truelove, E., & Lineback, K. (2015). Wecken Sie das kollektive Genie. *Harvard Business Manager, Spezial Leadership, 37,* 44–55.

Hoffmann, M. (2016). Schließfach statt eigener Schreibtisch. Manager-Magazin. http://www.manager-magazin.de/unternehmen/it/neue-microsoft-zentrale-in-schwabing-clean-desks-fuer-nomaden-a-1114368.html. Zugegriffen: 10. Okt. 2016.

Ingham, A., Levinger, G., Graves, J., & Pckman, V. (1974). The Ringelmann Effect: Studies of group size and group performance. *J. Exp Social, 10,* 371–384.

Isaacson, W. (2011). *Steve Jobs.* München: Die autorisierte Biographie des Apple-Gründers.

Kahneman, D. (2011). *Thinking, fast and slow.* New York: Farrar, Straus, and Giroux.

Katzenbach, J. R., & Schmith, D. K. (July–August 2005). The Wisdom of Teams. *Harvard Business Review.*

Keese, Ch. (2014). *Silicon Valley. Was aus dem mächtigsten Tal der Welt auf uns zukommt.* München: Albrecht Knaus.

Keese, Ch. (2016). *Silicon Germany. Wie wir die digitale Transformation schaffen.* München: Albrecht Knaus.

Kell, K. (2012). Better than human: Why robots will – and must – take our jobs. Wired, Dezember. https://www.wired.com/2012/12/ff-robots-will-take-our-jobs/. Zugegriffen: 21. Jan. 2017.

Kelly McKee, R., & Carlson, B. (1999). *Mut zum Wandel. Das GRID Führungsmodell.* München: Eigenverlag Grid International Inc.

Klotz, M. (2016). Gar kein Mysterium. Blockchain verständlich erklärt. http://www.it-finanzmagazin.de/gar-kein-mysterium-blockchain-verstaendlich-erklaert-27960/ vom 11. 03. 2016. Zugegriffen: 21. Jan. 2017.

Kotter, J. P. (2012). Die Kraft der zwei Systeme. *Harvard Business Manager, 2012*(12), 22–23.

Kravitz, D., & Martin, B. (1986). Ringelmann rediscovered: The original article. *J Pers Social Psychol, 50*(5), 936–941.

Kruse, P. (2014). Monitor – Führungskultur im Wandel, Initiative Neue Qualität der Arbeit. http://www.forum-gute-fuehrung.de/ergebnisse. Zugegriffen 01. Juli 2016.

Kurzweil, R. (2005). *The singularity is near – When humans transcend biology*. New York: Penguin.

Laloux, F. (2014). *Reinventing organizations. A guide to creating organizations inspired by the next stage of human consciousness*. Millis: Nelson Parker.

Leitl, M. (2016). Lost in transformation. *Harvard Business Review, 2016*(5), 30–37.

Locke, E. A., Frederick, E., Lee, C., & Bobko, P. (1984). Effect of self-efficacy. Goals and task strategies on task performance. *Journal of Applied Psychology, 69,* 241–251.

Locke, E. A., & Latham, G. P. (2002). Building a practically useful theory of goal setting and task motivation. *American Psychologist, 57*(9), 705–717.

Löb , E. (2016). Interview mit Esther Löb. Head Recruiting Microsoft Germany. Geführt 09. November 2016 in München.

Lührs, G. (2016). Was wir von unseren Chefs erwarten. *Hohe Luft Spezial, 2016*(4), 24.

MacCormack, A., Baldwin, C. Y., & Rusak, J. (2012). Exploring the duality between product and organizational archtiectures: A test of the „Mirroring" hypothesis. *Research Policy 41, 2012*(10), 1309–1324.

Malik, F. (2014). *Führen – Leisten – Leben. Wirksames Management für eine neue Welt*. Frankfurt: Campus.

Mark, G., Gonzales, V., & Harris, J. (2005). *No task left behind? Examining the nature of fragmented work,* CHI Papers.

Markowetz, A. (2015). *Digitaler Burnout. Warum unsere permanente Smartphone Nutzung gefährlich ist*. München: Droemer Knaur.

Mayo, E. (1933). *The human problems of an industrial civilization*. New York: Macmillan.

Microsoft, & Gallup. (2012). *Microsoft Germany GmbH, Gallup Unternehmensberatung GmbH: Wie flexibles Arbeiten zum Erfolg wird – Regeln für Arbeitgeber und Arbeitnehmer. Unternehmensbroschüre*. Unterschleissheim: Gallup Press.

Miles, R. (2010). Accelerating corporate transformations ("Don't lose your nerves"). *Harvard Business Review, 2010*(1–2), 68–75.

MobileIron Gen M Survey. (2015). https://www.mobileiron.com/de/gen-m. Zugegriffen: 21. Jan. 2017.

Müller, E. (2013). Netzwerke sind die Teams der Zukunft, business-wissen.de. Werkzeuge für Organisation und Management. http://www.business-wissen.de/artikel/mitarbeiterfuehrung-netzwerke-sind-die-teams-der-zukunft/. Zugegriffen: 01. Aug. 2016.

Newport, Cal. (2016). *Deep work, rules for a focused success in a distracted world*. New York: Grand Central Publishing.

Niewerth, Ch. (2014). Peter Druckers Thesen im Praxischeck. Harvard Business Manager. http://www.harvardbusinessmanager.de/blogs/peter-druckers-thesen-im-praxischeck-a-1001227.html. Zugegriffen: 14. Dez. 2016.

Reid, E., & Ramarajan, L. (2016). Überleben in der 24/7-Arbeitswelt. *Harvard Business Manager, 2016*(8), 50–57.

o. A. (2016). Viel Arbeit, wenig Brot – Die Gehälter in Start-ups. https://www.gehalt.de/news/viel-arbeit-wenig-brot-die-gehaelter-in-startups. Zugegriffen: 12. Sept. 2016.

o. A. (2014). Bei BMW gibt es jetzt ein Recht auf Feierabend. https://www.welt.de/wirtschaft/karriere/article124960587/Warum-Arbeitgeber-ploetzlich-die-E-Mail-ausbremsen.html.

O'Reilly, C. A., III, & Tushman, M. L. (2008). Ambidexterity as a dynamic capability: Resolving the innovator's dilemma. *Research in Organizational Behavior, 2008*(28), 185–206.

O'Reilly, C. A., & Tushmann, M. L. (2013). Organizational ambidexterity: Past, present and future. *Academy of Management Perspectives, 27*(4), 324–338.

Osterwalder, A., & Pigneur, Y. (2010). *Business model generation*. Hoboken: Wiley.

Petry, Th. (2016). *Digital Leadership: Erfolgreiches Führen in Zeiten der Digital Economy*. Freiburg: Haufe.

Pink, D. H. (2010). *Drive: Was Sie wirklich motiviert*. Salzburg: Ecowin.

Porter, M. (1990). *The competitive advantage of nations*. New York: Free Press.

Porter, M. (1998). *On competition*. Boston: Harvard Business School.

Reinhard, R., & Vašek, Th. (2016). Die Moralisierung wirtschaftlichen Handelns ist pervers und verlogen. *Hohe Luft Spezial, 2016*(4), 18.

Reinicke, L. (o. J.). Ständige Erreichbarkeit ist digitaler Stress. https://www.denkraum-soziale-marktwirtschaft.de/debatten/details/debatte/staendige-erreichbarkeit-ist-digitaler-stress/. Zugegriffen: 07. Jan. 2017.

Ringlstetter, M., & Kaiser, S. (2008). *Humanressourcen management*. München: Oldenbourg.

Robbins, S. P., Coulter, M., & Fischer, I. (2014). *Management. Grundlagen der Unternehmensführung*. Hallbergmoos: Pearson.

Robbins, S. P., & Judge, T. A. (2010). *Essentials of organizational behavior* (S. 194). New Jersey: Pearson.

Roethlisberger, F., & Dickson, W. (1939). *Management and the worker*. Cambridge: Harvard University Press.

Rosoff, M. (2015). The buzzy new term at Microsoft is 'growth mindset' — Here's what it means. http://www.businessinsider.com/satya-nadella-instilling-growth-mindset-at-microsoft-2015-6?IR=T. Zugegriffen: 11. Nov. 2016.

Rühl, G. (2016). Wirtschaftstag der Botschafterkonferenz im Auswärtigen Amt, Interview am 30.08.2016.

Saint-Exupéry, A. De. (1956). *Die Stadt in der Wüste*. Düsseldorf: Karl Rauch.

Schlie, E., Rheinboldt, J., & Waesche, N. M. (2011). *Simply seven: Seven ways to create a sustainable internet business*. London: Palgrave Macmillan.

Schmidt, L. (o. J.). Es ist wie bei einer Sucht. http://www.faz.net/aktuell/gesellschaft/gesundheit/alexander-markowetz-ueber-buch-digitaler-burnout-13825699.html. Zugegriffen: 01. Okt. 2015.

Schumacher, S. (2014). Leadership dimensions: An empirical integration. Master Thesis, Universität Osnabrück.

Schumpeter, J. (1911). *Theorie der wirtschaftlichen Entwicklung*. Leipzig: Dunker & Humboldt.

Schütz, M. (2015). Eingebildete Generation. Der Freitag, Community. https://www.freitag.de/autoren/marcel-schuetz/die-eingebildete-generation. Zugegriffen: 25. Sept. 2015.

Spacelab. (2016). Unternehmenswebsite. http://ms-spacelab.com/. Zugegriffen: 12. Sept. 2016.

Spath, D. (2009). *Information Work 2009. Über die Potenziale von Informations- und Kommunikationstechnologien bei Büro- und Wissensarbeit*. In: Fraunhofer IAO Office 21-Studie.Stuttgart.

Steinbrecher, M., & Schumann, R. (2015). *Update: Warum die Datenrevolution uns alle betrifft.* Frankfurt a. M.: Campus.

Steiner, I. (1972). *Group process and productivity.* New York: Academic Press.

Van Kleef, G. A. (2009). Searing sentiment or cold calculation? The effects of leader emotional displays on team performance depend on followers epistemic motivation. *Academy of Management Journal, 2009*(6), 562–580.

Vašek, Th. (2016). Die Zeit der Helden ist vorbei. *Hohe Luft Spezial, 2016*(4), 6.

Vermeulen, Fr, Puranam, Ph, & Gulati, R. (2010). Change for change's sake. *Harvard Business Review, 2010*(6), 70–76.

Vossen, G., Haselmann, T., & Hoeren, Th. (2012). *Cloud-Computing für Unternehmen: Technische, wirtschaftliche, rechtliche und organisatorische Aspekte.* Paderborn: dpunkt.

Wenger, A. (2014). Bitcoin: Clarifying the foundational innovation of the blockchain. http://continuations.com/post/105272022635/bitcoin-clarifying-the-foundational-innovation-of vom 15.12.2014. Zugegriffen: 12. Feb. 2017.

Werle, K. (2013). Die Kuschel Kohorte. http://www.manager-magazin.de/magazin/artikel/0,2828,druck-875547,00.html. Zugegriffen: 07. Jan. 2013.

Wissenschaftszentrum Berlin für Sozialforschung. (o. J.)., Interview mit Dr. habil. Weert Canzler, Forschungsgruppe Wissenschaftspolitik. https://www.bundesregierung.de/Content/DE/StatischeSeiten/Breg/Forschung/Anlagen/2015-06-16-textversion-canzler.pdf?__blob=publicationFile&v=1. Zugegriffen: 25. Jan. 2017.

Wolf, G. (2010). Unser vermessener Körper. TED-Talk Cannes. https://www.ted.com/talks/gary_wolf_the_quantified_self?language=de. Zugegriffen: 26. Jan. 2017.

Zankovsky, A., & Heiden, C. von der. (2015). *Leadership mit Synercube. Eine dynamische Führungskultur für Spitzenleistungen.* Heidelberg: Springer Vieweg.

Zetsche, D. (2016). Mit der Schwarm-Organisation auf den Premium Thron. Handelsblatt online. http://www.handelsblatt.com/unternehmen/industrie/daimler-mit-der-schwarm-organisation-auf-den-premium-thron/14515590.html. Zugegriffen: 11. Jan. 2016.

Printed by Printforce, the Netherlands